《鄂尔多斯风采》丛书

绿色乌审

甄自明　编著

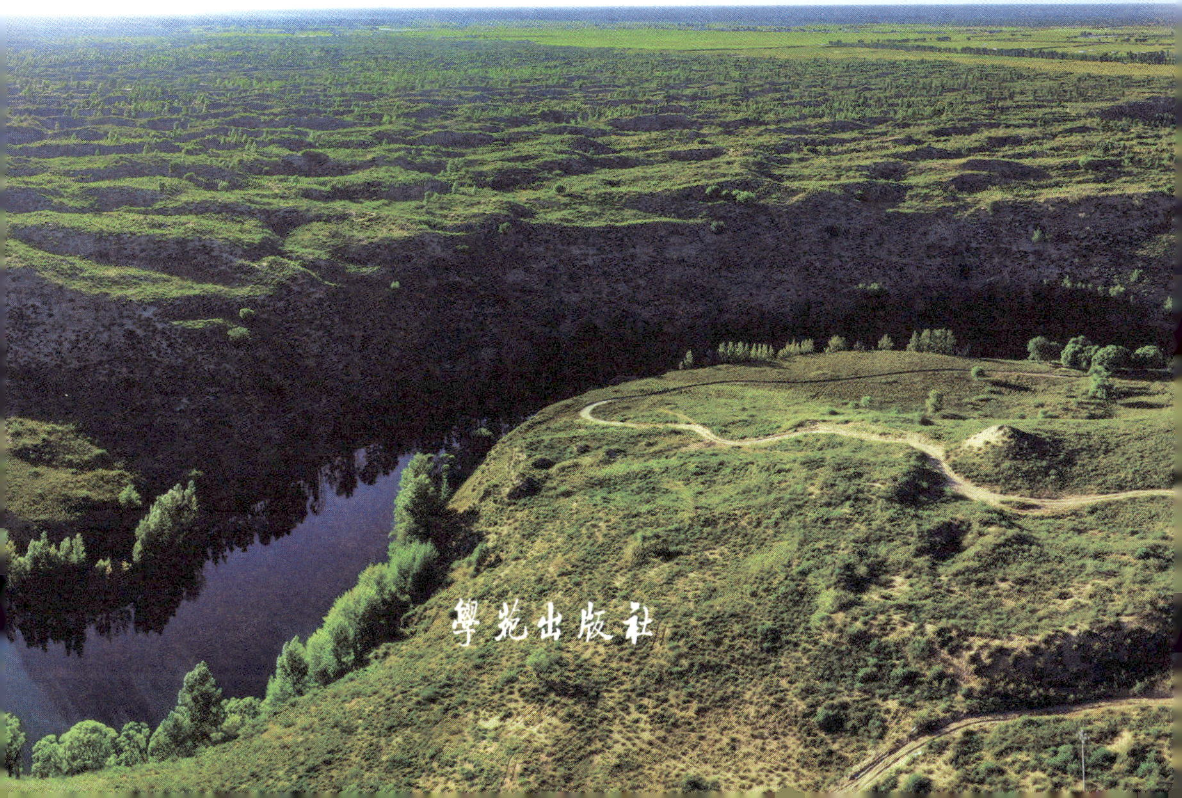

学苑出版社

图书在版编目(CIP)数据

绿色乌审 / 甄自明编著. -- 北京：学苑出版社，2020.12
ISBN 978-7-5077-6120-7

Ⅰ. ①绿… Ⅱ. ①甄… Ⅲ. ①社会主义建设成就—乌审旗 Ⅳ. ①D619.264

中国版本图书馆 CIP 数据核字(2020)第 271144 号

责任编辑：战葆红
出版发行：学苑出版社
社　　址：北京市丰台区南方庄 2 号院 1 号楼
邮政编码：100079
网　　址：www.book001.com
电子信箱：xueyuanpress@163.com
联系电话：010-67601101(销售部) 67603091(总编室)
印 刷 厂：内蒙古掌印文化科技有限公司
开本尺寸：710×1000　1/16
印　　张：21
字　　数：254 千字
版　　次：2021 年 2 月第 1 版
印　　次：2021 年 2 月第 1 次印刷
定　　价：106.00 元

丛书编委会

顾　问：奇·朝鲁
主　编：奇海林　　杨　勇
编　委：杨凤林　　甄自明　　乌宁夫
　　　　韩云鹏　　翟　媛　　白　梅
　　　　白富华　　王颖超　　马海东
　　　　甘宜汴

本书编委会

主　　任：额登毕力格　赵飞录　奇海林
副主任：宝音满都呼　郝　伟　杨　勇
委　　员：兰　天　　苏新发　　张志雄
　　　　　冯志明　　李忠林　　阿拉腾图雅
　　　　　黄　丹　　林永刚
编　　著：甄自明
撰　　稿：甄自明　　刘生梅　　奥东慧
　　　　　翟　媛

总序

鄂尔多斯市原为伊克昭盟,"伊克昭"汉意为"众多的宫殿",伊克昭盟是由清朝鄂尔多斯六个旗在达拉特旗王爱召会盟而得名。成吉思汗去世后,窝阔台汗为纪念圣祖,在哈拉和林建立纪念宫帐,祭祀成吉思汗的遗物,因宫帐众多,故称为鄂尔多斯。

鄂尔多斯拥有丰富的自然资源,各类矿藏50多种,其中煤炭已探明的储量占全国的六分之一,天然气已探明储量约占全国的三分之一,还有大量的石油、铁矿、铜矿、锌矿、油页岩、天然碱……如此看来,鄂尔多斯可以算得上是名副其实的"家里有矿"。不仅如此,鄂尔多斯还有着丰富的动植物资源。正是这得天独厚的资源优势,才成就了鄂尔多斯的经济强势发展。

如今的鄂尔多斯最受人关注的莫过于它的经济发展。曾连续15年经济增速位列全自治区第一,这座常住人口仅200多万的城市,2018年实现3763亿元的生产总值,人均GDP远远超过北上广深的全国一线城市,是内蒙古当之无愧的经济强市。鄂尔多斯还是国家森林城市、全国文明城市、中国优秀旅游城市、全国最具创新力城市、全国生态园林城市,排名中国城市综合实力50强,位列全国安全城市第

19名,全国首批资源综合利用"双百工程"示范基地……

时间总是按照自己的规律流走的,人们却总能找出一些节点,用来抒发各自的看法与观点。古往今来,已经不约成俗。

2019年,是中华人民共和国成立70周年。

习近平总书记在庆祝中华人民共和国成立70周年大会上深刻指出:"中国的昨天已经写在人类的史册上,中国的今天正在亿万人民手中创造,中国的明天必将更加美好。"对中国人民和中华民族来讲,新中国70年是沧桑巨变、换了人间的70年。新中国70年的历史,一篇篇、一字字都写在了中华民族的史册上,写在了人类的史册上。一切伟大成就都是接续奋斗的结果,一切伟大事业都需要在继往开来中推进。习近平总书记用"昨天""今天""明天",充分说明了历史的延续性,也郑重发出了书写更新更美时代篇章的号召。

中华人民共和国的成立,是中国历史发展的新起点,具有极为重大的意义。它标志着中华民族历史上一个新型国家政权的诞生,标志着中华民族近代以来一段苦难历史的结束,标志着一部以人民为主角的壮丽史诗的开篇。习近平总书记深刻指出:"这一伟大事件,彻底改变了近代以后100多年中国积贫积弱、受人欺凌的悲惨命运,中华民族走上了实现伟大复兴的壮阔道路。"中华人民共和国的成立,是中华民族复兴之路上的一个里程碑,开创了中华民族历史发展的新纪元,宣告中华民族在自己的历史征程上迈开了新的步伐、掀开了新的篇章。那么,中华人民共和国70年又在人类史册上书写了什么呢?习近平总书记集中概括了三个方面:"70年来,在中国共产党坚强领导下,中国人民勇于探索、不断实践,成功开辟了中国特色社会主义道路,推动中国特色社会主义进入新时代,中国大踏步赶上了时代,中国人民意气风发走在了时代前列!""70年来,中国人民发愤图强、艰苦创业,创造了'当惊世界殊'的发展成就,千百年来困扰中华民族的绝对贫困问题即将历史性地划上句号,书写了人类发展史上的伟大传奇!""70年来,中国人民奉行独立自主的和平外交政策,坚持和平发展道路,坚持在和平共处五项原则基础上发展同各国的友好合作,为推动构建人类命运共同体、推动人类和平与发展的崇高事业作出了重大贡献!"中华人民共和国成立70年来,写在人类史册上的最有价值、最具标志性意义的就是这三个方面,它们最为闪光、最为难忘,是对新中国昨天的总体概括。

对于中华人民共和国70年的历史,习近平总书记概括道:"70年在人类历史长河中只是弹指一挥间,但对中国人民和中华民族来讲,这是沧桑巨变、换了人间的70年。中华民族迎来了从站起来、富起来到强起来的伟大飞跃,迎来了实现伟大复兴的光明前景。对此,每个中华儿女都感到无比自豪!"

历史经验值得总结,应该提炼,应当升华。习近平总书记在庆祝中国共产党成立95周年大会的讲话中指出:"一切向前走,都不能忘记走过的路;走得再远、走到再辉煌的未来,也不能忘记走过的过去,不能忘记为什么出发。面对未来,面对挑战,全党同志一定要不忘初心、继续前进。"为此,在庆祝中华人民共和国成立70周年之际,鄂尔多斯学研究会组织全市各领域专家学者编写一套关于鄂尔多斯各族人民群众在中国共产党的领导下70年砥砺前行风采的丛书,旨在总结鄂尔多斯70年奋斗历程、巨大成就和丰富经验,研究探索新时代少数民族地区资源型城市生态优先、绿色高质量发展的新环境、新机遇、新挑战、新思路、新路径,进一步增强继续开拓前进的智慧和力量。

本丛书在编写过程中注重坚持这样几个方面的要求:一是留史育人。尽可能生动描述鄂尔多斯70年来波澜壮阔的历史进程,为建设探索、改革开放、走进新时代临摹画像,为英雄劳模留名、为人民群众存史,用担当奋斗的史实激励各族儿女,增进并凝聚决胜全面小康社会,进而走进中国特色社会主义现代化进程的共识和力量。二是用史资政。通过深入细致挖掘鄂尔多斯70年惊心动魄历史进程中蕴藏的丰富历史经验和政治智慧,从中寻找对未来发展的重要启示,充分发挥用好历史的资政作用。三是形式多样。70年来,各旗区发展不平衡,有快有慢,跌宕起伏,丛书力求生动活泼、趣味易懂,较为翔实地记述鄂尔多斯和9个旗区70年的演进历程,展示各领域、各方面的巨大变化,做到政治导向正确、资料详实准确、表达朴实无华,图文并茂、通俗易懂、给人启迪。

回顾鄂尔多斯的昨天,面对鄂尔多斯的今天,我们相信,鄂尔多斯的明天必将更加美好。这是因为,经过整整70年的发展,我们已经积累了比较坚实的物质基础,取得了比较丰富的发展经验。特别是改革开放以来,我们开辟了中国特色社会主义道路,形成了中国特色社会主义理论体系,确立了中国特色社会主义制度,发展了中国特色社会主义文化。因此,习近平总书记强调:"今天,社会主义中国巍然屹立在世界东方,没有任何力量能够撼动我们伟大祖国的地位,没有任何力量能够阻挡中国人民和中华民族的前进步伐。"

当年,以毛泽东为代表的中国共产党人曾经把中国革命的胜利比作万里长征走完了第一步。1949年以来,新中国走到今天,从今天走向明天,依然是一次漫长而艰难的长征。在这个长征路上,我们要清醒认识到自己是"在路上"。中国的发展和进步"在路上",过去"在路上",现在"在路上",将来仍然"在路上"。

在路上,就要继续前进,继续创造更好的今天和明天。在今天的鄂尔多斯和明天的鄂尔多斯面前,始终存在着机遇与挑战两个方面的因素,始终存在着成功与挫折两个方面的可能。正如习近平总书记提醒全党同志指出的"船到水中浪更急,行到半路山更陡"。走向明天的道路不会一帆风顺,我们必须面对现实、面向未来,认真思考如何进一步从今天走向明天。习近平总书记强调:"功成名就时做到居安思危、保持创业初期那种励精图治的精神状态不容易,执掌政权后做到节俭内敛、敬终如始不容易,承平时期严以治吏、防腐戒奢不容易,重大变革关头顺乎潮流、顺应民心不容易。"这不仅是对全党的警示,更是值得200多万鄂尔多斯人时时刻刻铭记心中,践诸行动。

始创于2002年9月16日的鄂尔多斯学研究会,立足鄂尔多斯,以研究鄂尔多斯的天、地、人,昨天、今天、明天为己任,成绩斐然,深受各界好评。鄂尔多斯学因时代而立,因作为而兴,因个性而美,因交流而秀,因文化而盛。首任会长奇·朝鲁先生在一次座谈会上,特别赞同云照光老前辈倡导的鄂尔多斯学研究会应当在中华人民共和国成立70周年之际,推出一套《鄂尔多斯风采》丛书。正是因为有两位老前辈的鼓舞和支持,我们这些后来者勇敢担当,组织和动员一批热爱鄂尔多斯,献身鄂尔多斯,研究鄂尔多斯的各路专家学者陆续编写完成了这套弥补空白的纪念丛书。

习近平总书记在庆祝中华人民共和国成立70周年大会上提出了三个"前进征程上"的要求。即前进征程上,我们要坚持中国共产党领导,坚持人民主体地位,坚持中国特色社会主义道路,全面贯彻执行党的基本理论、基本路线、基本方略,不断满足人民对美好生活的向往,不断创造新的历史伟业。前进征程上,我们要坚持"和平统一、一国两制"的方针,保持香港、澳门长期繁荣稳定,推动海峡两岸关系和平发展,团结全体中华儿女,铸牢中华民族共同体意识,继续为实现祖国完全统一而奋斗。前进征程上,我们要坚持和平发展道路,奉行互利共赢的开放战略,继续同世界各国人民一道推动共建人类命运共同体。

中华人民共和国成立70年是历史的又一个新的起点。我们一定要更加紧密地团结在以习近平同志为核心的党中央周围,不忘初心,牢记使命,砥砺前行,发扬"吃苦耐劳、一往无前,不达目的、决不罢休"的蒙古马精神,像习近平总书记要求的那样,"继续把我们的人民共和国巩固好、发展好"。继续为实现"两个一百年"奋斗目标,为"建设亮丽内蒙古,共圆伟大中国梦"而努力奋斗。

编委会

2019年9月27日

序

走好高质量发展下的绿色崛起之路

习近平总书记在参加十三届全国人大二次会议内蒙古代表团审议时的重要讲话,为我们做好各项工作,特别是加强生态文明建设,提供了强大思想武器和科学行动指南。作为内蒙古自治区的"南大门",地处毛乌素沙地腹部的乌审旗,因其特殊的区位和环境状况,要求我们必须站在讲政治、讲大局、讲安全、讲担当的高度,保持加强生态文明建设的战略定力,坚守绿色信念、传承"绿色接力",奋力开创"推动高质量发展、实现绿色崛起"新局面,为筑牢我国北方重要的生态安全屏障作出新的更大贡献。

实现绿色崛起,必须提高政治站位

推动高质量发展、实现绿色崛起,首先要在学懂弄通做实习近平总书记重要讲话精神上下功夫。我们将把学习宣传贯彻习近平总书记在参加十三届全国人大二次会议内蒙古代表团审议时的重要讲话精神作为当前和今后一个时期的重大政治任务,与贯彻落实习近平生态文明思想统一起来,与贯彻落实习近平总书记对内蒙古工作重要指示批示精神结合起来,广泛开展学习宣传宣讲活动,教育引导全旗上下深刻体悟习近平总书记对内蒙古生态文明建设的关爱之切、期望之重、思虑之深、筹谋之远,深刻把握精髓要义和实践要求,自觉把思想和行动统一到讲话精神上来,时刻牢记战略定位,坚决扛起重大责任。特别是解决好知行合一的问题,态度上十分坚决、落实上十分有力,围绕总书记重要讲话精神和现阶段发展实际,深入开展一系列调查研究,编制完成一系列规划方案,启动实施一系列支撑项目,健全完善一系列落实机制。把工作的视野和标准向一流水平拓展,在学习先进地区的先进经验中解放思想、创新举措、敢想敢干、敢闯敢试,不断提升推动发展的质量、服务群众的质量、狠抓落实的质量,确保习近平总书记重要讲话精神在乌审旗不折不扣地落到实处、见到实效。

实现绿色崛起,必须保持战略定力

历史上的乌审旗曾经是水草丰美、森林繁茂的富饶之地,也是人类文明的发祥地之一。距今大约7万年前的旧石器时代,鄂尔多斯人(河套人)就在这里繁衍生息,创造了著名的"萨拉乌苏文化"。东晋义熙九年(413年),匈奴首领赫连勃勃行经乌审旗南部,被当时美丽景色迷住,赞叹曰:"美哉斯阜,临广泽而带清流。吾行地多矣,未见若斯之美。"并在此修筑都城,定名为统万城。然而受自然灾害影响和滥伐、滥垦、过度放牧等人为破坏,致使草场严重沙漠化,成为全国四大沙尘暴源地之一。20世纪五六十年代以来,乌审旗委、政府坚持把生态建设作为立旗之本、生存之基、发展之要常抓不懈,在"绿色乌审"发展理念的引领下,先后涌现出宝日勒岱、殷玉珍等治沙先进人物,一代又一代乌审人义无反顾地踏上"绿色征程",在战天斗地、改造自然、建设绿色家园的实践中感悟绿色真谛,播撒"绿色文明",经过艰苦卓绝的努力，终于实现了生态状况由严重恶化向整体好转的历史性巨变。现阶段，生态环境脆弱仍然是乌审旗最大、最根本的旗情，保护生态环境仍是乌审旗最大、最根本的任务。我们将保持加强生态文明建设的战略定力，继承优良传统，弘扬治沙精神，把生态环境保护作为一条不可逾越的红线，举全旗之力，努力走出一条以生态文明建设为前提、以经济建设为核心、以文化建设为支撑、以社会建设为基础、以政治建设为保障，以满足人民群众对美好生活的向往为出发点和落脚点的"绿色崛起"之路，努力在现有基础上实现更高质量、更可持续、更有温度的发展。

实现绿色崛起，必须加强系统治理

习近平总书记指出，在我国经济由高速增长阶段转向高质量发展阶段过程中，污染防治和环境治理是需要跨越的一道重要关口。我们将牢固树立"保护生态环境就是保护生产力、改善生态环境就是发展生产力"的理念，坚持一手抓污染防治，一手抓环境治理，让绿水青山充分发挥经济社会效益。一方面，打好打赢污染防治攻坚战。坚持目标导向和问题导向，聚焦蓝天、碧水、净土保卫战，以更大决心、更大力度、更实举措抓重点、补短板、强弱项，加大环保基础设施建设和重大环保项目建设力度，推动工业园区标准化、智能化发展，促进工业"三废"无害化处理、资源化利用，统筹抓好"无废城市"建设和农村牧区垃圾污水处理、厕所革命、村容村貌整治提升，健全完善污染防治长效机制，强化对重点行业、重点领域的执法监管，让天更蓝、水更清、草更绿、空气更清新、老百姓的心情更愉悦。另一方面，持续加强生态保护与修复。坚持底线思维，以国土空间规划为依据，继续把城镇、农牧业、生态空间和生态保护红线、永久基本农田保护红线、城镇开发边界作为调整经济结构、规划产业发展、推进城镇化不可逾越的红线。遵循生态系统内在机理和规律,坚持自然恢复为主的方针,统筹山水林田湖草系统治理,加大毛乌素沙地、无定河流域等重点区域生态修复力度,做到只增绿不减绿。严格执行"三区规划"和草原禁牧、休牧、轮牧制度,持续巩固围封禁牧、退耕还林还草成果。

实现绿色崛起,必须转变发展方式

习近平总书记指出:"保护生态环境和发展经济从根本上讲是有机统一、相辅相成的。不能因为经济发展遇到一点困难,就开始动铺摊子上项目,以牺牲环境换取经济增长的念头,甚至想方设法突破生态保护红线。"作为资源型地区和生态脆弱区,在"推动高质量发展、实现绿色崛起"的征程中,我们将树立正确的发展观、政绩观,始终坚持人与自然和谐共生,围绕经济、政治、文化、社会、生态文明和党的建设的全面崛起,以满足人民群众对美好生活的向往为出发点和落脚点,加快转变发展方式,努力走出一条以生态优先、绿色发展为导向的一二三次产业相互融合高质量发展新路子。推动经济发展高质量,打好打赢"三大攻坚战",致力于改变"四多四少"状况,继续加大招商引资力度,推动煤化工向高分子新材料及中高端精细化学品延伸发展,培育壮大煤电产业,促进"煤从空中走",争当世界煤炭清洁高效利用的引领者。大力发展现代农牧业、现代服务业和战略性新兴产业,让鄂尔多斯细毛羊、草原红牛、有机生猪等特色农畜产品走向全国,让文化旅游和现代物流业服务全国。推动城乡建设高质量,着力补齐城乡基础设施建设短板,全面优化城乡发展环境。扎实开展全国县级文明城市创建工作,走城市内涵式发展道路,建设品位、品质、品德、品牌城市。深入实施乡村振兴战略,促进各类要素向农村牧区流动,为乡村发展注入新活力。推动文化建设高质量,广泛开展"弘扬乌兰牧骑精神到人民中间去"基层综合服务活动,不断巩固国家公共文化服务体系示范区建设成果。充分挖掘萨拉乌苏、马头琴、"独贵龙运动""牧区大寨"等品牌内涵,创建萨拉乌苏国家5A级景区,促进文化事业与文化产业协同发展,创作更多优秀作品,打造对外交流品牌,培育新型文化业态和文化消费模式。推动人民生活高质量发展,始终坚持以人民为中心的发展思想,全面落实党的民族政策和各类惠农惠牧政策,铸牢中华民族共同体意识,巩固全国民族团结进步示范旗创建成果。尽力而为、量力而行,解决人民群众最关心、最直接、最现实的利益问题,用心、用情、用力办好人民满意的教育、医疗、文化和就业服务,扎实有效做好矛盾化解、风险防范、社会治安、扫黑除恶、安全生产、食品药品安全等工作,不断增强各族群众幸福感、获得感、安全感。

实现绿色崛起,必须强化担当落实

实现绿色崛起,不仅要有信心和决心,更需要凤凰涅槃、浴火重生的行动力。我们将充分发挥党的领导核心作用,增强党的政治领导力、思想引领力、群众组织力和社会号召力,引导全旗上下心往一处想、劲往一处使、拧成一股绳,汇聚起实现绿色崛起的磅礴力量。强化担当抓落实。教育引导广大党员干部锻造勇于担当的品格,练就善于担当的本领,坚持"群众想什么,我们就干什么",以"功成不必在我"的精神境界和"功成必定有我"的历史担当,怀着强烈的爱民、忧民、为民、惠民之心,多做打基础、利长远的事,多做雪中送炭的事,使各项工作都做到愿望和效果相统一,努力创造无愧于时代、无愧于人民的新业绩。激励担当抓落实。坚持新时代好干部标准,突出实践、实干、实绩导向,落实干部管理"正向激励、负向教育"制度,大胆使用在生态建设、环境保护、绿色发展中敢想敢干、表现优秀的干部,大力宣传在生态文明建设中的先进典型,激励广大干部敢于担当、善于担当、体现担当,在全旗上下营造鼓励担当作为、崇尚苦干实干的良好干事氛围。汇聚推进生态文明、建设美丽家乡的强大正能量,严促担当抓落实,全面落实《生态文明建设目标评价考核办法》,强化生态文明考核评价导向,探索建立绿色发展指标体系,严格执行领导干部环境保护责任离任审计,建立健全生态环境保护问责机制,对环境保护责任执行不到位和损害生态环境的行为依法依纪从严查处,真正把生态文明建设的成效体现在推动解决实际问题上,体现在老百姓更多的获得感、幸福感、安全感上,转化为推动高质量发展、实现绿色崛起的生动实践。

额登毕力格

2020 年 6 月

目 录

导言 ………………………………………………………… 1

第一章　70 年岁月的发展历程

第一节　春回大地　曲折探索　1949 年～1978 年 ………… 9
第二节　改革开放　阔步跨越　1978 年～2012 年 ………… 22
第三节　突飞猛进　转型升级　2012 年至今 ……………… 56

第二章　翻天覆地的光辉成就

第一节　核心的引领——党的领导 ………………………… 71
第二节　沧海变桑田——突出成就 ………………………… 77
第三节　榜样的力量——模范人物 ………………………… 172
第四节　安康与惬意——人民生活 ………………………… 203
第五节　绿色的赞歌——生态巨变 ………………………… 223

第三章　奋发图强的经验启示

第一节　催人奋进的共性经验 ……………………………… 239
第二节　独具魅力的地区经验 ……………………………… 258

第四章　美好未来的憧憬展望

第一节　全面建成小康社会的条件支撑 …………………… 275
第二节　未来经济、社会发展所依托的大环境优势 ………… 280
第三节　祖国北部边疆亮丽风景线上的美好前景 …………… 283

参考文献 ………………………………………………………… 300

附录

附录一：乌审旗国民经济社会发展统计数据（1949年～2018年）…… 304
附录二：乌审旗大事记 ………………………………………… 306

后记 ……………………………………………………………… 315

导 言

乌审旗,鄂尔多斯高原南部一片神奇的土地,这里有悠久、灿烂的历史,这里有深厚、独特的文化,这里有开拓创新、不屈不挠的人民,这里创造了"牧区大寨"乌审召的传奇故事,这里让毛乌素荒漠变绿洲,实现美丽与发展同行。这里的各族人民,在全国荒漠化治理中成功创造出"鄂尔多斯奇迹"。

一、历史变迁中的乌审旗:历史悠久、文化灿烂

"乌审"为蒙古语"乌拉西"一词的音转,意为"捕捉猎物的网套",后引申为"使用网套的人及部落",成为鄂尔多斯地区一个蒙古部落的名称。1649年,清朝在蒙古地区实行盟旗制,设置伊克昭盟,下辖鄂尔多斯右翼前旗,俗称"乌审旗"。此后,乌审旗的名称一直沿用。1949年8月10日,乌审旗人民政府成立,但遭遇挫折。中华人民共和国成立后,1950年8月25日,乌审旗人民政府再次成立。2001年,伊克昭盟改设为鄂尔多斯市,乌审旗属鄂尔多斯市管辖。

乌审旗位于内蒙古自治区最南端、鄂尔多斯市西南部。地处毛乌素沙地腹地、黄河"几"字弯、蒙陕宁能源经济发展"金三角"核心区域,素有内蒙古自治区"南大门"和"中国天然气之乡"美誉。全旗总面积11645平方千米,下辖6个苏木(镇)、61个嘎查(村)、13个社区,2019

年底总人口13.34万人。乌审旗是一个以蒙古族为主体、汉族占当地人口多数的少数民族聚居区;管辖五镇一苏木,分别为嘎鲁图镇、乌审召镇、无定河镇、图克镇、乌兰陶勒盖镇和苏力德苏木,旗政府驻嘎鲁图镇。

乌审旗历史文化悠久、文化遗产富集。距今7万~14万年前,河套人就生活在鄂尔多斯高原萨拉乌苏河畔。[1]五代至宋初时期,以李继迁为首的党项拓跋部以夏州地斤泽(今乌审旗北乌审召镇境内胡同查干淖尔地区)为基地迅速崛起,[2]后来建立西夏王朝。元代,这里成为元朝的肥沃牧场和安西王阿难答的避暑胜地,在今三岔河古城(位于乌审旗无定河镇大石砭村9小队西1000米处)设置了察罕脑儿宣慰司。[3]清代,一代蒙古历史巨匠萨冈彻辰撰修完成《蒙古源流》。起源于蒙古游牧时期的乌审旗蒙古族口头诗歌不断传承,产生了贺希格巴图等著名民间诗人,乌审旗的民间诗歌自此发扬光大、代代相传。[4]

二、近现代史上的乌审旗:革命传统、底蕴深厚

乌审旗拥有深厚的革命底蕴。民国时期,爆发了反封建、抗垦的"独贵龙"运动,掀起了震惊全国的"鄂尔多斯风暴"。[5]20世纪20年代,鄂尔多斯著名的革命先行者席尼喇嘛,成为"独贵龙"运动的领袖,并于1926年组建内蒙古人民革命军十二团,任团长。总指挥部设在今"独贵龙"运动旧址,将革命推向前进。1926年,中国共产党陕北党组织派员与乌审旗"独贵龙"组织取得了联系。之后,乌审旗成为鄂尔多

---

[1]《鄂尔多斯史话》编委会编写:《鄂尔多斯史话》,华文出版社,2007年8月第1版。
[2]陈育宁:《地斤泽在何处》《党项史迹与陕北历史文化学术研讨会论文集》,2016年2月。
[3]乌审旗文物局编著:《乌审旗文物志》,2012年9月第1版。
[4]张占霖主编:《鄂尔多斯文化·文物卷》,社会科学文献出版社,2011年8月第1版。
[5]乌审旗志编纂委员会编:《乌审旗志》,内蒙古人民出版社,2001年3月第1版。

斯高原上中国共产党最早发展党员和组织的地区。乌审旗产生了鄂尔多斯第一批中共党员、党支部、党组织。[1]中国工农红军到达陕北后,毛泽东代表中华苏维埃政府发表了《对内蒙古人民宣言》,宣言特别关注鄂尔多斯地区,提出"首先,将井岳秀所占领的巴图湾,与高石秀所占的区域及两个盐池,交还内蒙古人民";同时派出毛泽民、赵通儒、张德生、曹动之等一批干部深入鄂尔多斯南部地区开展工作。乌审旗的中共早期党组织如同星星之火,在20世纪前半期的鄂尔多斯高原形成了红色革命燎原之势,开辟了鄂尔多斯最早的革命根据地,为解放事业作出了重大贡献。直至1949年中华人民共和国成立,乌审旗的历史翻开了崭新的篇章。

三、新时代奋进的乌审旗:跨越崛起、绿色发展

改革开放后,特别是党的十八大以来,乌审旗实现了经济突飞猛进、社会快速发展。2018年,地区生产总值达387.1亿元,公共财政预算收入21亿元,城乡常住居民人均可支配收入分别达到44784元和18263元,地区综合实力稳步提升,跃居中国西部百强县第7位、中国工业百强县(市)第51位。[2]乌审旗不仅有乌审马、草原红牛、无定河大米等特色农产品,也有葫芦素煤矿、苏里格天然气等矿藏资源;不仅有乌兰陶勒盖镇、嘎鲁图镇、陶尔庙嘎查等乡村振兴典型,还有苏里格经济开发区、纳林河工业园区等经济开发区;不仅有中煤、中天合创等大型国企,也有萨拉乌苏、察罕苏力德等大型文化旅游区。乌审旗先后荣获"国家卫生县城""国家园林县城""全国书香城市""全国休闲农牧

---

[1]鄂尔多斯大辞典编纂委员会:《鄂尔多斯大辞典》,内蒙古人民出版社,2009年8月第1版。
[2]《2019年乌审旗政府工作报告》。

业与乡村旅游示范旗"等称号,被命名为中国苏力德文化之乡、中国蒙古族敖包文化之乡、中国鄂尔多斯歌舞之乡和中国马头琴文化之乡、第六批全国民族团结进步示范旗。

乌审旗治沙精神创造绿色传奇。乌审旗位于毛乌素沙地中心区域。毛乌素,为蒙古语,意为"不好的水"。毛乌素沙地是中国四大沙地之一。毛乌素沙地形成的原因可以分为自然因素和人为因素两种。鄂尔多斯高原在距今约6亿年前,形成了"鄂尔多斯古海",后由于造山运动的影响,海水退出了鄂尔多斯,才形成了鄂尔多斯盆地和鄂尔多斯高原的雏形[1],故而,海底的沙砾成为鄂尔多斯高原表层土壤的重要组成部分,生态脆弱,如果过度农垦开荒和放牧就会沙化,这是毛乌素沙地形成的自然因素。过度农垦开荒和放牧是毛乌素沙地形成和扩大的主要人为因素;新石器时代,本区已有零星的刀耕火种农耕活动,鄂尔多斯地区见诸史籍的农业开垦则始于秦汉时期,唐代过度农业开垦,致使五代时统万城附近就出现了大片沙漠。清代光绪末年"贻谷放垦"及民国年间的土地开垦,更加快了毛乌素沙地的沙化进程。[2]中华人民共和国成立后,毛乌素沙地治理,成为摆在乌审人民面前的重大课题和难题,先后涌现出宝日勒岱、殷玉珍等治沙英模,发明了"前挡后拉"治沙造林技术,创造了"牧区大寨"之不屈不挠的乌审精神;改革开放以后,随着"以牧为主""三种五小""禁牧、休牧、轮牧""退耕还林、退牧还草""建设沙草产业"等政策的实施,加之"三北"防护林建设、农牧业产业化、企业投资第三方治理等新型治沙方式的有效运用,快速推动了"绿色乌审"的进程,毛乌素沙地得到了有效治理,也凝聚出了毛乌素治沙精神,涌现了众多的治沙英雄、楷模。"牧区大寨"精神生生不息,毛乌素绿色传奇享誉全国,乌审旗的绿色发展经验,成为

---

[1]陈育宁:《鄂尔多斯史论集》,宁夏人民出版社,2002年6月第1版。
[2]景爱:《沙漠考古通论》,紫禁城出版社,1999年10月第1版。

全球荒漠化治理的成功典范。

　　70年春风化雨,乌审大地旧貌换新颜;70年跨越腾飞,乌审旗各族人民迈进新时代。从共和国成立到改革开放,乌审旗走出了艰难奋进、不断转型的发展历程;进入新时代,以习近平新时代中国特色社会主义思想为引领,乌审旗各族人民在上级党委和政府坚强的领导下,为"建设亮丽内蒙古,共圆伟大中国梦"书写新的辉煌篇章,正在为实现中华民族伟大复兴的中国梦而阔步向前、努力奋斗!

第一章
70年岁月的发展历程

乌审旗有着悠久的历史和灿烂的文化,这里的各族人民对社会的文明进步作出了卓越而巨大的贡献。乌审旗人民勤劳勇敢,具有光荣的革命传统,在中国共产党的领导下,蒙汉各族人民长期坚持革命斗争、英勇不屈、前仆后继,为内蒙古的解放和全国革命的胜利建立了不朽功勋,终于迎来了中华人民共和国的成立,乌审旗的历史翻开了崭新的篇章。

第一节
春回大地　曲折探索
1949年～1978年

一、经济恢复　百废待兴

1949年,中华人民共和国的成立,开启了新的历史纪元。在中国共产党的英明领导下,乌审旗各族人民团结建设,艰苦奋斗,攻沙治水,不懈奋斗,历经艰苦卓绝的努力,取得了经济、社会等各项事业的辉煌成就。内蒙古是我国第一个实行民族区域自治的省级行政区,它的建立标志着内蒙古各族人民争取解放的斗争取得了决定性胜利,开创了解决我国民族地区经济和社会发展的正确道路,在中国近现代民族区域自治史上具有特殊的示范意义。

乌审旗和平解放、乌审旗人民政府成立　1949年3月19日,国民党乌审旗保安师400余名官兵起义,中共乌审旗工委进驻达布察克王府,全旗和平解放。7月,起义部队与中国共产党领导下的西乌审部队合编为中国人民解放军伊克昭盟军区第二支队。8月10日,经陕甘宁边区政府批准,乌审旗人民政府成立,下辖7个区。当时的乌审旗百废待兴,稳定社会秩序是刚成立的人民政府的首要任务。

1950年剿匪 1949年9月22日,乌审旗护理札萨克奇玉山策动了"'9·22'叛乱",奇玉山叛军勾结高怀雄、张廷芝匪部2000多人,与人民为敌。1950年3月初,中国人民解放军内蒙古骑兵第五师十三团、十四团、伊克昭军区4个支队,榆林军分区三十九团、独立二师等共8个团,接到剿匪命令。3月26日,各部队向乌审旗境内开进,投入了剿匪战斗。到5月5日战斗结束,毙敌193人,俘获61名、其余1600人全被打散,胜利完成了剿匪任务。

铲除大烟 1950年夏,乌审旗在全旗范围内展开了彻底肃清群众吸食和贩卖烟毒(鸦片),及铲除种植鸦片的运动。共铲除已经种植的鸦片1.9万多亩。

乌审旗首届各界人民代表大会 1950年8月25日,乌审旗召开了第一届全旗人民代表大会,出席代表66名,再次成立乌审旗人民政府,由15人组成,废除11个保甲组织,组建了7个区公所,组建了隶属于旗人民政府的乌审旗人民代表会议政治协商常务委员会,会议听取了乌审旗人民政府的工作报告;宣讲、讨论了党的一些方针政策。这是乌审旗人民政治生活中的一件大事,标志着饱受践踏和欺压的乌审人民成为新社会的主人,乌审旗掀开了历史崭新的一页。会议决定废除一切奴隶制度;废除民国二十三年(1934年)以前的牧民旧债务。全旗共划7区、29个行政村、11个自然村。从1950年秋至1956年冬,全旗普遍召开了各界人民代表会议,逐步建立了各级人民代表大会制度。

实行新的行政区划 1950年9月,乌审旗人民政府实行新的行政区划。全旗划为7个区,第一区驻小石砭,第二区驻沙尔利格庙,第三区驻庙滩,第四区驻新庙,第五区驻芒哈图庙,第六区驻乌审召,第七区驻呼吉尔图。7个区下辖29个行政村。

第二届各界人民代表会议 1951年5月31日~6月5日,乌审旗第二届各界人民代表会议召开。出席代表94名。会议听取了旗人民政府的工作报告和各部门的工作汇报。传达绥远省第一届人民代表会议精神,商讨支援抗美援朝、取缔"一贯道"、镇压反革命等工作,讨论了发展农牧业生产的具体措施,和进一步加强民族团结、开展统一战线等问题。

抗美援朝 1951年,乌审旗党委发动群众为抗美援朝捐款,先后两次共捐17044万元(第一套人民币),同时发动各区、乡、自然村的群众为中国人民志愿军捐献军马等物资。

第三届各界人民代表会议 1951年11月12日～18日,乌审旗第三届各界人民代表会议第一次会议召开。出席会议代表132名。会议听取审议了政府工作报告,财政情况报告和提案审查报告。商讨了生产救灾、优抚、抗美援朝、镇压反革命、财政税收、农牧业生产、文化卫生等工作。

拥军优属 乌审旗是革命老区,1951年旗委在全旗范围内开展了拥军优属活动。全旗当时有军、烈、干属503户,因缺少劳动力,家庭生活困难。为此,乌审旗发动群众捐出糜子402石,人工1647人次,畜工456个,帮助生活困难的军烈干属渡过难关。

推选普选及民主建政 1952年2月15日～3月9日,乌审旗在一区的大石砭村进行民主建政试点工作,建立了新的村人民政府委员会,健全了村人民政府各项制度。6月20日,中共乌审旗委确定二区四乡为大选典型试点乡,旗委抽调55名干部到试点乡,搞民主建政普选试点。试点工作进行了一个多月,锻炼了干部,取得了经验,推选出乡人民代表16名。8～10月,全旗共选出乡人民代表300多名,以及正副乡长30多名。

土地改革 1952年,作为恢复和发展国民经济的基本条件,乌审旗委、政府领导广大农民有步骤地进行了土地改革,开展进村入户宣传土地政策、丈量土地、划分阶级成分等工作。极大地解放了农村生产力。同时,还在全社会深入开展了牧区的民主改革、农业合作化、对手工艺和私营工商业的社会主义改造等各项民主改革。在三区土地改革的基础上,全旗农区普遍开展了土改运动,共划出贫农7518户、下中农1966户、上中农699户、富农228户、地主174户。在建立民主政权后,渐次铲除封建剥削,实现了从旧社会到新社会的深刻社会变革。

乌审旗人民碱厂　1952年,乌审旗工业开始起步,首家国营企业乌审旗人民碱厂于当年3月建成,生产的"碇子碱",主销榆林等地。同年,乌审旗建立了卫生院、妇幼保健站。

"三反"运动　从1952年10月开始,乌审旗党委用一个多月的时间,抽调121名党员在全旗搞反贪污、反浪费、反官僚主义的"三反"运动。1960年冬至1961年初,又在全旗范围内进行第二次"三反"运动。

互助合作化　1952年,乌审旗委在农区组织了一些临时互助合作组。10月,召开了互助组代表会,交流了经验。1954年,在牧区推行互助合作化工作,参加互助合作组的牧户占总牧户的6%。在农区参加互助合作组的农户占总农户的15.78%。1956年,全旗农牧区农牧户大部分参加了高级互助合作社,农区入社农户达95.75%,牧区入社牧户达95%。

第四次人民代表会议　1953年3月18日～22日,乌审旗第四届人民代表会议召开。出席代表134名。会议审查了人民政府1952年的工作报告,听取了支援抗美援朝工作报告,讨论了当前工作。

重设行政区划　1953年11月,乌审旗在30个行政村的基础上划为33个乡。一区3个乡:尔林川乡、大石砭乡、小石砭乡。二区4个乡:昌煌乡、朝岱乡、包日呼德乡、沙尔利格乡。三区2个乡:张冯畔乡、纳林河乡。四区6个乡:新庙乡、通史乡、陶利乡、巴彦亥乡、海流图乡、巴彦柴达木乡。五区6个乡:达布察克乡、布寨乡、石砭乡、呼和陶勒盖乡、呼和淖尔乡、杭锦斯布呼勒乡。六区8个乡:乌兰沙巴尔台乡、陶报格乡、达日汗喇嘛乡、巴彦陶勒盖乡、查干苏莫乡、乌审召乡、中乃乡、巴嘎淖尔乡。七区4个乡:黄陶勒盖乡、梅林庙乡、呼吉尔图乡、牛地乡。

中共乌审旗第一次(首届)党代会 1954年2月11日~15日,中共乌审旗第一次(首届)党员代表大会在达布察克召开。出席代表42名,其中女代表1名,干部代表28名,其他代表13名。旗委作了《关于总路线的报告》和《关于一年来党的工作总结》的报告;议题是:宣传贯彻党的过渡时期的总路线、总任务;宣传"一化三改",即实现社会主义工业化,对农业、手工业及私人资本主义工商业进行社会主义改造;宣传在牧区"不分、不斗、不划阶级和牧工牧主两利"的政策;全面检查与总结党务工作、互助合作化运动及农牧业生产情况;总结粮食收购完成情况及货币回笼工作;部署农牧业春季生产;选举产生出席上级党代会代表;选举产生中共乌审旗第一届委员会及其组成人员。

乌审旗第五届各界人民代表会议第一次会议 1954年3月30日~4月5日,乌审旗第五届各界人民代表会议第一次会议召开。出席代表53名,列席代表12名,特邀代表7名。会议听取关于过渡时期总路线和蒙绥合并的报告,听取审议人民政府工作报告、财政工作报告和1954年的工作计划。会议选举产生人民政府委员和人民政府正副旗长,选举产生出席伊克昭盟人民代表大会的代表20名。会议宣布了内蒙古自治区人民政府决定:从本届本次会议开始,各族各界人民代表会议代行人民代表大会职权。

1954年,中共七届四中全会正式批准了党在过渡时期的总路线和总任务,同年召开的第一届全国人民代表大会第一次会议通过了党在过渡时期的总路线和总任务,并颁布《中华人民共和国宪法》。同时,还提出了过渡时期民族问题的总任务。据此,乌审旗开展了以"农业合作化运动、畜牧业合作化运动、个体手工业生产合作社运动、资本主义工商业改造"为中心的社会主义改造运动,为社会主义建设打下坚实的政治和经济基础。

行政区划变动 1955年10月1日,乌审旗再次变动了行政区划。乌审旗第一、第三两个区建制撤销,合建为河南区。河南区辖尔林川、大石砭、小石砭、张冯畔、纳林河、巴图湾6个乡。全旗6个区名称改按地名称呼:河南区、沙尔利格区(原二区)、新庙区(原四区)、达布察克区(原五区)、乌审召区(原六区)、呼吉图特区(原七区)。

1956年2月,乌审旗人民政府制定了《乌审旗十二年林业发展远景规划》,号召各地依靠合作化的力量积极开展群众造林。在国营造林体制下,乌审旗成功打造了"牧区大寨"——乌审召。

行政区划变动 1956年4月,乌审旗人民政府将乌审召区所辖的中乃、乌兰沙巴尔台、巴嘎淖尔3个乡划归呼吉尔图区,将呼吉尔图区梅林庙乡部分划归乌审召区。乌审召区辖乌审召、达日汗喇嘛、查干庙、巴彦陶勒盖、陶报格、梅林庙6个乡。呼吉尔图区辖呼吉尔图、大牛地、黄陶勒盖、中乃、乌兰沙巴尔台、巴嘎淖尔6个乡。

中共乌审旗第二次党代会 1956年5月16日~20日,在达布察克镇召开了中共乌审旗第二次党代会。代表名额64名,实际出席53名,缺席11名,列席代表11名。其中蒙古族代表22名,妇女代表2名。会议听取审议旗委《中国共产党内蒙古自治区乌审旗委员会两年来的工作总结报告》和《关于今后工作意见》的报告,通过了《关于目前旗委工作报告和对今后工作的决议》,选出了出席内蒙古自治区党代会的代表,选出了第二届中共乌审旗委员会和中共乌审旗委监察委员会组成人员。

政协乌审旗委员会成立 1956年7月1日,中国人民政治协商会议乌审旗委员会成立,委员41名,设兼职主席1名、兼、专职副主席3名、秘书长1名。

行政区划变动 1956年8月15日,乌审旗人民政府撤销沙尔利格区、新庙区、达布察克区、乌审召区等4个区及所属21个乡的区划建制,改建为沙尔利格、陶利、嘎鲁图、乌兰陶勒盖、图克、乌审召6个苏木。同时,河南区、呼吉尔图区仍保留区的建制;河南区6个乡合并为3个乡,尔林川乡与大石砭乡合并为大石砭乡,巴图湾乡与小石砭乡合并为小石砭乡,张冯畔乡与纳林河乡合并为纳林河乡。呼吉尔图区6个乡,撤销1个乡,中乃乡与巴嘎淖尔乡合并为阿都亥乡,呼吉尔图乡与原乌审召区的梅林庙乡部分合并:辖阿都亥乡、乌兰沙巴尔台乡、黄陶勒盖乡、呼吉尔特乡、大牛地乡5个乡。同时,原新庙区的巴彦柴达木乡和海流图乡合并为巴彦柴达木乡,原新庙区新庙乡的毛布拉格与通史乡的花尔滩和河南区纳林河乡的宝日尔陶勒盖组成都嘎尔湾乡,在旗人民政府所在地新建1个乡级镇达布察克镇;巴彦柴达木乡、都嘎尔湾乡、达布察克镇为旗直属乡镇。8月16日新建的17个苏木、乡、镇区划单位行使新的职能。6个苏木下辖51个巴嘎,沙尔利格苏木12个巴嘎,陶利苏木7个巴嘎,嘎鲁图苏木9个巴嘎,乌兰陶勒盖苏木5个巴嘎,乌审召苏木9个巴嘎,图克苏木9个巴嘎。

1956年10月,乌审旗修通了达布察克镇至鄂托克旗的公路,长43.5千米,结束了本旗不通汽车的历史。

乌审旗第一届人民代表大会 1956年11月22日~28日,乌审旗第一届人民代表大会第一次会议在达布察克镇召开。出席代表98名,蒙古族代表66名、汉族代表32名,男69名、女29名。会议听取旗长所作的《1955~1956年11月政府工作报告》和人民法院的工作报告。审查批准了1957年本旗国民经济计划草案的报告。选举产生第一届乌审旗人民委员会旗长、副旗长和人民委员会委员、法院院长及出席伊克昭盟第二届人民代表大会的代表。通过决议,将乌审旗人民政府改为"乌审旗人民委员会"。

"三不两利"政策　本旗在牧区执行"不斗、不分、不划阶级""牧主、牧工两利"的"三不两利"的政策,使牧工在经济上得到合理报酬,废除旧的牧工和苏鲁克制度中的剥削成分,适当提高牧工的工资待遇,将旧苏鲁克[1]改为新苏鲁克制度。适当提高牧工接受新苏鲁克分成比例。规定牧主不得无故解除牧工,随意夺群,牧工也要履行合同条例,管理好畜群。

1956年,乌审旗皮毛厂开始建设,驻地在达布察克镇。

乌审旗第二届人民代表大会第一次会议　1957年11月25日~12月1日,乌审旗第二届人民代表大会第一次会议在达布察克镇召开,出席代表71名。听取审查人民委员会工作报告、财政工作报告、议案审查报告和人民法院工作报告;选举产生第二届人民委员会正副旗长、委员和人民法院院长,研究了当前生产状况。

从中华人民共和国成立到1957年,乌审旗的经济建设历经农村土地改革、牧区及城镇的民主改革,实现了对本旗农牧业和资本主义

---

[1]苏鲁克制度是蒙古族牲畜租养过程中形成的习惯法。"苏鲁克"在蒙古语中意为"畜群",一般是占有牲畜多的牧民将其所有的牲畜出租给需要租养牲畜的牧民,而牲畜少或没有牲畜的牧民则通过放苏鲁克的方式获得牲畜、仔畜以及畜产品等生产生活资料,蒙古族牧民将这种经营方式称为"放苏鲁克"。因为放苏鲁克的生产方式在蒙古地区形成得早,所以在漫长的岁月里形成了一些固有的规则,已然成为一种制度。习惯上把所有人称为苏鲁克主,把经营者称为苏鲁克户。

苏鲁克分为两种,即"旧苏鲁克"和"新苏鲁克",划分的标准也简单,以中华人民共和国成立前后为时间界限,中华人民共和国成立前的叫"旧苏鲁克",中华人民共和国成立后的叫"新苏鲁克"。1981年5月,内蒙古自治区党委召开了全区牧区经营管理座谈会。这次会后,"新苏鲁克"责任制很快在全区推广。"新苏鲁克"责任制的基本做法是:在坚持三不变(集体牲畜所有权不变、牲畜原本原值不变、出卖和宰杀权不变)、四统一(草原建设统一规划、牲畜改良统一要求、牲畜防疫统一组织、出场放牧统一安排)的原则下,由生产队把畜群包给社员,不计工,不提生产费用;成畜保值保本(成畜死亡可以用仔畜补足),仔畜和畜产品由生产队和承包者按比例分成,一年或几年结算一次。"新苏鲁克"责任制对牧民的利益比较直接,责任比较明确,方法也比较简便,因此当时颇受广大牧民的欢迎,调动了广大牧民的养畜积极性。

工商业的社会主义改造,进行了国民经济恢复建设,完成了本旗"一五"计划的制定与实施,使本旗经济发展和社会面貌发生了翻天覆地的变化。

二、"大跃进"和人民公社化时期

1958年起,乌审召人在毛乌素沙海里掀起了一场绿色革命。经过铲除醉马草、治沙造林、兴建草库伦,为牧区建设养畜开辟了一条新路。

乌审旗第三届人民代表大会第一次会议　1958年5月5日～9日,乌审旗第三届人民代表大会第一次会议召开。出席代表66名。会议听取审议人民委员会工作报告,审查批准全旗发展国民经济第二个五年计划的草案;听取提案审查报告。选举产生第三届人民委员会正副旗长、委员和人民法院院长,选举产生出席内蒙古自治区人民代表大会的代表。

大办人民公社　1958年秋季,在乌审旗84个农业生产合作社、25个牧业生产合作社的基础上,用了两个多月的时间,本旗成立起了"工、农、商、学、兵五位一体,政社合一,一大二公"的人民公社11个。

中共乌审旗第三次党代会　1958年10月21日～27日,中共乌审旗第三次党员代表大会召开。出席代表67名,其中女代表1名,少数民族代表31名。会议听取和审议通过上届旗委所作的工作报告。部署了当前工作,制定了"大跃进"指标。选举产生了第三届中共乌审旗委员会组成人员。

中共乌审旗第四次党代会　1960年4月15日～21日,中共乌审旗第四次党员代表大会召开。应到党员代表106名,实到83名;应到列席代表12名,实到11名。女代表7名,少数民族代表50名。通过

1960年计划以及到1967年规划报告。大会选举产生了第四届中共乌审旗委员会委员21名、候补委员5名。同时选出出席中共内蒙古自治区第二次党代会正式代表2名,候补代表1名。

乌审旗地处毛乌素沙地腹地,在"大跃进"和人民公社化运动期间,由于自然和人为原因,沙漠化问题日趋严重。20世纪60年代,全旗沙化面积为465万亩。

乌审旗第四届人民代表大会第一次会议　1960年12月1日~6日,乌审旗第四届人民代表大会第一次会议召开。出席代表80名。听取审查人民委员会的工作报告,批准了1960年国民经济计划执行情况和今后三年发展计划草案报告,听取审议旗人民法院的工作报告和提案审查报告。选举产生了第四届人民委员会正副旗长、委员和人民法院院长。

1961年,党和国家开始执行"调整、巩固、充实、提高"的"八字方针",对经济采取了既稳妥又果断的措施。显然,"八字方针"是正确的、及时的。畜牧业方面,乌审旗坚持自治区提出的"牧区以牧业为主"的方针和"千条万条,发展牲畜第一条"的原则,牧区一手抓草原建设,一手抓牲畜改良,牧业生产继续稳定向前发展。

中共乌审旗第五次党代会　1962年9月6日~14日,中共乌审旗第五次党员代表大会召开。应出席正式代表115名,实到代表98名。其中女代表5名,少数民族代表51名,列席代表8名。会议听取了《进一步加强政治思想工作的报告》,传达了国内外形势和扩大的中央工作会议精神;会议审议通过了上届旗委作的《工作报告》,检查了上届委员会两年零五个月的工作,总结了1958年以来的工作经验、教训;大会选举产生了第五届中共乌审旗委员会委员17名、候补委员4名。

行政区划变动　1962年9月25日,乌审旗人民委员会决定,从乌审召人民公社中分设出原阿都亥乡新建浩勒报吉人民公社,从图克人民公社中分出原乌兰沙巴尔台乡,新建乌兰沙巴尔台人民公社,从乌兰陶勒盖人民公社分出原黄陶勒盖乡,新建黄陶勒盖人民公社。至此全旗已有 14 个人民公社,下辖 64 个大队、307 个生产队。

乌审旗第五届人民代表大会第一次会议 1963 年 10 月 25 日~31 日,乌审旗第五届人民代表大会第一次会议召开。出席代表 100 名。听取审查了第四届人民委员会、人民法院工作报告;审查批准 1962 年全旗国民经济计划执行情况和 1963 年计划安排草案的报告;审查批准 1961 年、1962 年财政决算和 1963 年财政预算草案的报告。会议讨论制定"以牧为主,围绕畜牧业发展多种经济"的生产建设方针;确定"全面开展增产节约运动,争取国民经济进一步好转"的中心任务。选举产生第五届人民委员会正、副旗长、委员和人民法院院长,选举出席内蒙古自治区人民代表大会代表 4 名。

中共乌审旗第六次党代会 1964 年 10 月 6 日~10 日,中共乌审旗第六次党员代表大会召开。应出席正式代表 121 名,实到 81 名,列席代表 13 名。妇女代表 4 名,少数民族代表 62 名。会议听取和审议了《关于向六届代表大会第一次会议的工作报告》。代表们通过讨论,在肯定了过去两年来工作成绩的同时,指出了缺点。讨论了当前生产和今后任务,确定了工作重点是阶级斗争、生产斗争和科学实验这三大革命如何有机地结合进行。选举产生了第六届中共乌审旗委员会委员 17 名、侯补委员 4 名、常务委员 7 名、监察委员 7 名。

"牧区大寨"乌审召 1965 年,乌审旗委在广泛宣传和推广"学大寨,树标兵,一带二,一片红"经验的基础上,11 月 16 日,向伊克昭盟委提出了《关于在乌审召公社开展"四清"运动的请示报告》,总结了乌审召人民艰苦奋斗、治理沙漠、改造草原、建设牧区的经验。并在全旗掀起了"比学赶帮超"的群众运动。自治区党委于 1965 年作出决定,提出乌审召为学习大寨的典型——"牧区大寨"乌审召。12 月 2 日,《人民日报》发表了题为《牧区大寨乌审召》的长篇通讯和《发扬乌审召人民的革命精神》的社论。从此,乌审旗各族人民展开了长达12年之久的"学大寨、赶乌审召,把乌审旗建成大寨旗"运动。

三、社会主义建设的曲折探索

乌审旗第六届人民代表大会　1967年12月22日,乌审旗第六届人民代表大会第一次会议召开,内蒙古自治区革命委员会批准成立乌审旗革命委员会,由27名委员组成。12月30日,以"红色革命造反团"为主体成立了乌审旗革命委员会。之后,随着"文化大革命"的进行,社会处于动荡之中,经济发展极为缓慢,人民生活水平停滞不前。

20世纪70年代中期,乌审旗沙化面积达到540万亩。

中共乌审旗第七次党代会　1971年4月11日～15日,由乌审旗军管组和乌审旗革命委员会党的核心小组,主持召开了中共乌审旗第七次党员代表大会,出席代表184人,其中妇女代表28人,少数民族代表74人。

群众性的治沙造林高潮　1974年,伊克昭盟盟委、盟公署根据土地沙化严酷现实,制定了以治沙为重点的《农牧林水综合治理规划》,明确了治沙、治山是全盟建设主攻方向。根据这个精神,乌审旗于1975年至1977年建立了一批社、队办治沙站,掀起群众性的治沙造林新高潮,三年造林56万余亩。

1977年,全旗成立三级农田草场建设专业队,无定河流域海子湾农田水利工程上马。

乌审旗第七届人民代表大会第一次会议　1978年3月15日～21日,乌审旗第七届人民代表大会第一次会议召开,由乌审旗革命委员会主持。出席代表 173 名,列席代表 16 名。会议听取审查旗革命委员会的工作报告。选举产生了新一届革命委员会主任、副主任、委员,人民法院院长和人民检察院检察长。

第二节
改革开放　阔步跨越
1978年～2012年

一、解放思想　改革开放

1978年,乌审草原迎来了改革的春风。本年12月召开的中共十一届三中全会,确定了新的工作方针。在闭幕会上,邓小平同志作了题为《解放思想,实事求是,团结一致向前看》的讲话。这篇讲话,是开辟新时期新道路、开创建设中国特色社会主义新理论的宣言书,是乌审旗经济发展历史性转折的契机和行动指南,从此乌审草原开始进入现代化建设的新时期。

党的十一届三中全会指出,必须坚持以经济建设为中心,集中精力发展社会生产力。这一时期,各级党委、政府实行工作重点转移,强调经济建设的中心位置,加大改革开放的力度,坚持国民经济持续、稳定、协调发展的方针,努力理顺各方面的经济关系。经济发展的思路和指导思想已经有了历史性的转变,这为乌审旗的经济现代化建设打下了良好的思想基础。此后,乌审旗坚决贯彻党中央关于农村经济体制改革的一系列方针、政策,较早地实行了以"大包干""包产到户"为主要形式的家庭联产承包责任制。使乌审旗农村牧区经济得以恢复并较快增长。

改革开放前夕,国家农林部林业局工作组到西北各省(区)和山西省调查研究后,制定了营造"三北"防护林的规划意见。"三北"是指西北、华北、东北三个地区。1978年12月25日,国务院根据上述规划意见,决定在西北、华北北部,东北西部风沙危害和水土流失严重地区建设防护林,即"三北"防护林体系,并正式纳入国家建设计划,按基本建设程序组织施工。乌审旗被列入规划建设范围。自1978年以来,乌审旗开展了"三北"防护林一期至五期工程建设。党的十一届三中全会后,随着包干到户的家庭联产承包责任制实施和"三北"防护林体系建设的进行,全旗林业生产走上稳步发展的轨道。

基层经济体制改革　1979年冬至1980年春,乌审旗农区和半农半牧区的8个公社、46个生产大队、277个生产小队实行了"三定一奖""四定一奖"(定土地、定产量、定农业税、定公积金和公益金、超产奖励)生产责任制。1980年9月,2个农区公社全部实行了家庭联产承包责任制。6个半农半牧区改为新牧区。1981年7月至10月,在乌兰陶勒盖公社,开始进行经济体制改革试点工作。11月初,经济体制改革在五个牧区公社普遍推开,将人民公社三级所有制改为牧业生产社所有制。撤销了公社制,设立了苏木建制。撤销了大队建制,成立巴嘎。生产小队改为牧业合作社。1982年,牧区实行了"新苏鲁克生产责任制"。1984年,全面完善了农牧生产责任制,牲畜和集体林木作价卖给个人,草原和五荒地全部拨给农牧户。1985年,在牧区实行了"草畜双承包"责任制。

中共乌审旗第八次党代会　1980年1月27日~31日,中共乌审旗第八次党员代表大会召开。应出席代表203名,到会代表149名,因病因事缺席54名。妇女代表22名,少数民族代表91名。会议听取和审议通过了上届旗委作的《工作报告》。报告回顾了几年来的工作：党的十一届三中全会以后，纠正了极左路线，处理了大量的历史遗留问题，平反了大量的冤假错案，认真抓了党的思想建设和组织建设，整顿了各级领导班子，恢复了人民检察院和纪律检查委员会，落实了党的民族、统战、工商、起义人员和知识分子政策，恢复和建立健全了群众团体组织，按时完成了民兵整组工作，认真落实了党在农村、牧区的各项经济政策和生产方针，认真抓了科学养牧、科学种田、科学治沙造林工作，因地制宜地进行农田牧场基本建设。认真果断地把工作着重点转移到"四化"建设上来，并出台今后工作意见。选举产生了第八届中共乌审旗委员会，选举产生了纪律检查委员会成员，讨论制定了常委会工作和学习制度，选出了出席自治区第四次党代会代表3人。

1980年初，乌审旗沙化面积扩展到705万亩，占总土地面积的40%，成为中国沙尘暴来源地之一。土地沙化的日益加剧，不仅给广大群众的生产生活带来了极大的困难，同时也制约着乌审旗经济全面、协调、可持续发展。

乌审旗第八届人民代表大会第一次会议 1980年12月16日～21日，乌审旗第八届人民代表大会第一次会议召开，出席代表146名、列席代表31名。会议听取审议旗革命委员会、人民法院、人民检察院的工作报告；听取审议提案审查报告，审查批准1980年国民经济计划执行情况报告和1981年计划安排报告，审查1979年财政决算、1980年财政预算、1981年财政概算报告。本次会议决定，撤销旗革命委员会，恢复旗人民政府。选举产生旗人民代表大会常务委员会组成人员和人民政府正副旗长，选举产生了人民法院院长、人民检察院检察长。

1980年12月，中国人民政治协商会议乌审旗委员会恢复建制。1981年4月，成立政协文史资料委员会。

1982年,沙尔利格、陶利、嘎鲁图、乌兰陶勒盖、图克、乌审召6个人民公社改为6个苏木。

大力治沙 1983年,乌审旗开始贯彻执行"个体、集体、国家一齐上,以个体造林为主"的方针,把大量的"五荒"地划拨到户,并明确规定"谁种谁有,允许继承,长期不变",鼓励农牧民大力种树种草,治理荒沙;同年,乌审旗林业局开始飞播造林,加快了对远沙、大沙的治理力度。从1983年到1988年,全旗累计完成个体造林197万余亩,占全旗同期造林总面积的90%,使全旗的植树造林出现了前所未有的新局面。

严厉打击刑事犯罪分子 1983年8月29日,接到上级命令,乌审旗委主持、召开了"严厉打击刑事犯罪分子全旗有线广播动员大会"。全旗出动了政法、公安干警136人,调动车辆17辆,逮捕了51名违法犯罪分子。

1983年,乌审旗河南、纳林河、巴彦柴达木、黄陶勒盖、呼吉尔图、乌兰沙巴尔台、浩勒报吉7个人民公社改为7个乡。全旗6个苏木、7个乡、1个镇另有2个场站,下设75个嘎查(村)。

草牧场承包到户 1984年2月25日~3月2日,中共乌审旗委员会召开会议,认真学习、落实中共中央1号文件,统一认识,解放思想,进一步加大改革开放的力度,在全旗范围开展进一步稳定和完善畜牧业生产责任制运动;改草原畜牧业大包干责任制为"畜牧作价归户,草牧场承包到户"。又指出"种树种草改良羊"为全旗主攻方向。

中共乌审旗第九次党代会 1984年7月4日~7日,中共乌审旗第九次党代会召开。应出席代表173名,实到155名,代表中少数民族76名,妇女30名,科技人员31名,代表中大专以上文化程度的有11名。会议听取审议和通过了上届旗委作的题为《锐意改革,开拓前进,继续开创新局面》的工作报告,听取审议和通过了旗纪律检查委员会作的《关于党的纪律检查工作报告》,并通过了相应的决议。会议选举产生了第九届中共乌审旗委员会委员 25 名、候补委员 6 名。选举产生了纪律检查委员会委员 10 名，选举产生了出席内蒙古自治区第四次党代会代表共 3 人。

乌审旗第九届人民代表大会第一次会议　1984 年 8 月 2 日～6 日，乌审旗第九届人民代表大会第一次会议召开，由旗人民代表大会常务委员会主持。出席代表 178 名，列席代表 40 名，特邀代表 4 名。会议听取和审议旗人民政府、人民代表大会常务委员会、人民法院、人民检察院的工作报告。审查批准 1983 年国民经济计划执行情况的报告，1984 年国民经济计划安排意见的报告；审查批准 1982 年、1983 年两年财政决算的报告和 1984 年财政预算的报告。还审议通过"乌审旗普及初等教育和完成农牧民业余教育任务实施条例"。会议选举产生旗人民代表大会常务委员会和旗人民政府领导成员；选举产生了人民法院院长、人民检察院检察长。

1984 年，本旗相继建成乌审旗第一、第二化工原料厂，以开采原碱为主，年开采能力达到 5 万吨。

沙漠化趋势的逆转　1984 年，乌审旗委、政府又确定了"种树种草改良羊"的主攻方向，把植被建设列入各户林业重点目标，承包荒沙 43 万亩。1984 年，全面完善了农牧业生产责任制，牲畜和集体林木全部作价卖给农牧民。草牧场和"五荒"一律划拨到户，明确宣布除土地外，其它到户财产长期归个人所有。1985 年完善了牧区"草畜双承包"责任制，合理地调整了产业结构，乡镇企业开始起步。1984 年和 1985 年，乌审旗在荒沙荒滩上种树种草的面积都超过了 100 万亩，此后，每年又以 60 万～80 万亩的速度发展，随着管理和保护措施的跟进，植被成活率逐年提高，沙漠化的趋势开始逆转。

1985 年，乌审旗进行农牧区第二步改革，调整了产业结构，发展农副产品加工、商业、运输、建筑、服务等行业，乡镇企业由单一经营模

■ 曾经的毛乌素沙地

式发展成为集体、联合、个体经营并存的经济模式。

乌审旗第十届人民代表大会　1987年5月28日～6月3日,乌审旗第十届人民代表大会第一次会议召开,由旗人民代表大会常务委员会主持。出席代表130名,列席代表43名。会议听取、审议旗人民政府、人民代表大会常务委员会、人民法院、人民检察院的工作报告;听取审议了提案审查报告。会议审查批准1986年国民经济计划执行情况的报告和1987年国民经济社会发展草案的报告;审查批准1986年财政决算的报告和1987年财政预算草案的报告。会议传达第六届全国人民代表大会第五次会议精神和全国人民代表大会常委会"关于加强法制,维护安定团结的决定"。选举产生旗人民代表大会常务委员会和旗人民政府、人民法院、人民检察院领导成员。还选举产生了出席内蒙古自治区人民代表大会的代表2名。

"念草木经、兴畜牧业、林牧为主、多种经营"经济建设　1987年,中共乌审旗委、旗人民政府出台了《关于树立"念草木经、兴畜牧业"先进典型的决定》和《乌审旗进一步贯彻落实"林牧为主,多种经营"经济建设方针的实施意见》等政策,在全旗范围内开展了"念草本经、兴畜牧业、林牧为主、多种经营"经济建设运动,激发了广大农牧民种树种草积极性,围建畜群草库伦建设,农牧民有的承包五荒地,有的联产承包沙漠,涌现出了很多绿化先进人物。

建设家庭牧场 1983年~1987年,乌审旗沙尔利格苏木首先落实了旗委提出的"种树种草改良羊"的号召,在全苏木范围内开展了五位一体的家庭牧场(水、草、林、料、机一体)示范基地建设。1987年8月16日,中共乌审旗委员会、旗人民政府在沙尔利格苏木召开为期四天的家庭牧场建设现场会,参观了12个家庭牧场,听取了他们的经验介绍。到年底,全旗有家庭牧场建设户103户,经内蒙古自治区科委的验收鉴定达到标准,家庭牧场建设经验在全区推广。1987年,乌审旗毛纺织有限公司创建,位于达布察克镇。同年,乌审旗亨泰化工厂开建,位于乌审召合同查干淖尔碱湖南畔。

鄂尔多斯细毛羊基地建设 1985年,乌审旗改良鄂尔多斯细毛羊

■鄂尔多斯细毛羊

培育成功,并获得自治区人民政府命名。1989年,乌审旗鄂尔多斯细毛羊基地建设取得初步成效。乌审旗产"鄂尔多斯细毛羊"由1985年的12.8万只发展到23.9万只,在此后不久召开的全国养羊基地建设评比会上,乌审旗有7项达标,被评为先进旗。

中共乌审旗第十次党代会 1988年6月30日～7月2日,中共乌审旗第十次党代会召开。出席代表181名,代表中少数民族85名,妇女29名,各条战线先进人物33名,各类专业技术人员34名,支部书记以上各级领导干部114名。会议听取审议和通过了上届旗委作的《总结经验,继往开来、开创乌审旗团结建设的新局面》的报告和纪律检查委员会《工作报告》,并作出了相应的决议。会议选举产生了第十届中共乌审旗委员会委员25名、候补委员3名,选举产生了中共乌审旗纪律检查委员会委员11名,常委7名。

1990年,乌审旗以天然碱开采、原料碱加工生产为主业的企业达到15家,总产值可达697万元,年实现利润291万元,占当年全旗工业总产值的41%,工业经济成为乌审旗财政收入的重要收入来源。

这个阶段,乌审旗农村牧区积极推行"包产到户"和"畜草双承包"责任制,将生产自主经营权还给农牧民,仅一两年间,就使农牧区经济转向全面恢复和发展的崭新阶段。大多数农牧民迅速解决了温饱问题。同时,还以改造生态环境和基本生产条件为中心,大力种树、种草、种柠条,兴建小型水利工程,恢复植被,为此后的农牧业发展增强了后劲,为沙产业、草产业发展打下了基础。

1984年～1990年,改革的重点由农村扩展到城市。城市经济体制改革从微观经营机制到宏观管理体制,从所有制形式、经营方式到政府职能转变都经历重大改革。城市经济体制改革是对城市经济的生产、流通、交通、分配等各方面进行的配套改革,极大地促进了生产的发展。

二、市场经济体制基本建立后经济的快速发展

20世纪90年代,是我国经济社会快速发展的10年。社会主义市场经济体制的确立和发展是这一阶段经济建设的主旋律。乌审旗在党和国家经济战略思路转换的大背景下,紧跟国家步伐,也同样经历了变化巨大的10年。

邓小平南方谈话,对当时中国经济的发展发挥了重要的引导作用。中共中央十四届三中全会通过了《中共中央关于建立社会主义市场经济体制若干问题的决定》,提出建立社会主义市场经济体制,就是要使市场在国家宏观调控下,对资源配置起基础性作用。在此背景下,乌审旗积极推进社会主义市场经济体制建设。

20世纪90年代,乌审旗经济体制改革继续深化,国有企业改革和"三年脱困"的目标基本实现。通过采取"抓大放小"等一系列重大举措,使国有企业的体制和机制发生了较大变化。10年间,通过调整和完善所有制结构,个体工商户、私营企业和"三资"企业等非公有制经济成分得到了快速发展。

这个时期,乌审旗主要农畜产品和能源、原材料、工业产品产量大幅提升,农牧业生产能力跃上新台阶。农业种植结构有了较大的调整,工业结构调整取得积极进展。期间,贯彻"全党抓经济,重点抓工业,突出抓效益"的指导思想,不断加大工作力度,加快结构调整,技术改造和体制创新步伐,农畜产品加工业、能源、化工等优势产业竞争力和盈利水平不断提高。

乌审旗第十一届人民代表大会第一次会议 1991年2月28日~3月5日,乌审旗第十一届人民代表大会第一次会议在达布察克镇召开。参加代表143名。会议听取、审议、通过乌审旗人民政府、乌审

旗人民代表大会常务委员会、乌审旗人民法院、乌审旗人民检察院工作报告,并作出决议;听取、审查、批准乌审旗1990年国民经济和社会发展计划的报告执行结果,与1991年国民经济和社会发展计划(草案)的报告、乌审旗1990年财政预决算执行情况和1991年财政预决算(草案)的报告,并作出决议;听取、通过此次会议议案审查委员会对于人民代表议案的审查情况和处理意见的报告;选举产生乌审旗第十一届人民代表大会常务委员会主任、副主任、委员,旗人民政府旗长、副旗长,旗人民法院院长,旗人民检察院检察长。收到代表议案16件。

1991年,乌审旗委、政府制定了事关国民经济和社会发展的十年规划"八五"计划,确立了"坚持改革开放,贯彻林牧为主,发展多种经营,注重经济效益,依靠科学技术,实现兴旗富民"的经济发展思路,提出"保八争九"的国民经济发展目标。其重点是以"绿色"为基础,狠抓植被建设;以"白色"为支柱,搞好搞活细毛羊、化工两大基地建设;搞好多种经营,拓宽经济收入来源;发展乡镇企业,壮大集体经济;发展科教文卫等社会事业,改善人民生活。

"两翼一体"战略和"3153"工程 1991年,乌审旗委根据中共伊克昭盟委员会、盟行政公署"两翼一体"战略和"3153"工程的精神("两翼"是指植被建设和水利水保;"一体"是指农牧业经济这个主体。"3153"的内容是:人均3亩基本田:其中1亩水浇地,2亩旱作基本田;人均10亩林果树,饲养5只羊,户养3口猪),在对乌审旗的实际情况进行了认真的调研分析后,形成了乌审旗《贯彻盟委讨论行署"两翼一体"战略和"3153"工程的决定》。总的指导思想是:坚持既定的生产建设方针,突出"一个主体"(以农牧业经济为主体),抓住"两个关键"(以植被建设为基础,以水利建设为中心),实现"三个转变"(变靠天养畜为建设养畜,变粗放型农业为集约化农业,变生态型林业为经济型林业)。

1992年,按照"超常规发展,跳跃式前进"的发展思路,出台全旗农村牧区达小康规划,颁布外引内联的优惠政策。

中共乌审旗第十次代表大会 1991年12月2日～4日,中共乌审旗第十次代表大会在达布察克镇召开。大会应到代表197名,实到代表191名。会议听取并审议通过旗委书记代表中共乌审旗第九届委员会作题为《加强党的领导,加快建设步伐,为实现第二步战略目标而努力奋斗》的工作报告,中共乌审旗纪律检查委员会作了纪检工作报告,并作出相应的决议。

大力发展乡镇企业 1992年初,乌审旗正式开始大力发展乡镇企业,乡镇企业实行"八允许"(允许与旗外国营、集体和个人联办企业;允许农牧民务工经商;允许发展股份制企业;允许国家机关人员、农牧民和国营单位职工到乡镇企业入股;允许农牧民带资进厂当职工;允许党政机关干部、企事业单位及大中专院校科技人员承包和领办乡镇企业;允许个体企业适当雇工)、"五自"(企业领导班子由承包人自行组建;工人由企业自选;财务由企业自理;工资由企业自定;产品由企业自销)的政策措施和经营办法。乡、村、联户个体"四轮驱动",多层次办企业。

1992年8月10日～12日,伊克昭盟第三届少数民族传统体育运动会在乌审旗举行。来自全盟8个旗市的240名运动员在赛马、射箭等9个项目上进行比赛。

1993年机构改革 1993年,乌审旗将机构改革工作分为旗直行政机关、旗直事业单位和苏木镇三大块。改革后,党委序列原有7个部门保留5个部门;另设中共乌审旗纪律检查委员会(受中共伊克昭盟委员会和中共乌审旗委员会双重领导);保留工会、团委、妇联部门。政府序列原27个单位,保留20个行政科局。由此,党政部门压缩到25个,加上群团组织3个,共计28个单位。加上人大常委会、政协机关各1个。全旗行政人员由486人减少到421人。全旗事业单位人员由1903人减少到1583人。苏木镇的机构设置框架为"四办一所"即：党政综合办公室、计划生育办公室、社会治安综合治理办公室、文教卫生办公室和财政税务所。

企业机制改革 1994年1月，乌审旗委（扩大）会议召开。会议布置了当前及今后一个时期，全旗上下要认真学习和深刻领会中共十四届三中全会《关于建立社会主义市场经济体制若干问题的决定》精神，进一步加大改革力度，加快改革步伐。包括深化农村牧区改革、企业转换经营机制和机构改革等。1993～2004年，乌审旗认真开展转换经营机制，试点企业改革，全面开展以理顺改革等产权关系、建立现代企业制度为重点的企业机制改革。

乌审旗第十二届人民代表大会第一次会议 1994年3月8日～11日，乌审旗第十二届人民代表大会第一次会议在达布察克镇召开。实到代表145名。会议听取、审议、通过乌审旗人民政府工作报告，并作出决议；听取、审查、批准乌审旗1993年国民经济和社会发展计划执行结果，与1994年国民经济和社会发展计划（草案）的报告、乌审旗1993年财政预算执行情况，和1994年财政预算（草案）的报告，并作出决议；听取、审议、通过旗人民代表大会常务委员会、旗人民法院、旗人民检察院的工作报告，并作出决议；听取、通过此次会议议案审查情况和处理意见的报告；通过此次会议选举办法和议案审查处理办法，选举产生乌审旗第十二届人民代表大会常务委员会；旗人民政府旗长、副旗长；旗人民法院院长、旗人民检察院检察长。收到代表议案67件。

1994年以后，乌审旗在"农牧业打基础，工副业促发展"的思想指导下，"446"小康工程顺利实施。1994年，乌审旗有14个苏木、乡、镇，共75个嘎查、村（其中嘎查30个），共有农牧业社410个。1994年，创建乌审旗刨花板厂，实现全旗林产工业零的突破。

中共乌审旗第十一次代表大会 1995年11月17日～18日,中共乌审旗第十一次代表大会在达布察克镇召开。大会应到代表207名,实到代表203名。会议听取并审议通过旗委所作题为《抓住机遇,加快发展,为全面实现第二步战略而奋斗》的工作报告,中共乌审旗纪律检查委员会作了纪检工作报告,并作出相应的决议。

从20世纪90年代中期起,包括乌审旗在内的伊克昭盟各旗的主要经济指标均以两位数增长,保持了快速发展的态势。到20世纪末,鄂尔多斯地区经济社会发展速度、效益各项主要指标,都走在了内蒙古自治区各盟市前列。一个长期贫困落后、生态恶化的地区,经济持续快速增长,社会面貌发生了巨大变化,在当时被称之为"鄂尔多斯经济现象"。鄂尔多斯奇迹般的巨大变化,引起社会的广泛关注,人们发现,鄂尔多斯的变化和发展,不是一个孤立的经济现象,而是经济、政治、文化、社会互促联动发展的综合反映。随着对"鄂尔多斯经济现象"的研究,逐渐深入到"鄂尔多斯生态现象""鄂尔多斯文化现象"的研究,形成了综合性研究鄂尔多斯的氛围,开拓了鄂尔多斯研究的新思维。

1996年,乌审旗组建羊剪绒集团公司,年产羊剪绒系列产品8.5万平方米,地毯3000平方米,精纺羊毛纱400吨,产品质量达到部颁标准。

脱贫达标旗 1997年,乌审旗委、旗政府做出"年内全旗整体脱贫"的目标,计划确定旗直101个单位和15个苏木乡镇及骨干企业全部参与,分区域扶贫和入户扶贫。全年投入扶贫资金1747万元,一半资金用于区域扶贫,一半资金以实物形式到户。全旗建档贫困户1299户,扶贫达标户1298户,农户人均收入2141元,牧户人均收入2715元,人均占有粮食986公斤。经自治区扶贫验收组验收认定,乌审旗成为全区30个脱贫达标旗之一。

实施"双包一带"工程　1998年4月,中共乌审旗委、旗人民政府决定在全旗农村牧区实施"双包一带"(即领导和部门包扶嘎查村,党员干部带群众)工程。要求每个副处级以上领导干部和旗直部分行政、企事业单位,分别包扶一个相对后进的嘎查村,一包3年。一是加强以党支部为核心的嘎查村级组织建设,实现"五个好"(支部班子好、党员队伍好、活动开展好、制度建设好、作用发挥好)目标;二是通过培植新的经济增长点,打好经济发展基础,使所包扶的嘎查村集体经济收入年递增30%以上或总量达到5万元以上,农牧民人均收入每年增加300元以上;三是从解决好群众关心的热点难点问题入手,每年办一到两件实事,直至将所包扶的嘎查村达成小康村;四是将嘎查村的精神文明建设达到旗级文明嘎查村的标准。

加快发展个体私营经济　1998年,乌审旗出台《关于进一步加快发展个体私营经济的暂行规定》。其主要内容:进一步加快发展个体私营经济,让个体私营经济坐正席、唱主角是乌审旗经济发展的主要出路;切实把发展个体私营经济列入重要议事日程;不断扩大从业人员范围;切实实行放开经营;自行决定经营方式;切实简化注册手续;鼓励规模化经营;鼓励农收民从事个体私营经济;鼓励和引导个体私营企业积极吸纳下岗、失业、待业人员就业;鼓励开发"五荒地"(荒山、荒沙、荒坡、荒滩、荒沟);鼓励苏木乡、嘎查村对集体经济等实行企业化管理;转移信贷重点;建立个体私营经济发展奖励基金;鼓励投资建市场;提高个体工商户的社会地位;坚决制止乱收费、乱摊派、乱罚款;建立领导干部联系个体工商户和私营企业制度;保护个体工商户和私营企业的合法权益;发挥职能作用,强化服务功能。

乌审旗第十三届人民代表大会第一次会议　1999年1月26日~30日,乌审旗第十三届人民代表大会第一次会议在达布察克镇召开。实到代表139名。会议听取、审议、通过乌审旗人民政府工作报告,并作出决议;听取、审查、批准乌审旗1998年国民经济和社会发展计划执行结果与1999年国民经济和社会发展计划(草案)的报告、乌审旗1998年财政预算执行情况和1999年全旗财政和旗本级财政预算(草案)的报告,并作出决议;听取、审议、通过旗人大常委会、旗人民法院、旗人民检察院的工作报告,并作出决议;听取、通过此次会议议案审查情况和处理意见的报告;选举产生乌审旗第十三届人民代表大会常务委员会,旗人民政府旗长、副旗长;旗人民法院院长,旗人民检察院检察长。收到代表建议、批评和意见64件。

依法治旗规划的制定 1999年6月,乌审旗制定《乌审旗依法治旗工作规划》。总目标是贯彻落实依法治国方略,使依法治旗活动在全旗各行业、各地区和基层更加深入广泛地开展起来;依据法律、法规和规章,制定符合本地本部门实际的制度、办法,使各方面都做到有章可循;适应严格执法、公正司法、文明执法要求,建设一支高素质的行政执法队伍;建立健全监督制度,使有法不依、执法不严、违法不究现象得到有效遏制。提高各级领导干部的民主法制观念和依法办事能力,进一步普及法律知识,使干部队伍的法律素质与依法治旗工作相适应;依法保护各类企业的合法权益和公平竞争,依法建立现代企业制度;基层单位基本走上依法建制、以制治理、民主管理的轨道,保证人民群众直接行使民主权利;依法开展社会治安综合治理活动,确保社会长治久安。

1999年,通过"三北"防护林工程持续三期建设,和荒漠化治理工程的深入实施,全旗共完成人工造林450万亩,飞播造林40万亩,封沙育林草12万亩,森林覆盖率从1978年前的6.9%上升到了18.9%。农田草牧场防护林初具规模,风沙为害、水土流失的严重局面初步扭转,人民群众生活、生产环境明显改观。

加强生态环境保护和建设 2000年2月,乌审旗委、旗人民政府出台《关于加强生态环境保护建设的决定》指出：乌审旗生态建设要以上级关于生态环境保护建设的各项方针政策为指针，坚持生态环境保护建设，是乌审旗最大的基础建设和兴旗之本的思想，以改善生态环境、发展地区经济、增加农牧民收入为目标，紧紧抓住西部大开发历史机遇，依靠科技，政策调动，利益驱动，全党动手、全民动员，全面加强生态环境保护建设。要求乌审旗生态环境建设要5年初见成效，10年大见成效，争取在21世纪中叶，实现沙地草原绿化目标。各地要做出近期和长远规划，做到换人不换目标，换届不换蓝图。

四个战略重点 2000年1月，中共乌审旗第十一届四次全委（扩大）会议召开。全面部署乌审旗跨世纪的发展战略和工作思路，抓住国家扩大内需和实施西部大开发的历史机遇，要突出抓好"四个战略重点"（即调整结构，夯实基础，优化环境，振兴工业）。概括起来就是在农牧业上，突出抓好产业化；在基础设施建设上，突出抓好公路建设；在工业上，突出抓好天然气和非金属矿的开发利用。

"三讲"教育活动 2000年3月～5月，根据中共中央和内蒙古自治区党委的具体安排部署，利用3个月的时间集中开展"三讲"（讲学习、讲政治、讲正气）教育活动。教育活动共分为调查研究、充分准备，发动思想、提高学习，自我剖析、听取意见，交流思想、开展批评，认真整改、巩固成果五个阶段。通过两个多月的学习，基本达到了预期目的，有效地加强了领导班子建设，促进领导成员自身素质的提高。乌审旗"三讲"严格按照中共中央、内蒙古自治区党委和中共伊克昭盟委员会的总体部署以及具体要求始终坚持严标准、严要求，达到了预期目的，受到了中共伊克昭盟委员会组织部的好评。

实施"百村千户民心工程" 2000年，乌审旗"百村千户民心工程"开始实施。"百村千户民心工程"是在旗县级干部联系点，旗直单位扶贫联系点、"双包一带"工程的基础上进行的。主要做法是：旗六大班子(旗委、旗人民政府、旗人大常委会、旗政协、旗人民武装部、旗纪律检查委员会)联系点领导负责一个苏木乡镇的"民心工程"的落实、检查指导、督促工作,任组长;苏木乡镇场党委书记、乡镇长任常务副组长,协助六大班子联系点领导和旗直部门开展工作,搞好各自所在地的"民心工程";旗直各部门主要领导负责一个嘎查村的"民心工程",并任副组长,每个嘎查村选派2~5名年轻干部为组员,每人联系3户农牧户,联系时间为一年。具体要完成六项任务。

2000年8月26日,在乌审旗境内勘探发现世界级整装气田——"苏里格大气田",以发现苏6井为标志,天然气地质规模储量达5000亿立方米以上。

2000年开始,乌审旗相继启动实施了退耕还林、天然林保护、日本贷款植树造林工程,在西部大开发和国家林业重点工程的带动下,全旗上下抢抓机遇,林业生态建设进入了建国以来发展最快、投资最大、人民得实惠最多的跨越式发展阶段。

中共乌审旗第十二次代表大会 2000年12月18日~20日,中共乌审旗第十二次代表大会在达布察克镇召开。大会应到代表229名,实到代表227名。会议听取并审议通过旗委书记代表中共乌审旗第十一届委员会作题为《走向新世纪,开创新业绩,努力实现乌审旗改革和发展的新跨越》的工作报告,中共乌审旗纪律检查委员会作了纪检工作报告,并作出相应的决议。

20世纪的最后10年,是中国经济发展快速变革的10年,同时也是为21世纪初中国经济飞速发展奠定基础的10年。邓小平南巡讲话将计划经济与市场经济定位为资源配置方式,进而将其与经济制度松绑,开启了我国社会主义市场经济建设的新纪元。1992年党的十四大报告正式提出"建立社会主义市场经济体制"这一目标。在国家战略思想的引导下,乌审旗一方面始终注重认真领会党和国家的总的指导思想和发展思路;另一方面,乌审旗委、政府也深刻地认识到,地区经济发展,必须充分考虑地区资源优势与已有基础,积极采取多种措施,提高经济增长的质量和效益,经济建设取得了突出的成绩,为乌审旗21世纪最初10年的跨越式发展奠定了坚实基础。

三、高速增长的跨越式发展

进入21世纪后的第一个10年,是乌审旗经济发展高速增长的10年。经济总量呈现了高速增长的态势,此时内蒙古自治区经济增长速度连续8年保持全国第一。这个时期,乌审旗产业结构明显改善,依托城镇化的推进,工业化与农业产业化经营出现了较为协调的发展态势。乌审旗经济社会经历这10年的发展,取得了重大成就,"十五"和"十一五"规划确定的主要任务和目标如期完成。综合经济实力跃上新台阶,经济结构调整取得重大进展,基础设施建设得到加强,生态环境保护和建设成效明显,人民生活水平显著提高。

呼和浩特、包头、鄂尔多斯三市经过"十五"期间的高速发展,地区生产总值、财政收入总和均占全区总量的一半以上,成为内蒙古最具活力的城市经济圈,被誉为内蒙古的"金三角"地区。"十五"期间呼、包、鄂三市经济增长速度,平均达到23.4%,高出全国经济增速一倍以上,占内蒙古自治区生产总值的比重由39.2%提高到51.8%。

21世纪前五年,从2001年至2005年,即我国"十五"计划期间。乌审旗面临着西部大开发和长庆气田大开发两大历史机遇,这五年里,乌审旗生态建设投资1.8亿元,实施了国家生态建设重点工程、水土保持、天然林保护、退耕还林(草)等生态建设项目。五年来,全旗共新增人工造林合格面积105万亩,完成飞播造林98万亩、水土保持治理面积220.74平方千米,植被覆盖度和林木覆盖度分别由1998年的

51%和16.8%提高到2003年的65%和25.3%。交通建设投资3.5亿元,相继完成达掌线、府深线、榆乌线打桃段等9条油路的建设与改造,硬化公路里程达到505千米,92%的苏木乡镇实现通油路目标。成功举办萨冈彻辰诞辰400周年纪念大会、"蒙古源流"学术研讨会。回顾"十五",这一时期成为全旗历史上经济社会发展最快、增长质量最好、人民得实惠最多的五年。2005年,地区生产总值29.5亿元,是2000年的3.2倍,年均增长26.2%;财政收入是2000年的4.7倍,年均增长36%;城镇居民人均可支配收入较2000年增加4222元,年均增加844元;农牧民人均纯收入较2000年增加2142元,年均增加428元。

"三个代表"重要思想学习教育活动 2001年1月～5月。乌审旗开展"三个代表"(代表先进生产力的发展要求、代表先进文化的前进方向、代表中国最广大人民的根本利益)重要思想学习教育活动。参加学习教育活动总人数4705人。在4个多月的时间里,各苏木乡镇场及旗直部门顺利完成了动员部署,学习培训,对照检查和整改提高4个阶段的工作任务,基本达到了预期目的。

2001年机构改革 2001年2月,乌审旗进行机构改革。改组后,党委保留办公室、组织部、宣传部、统战部、政法委员会、机构编制委员会办公室6个部门;另设中共乌审旗纪律检查委员会(受中共伊克昭盟委员会和中共乌审旗委员会双重领导)。政府机关保留办公室、公安局、司法局、民政局、财政局、审计局、统计局、交通局、卫生局、档案局(受中共乌审旗委员会和乌审旗人民政府双重领导)。经调整,政府机关设工作部门23个。设置老干部局、信访办公室、扶贫开发领导小组办公室3个办事机构。人大常委会、政协各设综合办事机构1个,人大常委会专门委员会设4个,政协专门委员会设2个。保留工会、共青团、妇联、科协、文联、残联、红十字会。

2001年8月8日至17日,乌审旗成功举办首届天然气节,暨2001年那达慕大会。

加快工业园区建设 2003年3月,在中共乌审旗十二届六次全委(扩大)会议上提出"十五"跨越计划、"工业立旗"战略。为此,旗委、旗人民政府作出《关于加快工业园区建设的决定》。要求全旗各地区各部门,必须把加快工业发展作为实现兴旗富民大业的首要任务,把发展经济的主要精力集中到抓园区建设上来,认真落实"三四五"(精心构建3个工业园区,发展4个加工系列,构筑5个企业层面)兴工计划。决定指出,园区建设的产业定位,要优先发展资源密集型、劳动密集型产业。决定还要求,对园区内各类经济主体从动工建设起3年内实行"零"收费。

加强党风廉政建设 2003年,乌审旗委、旗人民政府出台《中共乌审旗委员会、乌审旗人民政府关于全旗党风廉政建设和反腐败工作安排意见》文件,坚持标本兼治、综合治理的方针,继续加强反腐败三项工作,进一步加大治本力度,努力从源头上预防和治理腐败,明确重点,狠抓落实。同时印发《中共乌审旗委员会、乌审旗人民政府关于全旗党风廉政建设和反腐败以及反腐败源头治理工作任务进行分解的通知》。

2003年,乌审旗成功引进了生物质发电项目,为沙区退耕还林后续产业的发展探索出一种新模式。

乌审旗第十四届人民代表大会第一次会议 2004年1月8日~11日,乌审旗第十四届人民代表大会第一次会议在达布察克镇召开。参加本次会议的代表139名。会议听取、审查、通过乌审旗人民政府工作报告,并作出决议;听取、审查、批准乌审旗2003年国民经济和社会发展计划执行情况,与2004年国民经济和社会发展计划(草案)的报告、乌审旗2003年财政预算执行情况,和2004年全旗财政和旗本级财政预算（草案）的报告，并作出决议；听取、审查、通过旗人大常委会、旗人民法院、旗人民检察院的工作报告，并作出决议。

打造工业新旗、绿色大旗、畜牧强旗、文化名旗 2004年1月，中共乌审旗第十二届七次全委（扩大）会议召开。会议提出了全力培植工业支柱产业、农牧业基础产业，文化旅游朝阳产业，城镇新兴产业，打造工业新旗、绿色大旗、畜牧强旗、文化名旗，谋求大发展，实现新跨越。文化旅游产业方面要挖掘整合地区文化资源，打造优势文化产业品牌，建设文化产业集群，构建萨拉乌苏文化旅游长廊。

加快推进城镇化进程 2004年6月，中共乌审旗委、旗人民政府提出以"一镇两区"（嘎鲁图镇和苏里格经济开发区、乌审召化工项目区）为重点，辐射带动其他小城镇，依托产业协调发展，整体推进，形成错落有致、清新靓丽、宽松舒适、绿色环保的牧区城镇发展新格局。

以人为本，建设绿色乌审 2004年7月，中共乌审旗第十二届八次全委（扩大）会议召开。此次会议的主题是：树立和落实科学发展观，以人为本，建设绿色乌审。"以人为本，绿色乌审"的理念首次提出，为乌审旗今后的发展确定了绿色的基调。所谓绿色乌审，就是坚定不移地快速做强"四大产业"，始终坚持以人为本理念，按照人与自然和谐相处的原则，充分利用乌审旗得天独厚的绿色资源，生产出更多更好的绿色工农业产品，增加绿色收入，大力发展文化教育及其相关绿色产业，营造绿色环境，开辟绿色通道，扩大招商引资，创造最佳人居环境，提倡健康文明的生活方式，最终实现人的全面发展，促进经济社会的良性互动。

2004年6月29日至7月1日，乌审旗成功举办萨冈彻辰诞辰400周年大型纪念活动。活动由纪念大会、学术研讨会、蒙陕宁旅游协作会组成。

2004年机构改革 2004年的机构改革中，职能转变是核心内容。实行政企、政事、政社分开。政府部门不再直接管理企业,撤销或改组行政性公司,将行政职能划归政府有关部门;行政机关不得自行委托事业单位承担行政职能,切实改变行政职能"体外循环"的状况,通过职能调整,政府要集中精力抓好经济社会发展、政策指导、执法监督、组织协调以及为企业和公众提供服务等方面的工作。实现管理方式由单纯管理型向管理服务型转变,由微观管理型向宏观管理型转变,由单纯依行政手段管理,向综合应用经济的、法律的和必要的行政管理手段转变,不断提高依法行政水平。

保持共产党员先进性教育活动 2005年1月,按照中共中央关于开展"保持共产党员先进性教育活动"的决策部署,乌审旗利用近18个月的时间,组织各级党组织和广大党员分3批开展教育活动。全旗保持共产党员先进性教育活动开展后,由于旗委高度重视,措施得力、真抓实干,取得了明显成效。

2005年机构改革 2005年,根据中共鄂尔多斯市委员会、市人民政府要求,乌审旗开始撤并、调整乡镇的机构改革。改革中,乌审旗结合实际情况,撤并调整5个乡、7个镇、1个苏木,整合、组建为5个镇、1个苏木。撤并后苏木乡镇总数为6个。

2005年,乌审旗正式提出"建设生态型文化城市"目标。

生态型文化城市苏里格大气田进入实质性合作开发阶段 2005年9月2日,"苏里格气田合作开发签字仪式"在西安市长庆油田综合办公大楼隆重举行,以此为标志,苏里格大气田进入了实质性的合作开发阶段。2005年,在全旗范围内,开展了煤炭资源勘探工作。

实施民族文化大旗建设 中共乌审旗委、旗人民政府把2005年确定为"文化教育年"。在全旗首次提出"建设民族文化大旗"目标。要求要牢固树立以实现人的素质全面提高为核心的大文化理念,加强国民教育,创建学习型社会。全面实施以促进人的全面发展为目的的"铸魂工程";以萨拉乌苏遗址保护为代表的文物"保护工程";以纪念萨冈彻辰诞辰400周年活动为序幕的文化精粹"抢救工程";以繁荣鄂尔多斯文化为内容的文学艺术"创新工程"和培育新的经济增长点的文化产业"开发工程",着力打造自治区民族文化大旗。

实施"四大转变" 2005年,乌审旗在旗委十二届十次全委(扩大)会,暨2005年旗委中心组读书会上,提出了进一步解放思想,尽快实现"四大转变"发展战略。第一,在发展战略上,要逐步实现由传统畜牧业强旗向工业强旗转变;第二,在发展理念上,要实现由自然、自由发展向理性、科学发展转变;第三,在发展模式上,要实现由资源输出向资源加工型转变;第四,在发展速度上,要从单纯追求速度向速度效益型转变。

减轻农牧民负担 中共十六届三中全会后,乌审旗加大了解决"三农"(农业、农村、农民)问题的力度,2004年、2005年,中共中央连续两年下发一号文件,指导农业发展。乌审旗不折不扣落实中央文件精神,和减轻农牧民负担各项政策。认真贯彻执行国家农业税收减免政策,要求各苏木乡镇及有关部门绝不允许变相增加农牧民负担。

经济持续健康发展 2006年至2010年"十一五"期间,乌审旗经济实现快速跨越式发展。2010年,全旗地区生产总值215亿元,财政收入完成23.1亿元,分别是"十五"末的7.2倍和7.5倍;固定资产投资达到270亿元,是"十五"末的8.4倍;城镇居民人均可支配收入和农牧民人均纯收入预计,分别达到21000元和10000元,较"十五"末分别增加11945元和5217元。综合经济指标进入全区前30位,县域经济基本竞争力由西部百强旗县第90位上升至27位,成为全市乃至全区最具潜力的新的经济增长极。

坚持绿富同兴,承担绿色责任。农牧民林沙产业收入占到总收入的23%。把生态建设作为立旗之本,收缩发展战线,优化生产布局。落实农牧业"三区"规划,建成369万亩生态自然恢复区;完成林业生态建设244万亩,建成樟子松基地20万亩,实施退牧还草392万亩、退耕还林还草4.1万亩、水土保持治理103万亩;培育毛乌素生物质热电、华原风积沙等龙头企业,逆向拉动生态建设,植被覆盖度、森林覆盖率分别提高到77%和30.6%,农牧民来自林沙产业的收入达到2300元。通过ISO14001环境管理体系国际、国内双认证,成为全国通过认证行政区域覆盖面积最大的旗县,被评为"中国绿色名县""全国绿化模范县"和"国家林业科技示范县"。

加快资源开发利用,推进项目建设,工业总量进入自治区10强。坚持主攻项目、决战园区,加大基础配套,强化协调服务,工业项目快速推进。累计投入44亿元,重点完善园区道路、管网等基础设施。国际国内500强企业和重点项目相继进驻,中煤大化肥、博大实地联碱、建丰化工等18个项目正在建设;中石油压缩天然气、天旭轻合金等6个项目即将投产;博源甲醇、星星能源液化天然气等8个项目建成投产。呼吉尔特矿区总规获批,门克庆、梅林庙等5个煤矿获准开展前期工作。特别是全国最大的中天合创煤制二甲醚项目完成47项前期审批,即将核准动工。天然气产能达到187亿立方米、化工产能达到225万吨,规模以上工业企业增加值预计实现130亿元,天然气化工产业进入全国县域产业集群竞争力百强。

推进规模经营,打造绿色品牌,三大产业模块基本成型。紧紧抓住致富农牧民这一核心,加速构建现代农牧业产业体系,朝岱嘎查率先探索了一条"草原增绿、牧民增收"的集约化草原牧业之路。无定河流域肉牛养殖规模达到10.3万头,牧区细毛羊养殖规模达到120万只,农区和半农半牧区生猪养殖规模达到35万口;建成现代农业生产基地10万亩、设施农业1500亩、现代草原畜牧业示范户150户,规模经营草牧场296万亩,发展规模养殖公司14家、农畜产品加工企业8

家;成功培育"皇香""蒙歌尔"等7个品牌,兴益食品等52种农畜产品被认证为无公害、绿色和有机食品,鄂尔多斯细毛羊被认证为地理标志产品,率先在自治区范围内,整旗通过绿色食品原料标准化生产基地认证。

狠抓核心城镇建设,促进城乡统筹,城镇化率提高20个百分点。投入120多亿元,组团式推进城镇核心区建设,建成石化创业新区,开工建设西部拓展区、物流园区和汽运服务区,控制建设区达到31平方千米;在全市率先谋划全域城乡统筹,转移农牧民3万人,城镇化率提高到65%;人均公共绿地和市政道路面积分别达到35平方米和63平方米,集中供热覆盖率达到65%;铺设各类市政管网750千米,污水处理厂和垃圾处理厂投运,被列为首个中国人居环境示范城镇创建试点地区。

繁荣文化事业,建设民族文化大旗,"四级"文化网络日益健全。坚持"绿色乌审、文化先行",深入挖掘民族文化资源,打造中国马头琴文化之都。启动建设马头琴文博苑,成立马头琴乐团,培养马头琴艺术人才4000多人,组建"马头琴文化独贵龙"等支部,发展马头琴生产企业4家;建成农牧民"信息百事通"工程、11个苏木镇文博馆、6个苏木镇一级综合文化站、64个嘎查村和社区文化室,培育6566户文化户。成为中国苏力德文化之乡、中国敖包文化之乡、中国鄂尔多斯歌舞之乡、中国马头琴文化传承保护基地,被评为全国文化信息资源共享工程示范县。

提升服务水平,壮大新型服务业。主动融入蒙陕宁旅游圈,引资10亿多元,建成成吉思汗察罕苏力德AAAA级景区、萨拉乌苏等4个AAA级景区;大华商贸区一期主体完工,鸿沁等3个星级标准酒店即将投用;中国银行等5家金融机构进驻;城乡贸易日趋活跃。2010年,旅游综合收入达到5.5亿元,社会消费品零售总额达到19.8亿元,三次产业比例由 16∶66∶18 调整为 4∶72∶24。成为"中国最佳文化生态旅游目的地"和"中国精品文化旅游城市"。

加大投资,夯实基础,"六网"支撑能力显著提升。累计投入 70 多亿元,新建、改建地方公路 50 余条,600 多千米,正在建设高等级公路 6 条 426 千米,公路通车里程达到 1805 千米,新恩陶铁路加快实施,完成境内 5 条铁路规划,"半小时经济圈"交通构架已具雏形。累计投资 5.1 亿元,建成 220 千伏变电站 3 座、110 千伏变电站 2 座、35 千伏变电站 3 座,架设输配电线路 1084 千米。累计投资 2.4 亿元,开工建设大草湾取水工程,完成团结水库等 4 座水库除险加固,争取引黄指标 3800 万立方米。长呼、大杭等 6 条输气管线投运,落实天然气用气指标 17 亿立方米。启动"数字乌审"工程。特别是 2010 年,乌审旗在电力、交通等基础设施建设上取得重大突破,在全市规划实施的 8 个电网工程中,乌审旗就有 4 个,同时结束了境内无高等级公路和无铁路的历史,基础设施不足的瓶颈制约得到有效解决,为经济社会发展提供了有力支撑。

坚持以人为本,推进社会和谐,累计投入民生改善经费 30 亿元。牢固树立"民本"理念,让发展成果普惠于民。高度重视教育事业,优化教育布局,撤并 13 所中、小学,新建乌审旗第一中学、职业中学等 9 所中小学和幼儿园,在全市率先完成校舍加固工程,实现 15 年免费民族教育。统筹城乡医疗卫生资源,旗人民医院新建项目土建完工,建成 6 所标准化中心卫生院,改造 76 所卫生室,公立医疗机构实现药品零差率销售;建立 5.4 万多份城乡居民健康档案,免费为 4400 多名妇女开展"两癌"筛查。完善社会保障体系,城镇职工基本医疗保险最高支付限额提高到 22 万元,城镇居民医疗保险最高支付限额提高到 10 万元;新型农村牧区合作医疗参合率达到 97%,人均筹资标准达到 200 元,报销封顶线提高到 10 万元。新增城镇就业 6122 人,帮助 3900 名下岗失业人员和"4050"人员实现再就业,城镇登记失业率控制在3.5%以内。城镇居民养老金标准达到每月450元以上,农牧民养老金标准达到每月260元。建成2所苏木镇敬老院,1处综合社会福利中心。设立弱势群体救助基金,城乡低保标准分别提高到每人每月400元、每人每年3360元。建成16.5万平方米经济适用房、7450平方米廉租房;改造残疾人危房180户。深入开展精神文明创建活动,成为自治区首批文明旗。扎实推进"平安乌审"建设,健全三级治安防控体系,社会矛盾有效化解,安全生产形势持续好转,第四次荣获全区"长安杯"。社会保障水平大幅提升,民生质量显著改善,城乡居民安居乐业。

加快"六网"建设,优化发展环境 2006年是乌审旗"环境建设年"。本旗着眼于建设能源重化工基地的目标,重点抓好水、电、路、气、通信、生态等"六网"为主的基础建设,以基础性投入引导战略性转移。

加快建设民族文化大旗 2006年,全旗继续加大民族文化大旗建设力度,进一步推进实施思想道德铸魂工程、人文遗产保护工程、文化瑰宝抢救工程、文学艺术创新工程、文化产业开发工程等"五项工程"。抓好历史文化、民族文化、宗教文化和生态文化等"四个层面"的开发,逐步形成政府抓、企业投、民间促的"三支力量"。科学构筑文化产业和文化事业"两大板块"。通过发展,文化旅游产业在本年度全旗的GDP中的贡献份额达到5%以上。

2006年,乌审旗人民政府开始规划建设呼吉尔特矿区。2006年5月16日,乌审旗首家煤化工项目120万吨干馏煤、23.9万吨甲醇项目在苏里格经济开发区开工建设。2006年,乌审旗率先在自治区引入ISO14001环境管理体系。

中共乌审旗第十三次代表大会 2006年9月27日～29日,中共乌审旗第十三次代表大会在嘎鲁图镇召开。大会应到代表231名,实到代表 226 名。会议听取并审议通过旗委书记代表中共乌审旗第十二届委员会作题为《科学构筑，集约发展，为建设富裕和谐文明的绿色乌审而努力奋斗》的工作报告，中共乌审旗纪律检查委员会作了纪检工作报告，并作出相应的决议。

苏里格气田第一天然气处理厂建成 2006 年 11 月 22 日，新建的苏里格气田第一天然气处理厂，在苏力德苏木胜利竣工。天然气处理厂的建成投运，标志着苏里格气田正式投入开发进入了一个新的发展时期。年内已达到 10 亿立方米天然气产能，30 亿立方米天然气田骨架工程全部并网投产。

■苏里格天然气处理厂

推进实施"三个转变" 2007 年，中共乌审旗委、旗人民政府在对旗情再认识、对规律再把握、对发展再构筑的基础上，提出了推进依托自然资源优势向构筑社会资源优势转变、城乡二元分割向统筹城乡发展转变、依靠优惠政策拉动向依靠自主增长转变"三个转变"的总体发展战略。

加强规划建设，建设生态型文化城市　中共乌审旗委、旗人民政府将2007年确定为"城市建设年"。一是坚持"两手抓"不放松。一手抓新区的高水平开发建设，一手抓旧城区的有步骤改造提升。二是强化三项基础工作。扎实推进生态环境、城市特色、经营管理三项基础工作。

2007年4月12日，内蒙古毛乌素生物质热电有限公司"2007年春季毛乌素沙地造林治沙誓师大会和生物质热电厂开工奠基仪式"在乌审旗乌审召镇举行。

乌审旗第十五届人民代表大会第一次会议　2007年11月26日～29日，乌审旗第十五届人民代表大会第一次会议在嘎鲁图镇召开。出席会议代表139名。会议听取、审议、通过乌审旗人民政府工作报告，并作出决议；听取、审查和批准乌审旗2007年国民经济和社会发展计划执行情况与2008年国民经济和社会发展计划（草案）的报告、乌审旗2007年财政预算执行情况和2008年财政预算（草案）的报告，并作出决议；听取和通过旗人大常委会、旗人民法院、旗人民检察院的工作报告，并作出决议。

学习实践科学发展观活动　2008年，全国深入开展学习实践科学发展观活动。鄂尔多斯市委将乌审旗无定河镇确定为全市第三批学习实践科学发展观活动的试点乡镇，乌审旗及时成立了领导小组和指导组，强化组织领导和检查指导，及早谋划部署，扎实推进学习实践活动的各项工作，学习实践活动开局良好、进展顺利、特色鲜明、成效凸显。2009年，乌审旗委成立了全旗深入学习实践科学发展观活动领导小组，领导小组下设办公室和6个指导督查组，并从有关单位抽调46名精干人员。旗委结合实际制定《乌审旗参加第二批深入学习实践科学发展观活动工作方案》，并确立"依托绿色产业优势，走生态文明之路,建设和谐乌审"的学习实践主题。全旗共76个单位(151个党支部)的2065名党员(包括离退休党员)参加第二批学习实践科学发展观活动。9月份,启动了第三批深入学习实践活动。在第二批、第三批深入学习实践科学发展观活动中开展了"五个一"(上级党组织负责人作一次学习辅导报告,基层党组织书记作一次动员讲话,邀请先进典型介绍一次经验,看一场介绍科学发展经验和做法的教育片,组织一次"我为基层建设献力量"实践活动)活动,科级以上领导干部"进百村、办实事、惠民生"等活动。

集中建设现代农牧业产业带 2008年,中共乌审旗委、旗人民政府在发展农牧业方面提出"收缩转移、集中发展、打造现代农牧业经济新模式"的政策。积极引导农牧民通过土地、草牧场入股、抵押、转让、出租等交易和流转方式,使财产资本化。通过搬迁转移、产业转移、就业转移、扶贫转移等多种行之有效的办法,确保禁止开发区农牧民整体搬迁。充分利用乌审旗充足的光、热、水土等自然资源,沿无定河流域傍水依河发展水产养殖、水稻种植,随坡就势发展经济林种植,沿岸纵深发展肉牛养殖,集中建设立体生态农牧业带;在嘎鲁图镇、乌兰陶勒盖镇等地大力发展鄂尔多斯细毛羊、生猪养殖业,构建专业化、规模化养殖带。

2008年9月,乌审旗被列为全国首家"创建中国人居环境示范城镇"。

2008年10月17日神冶兰炭投产,产出乌审旗第一吨兰炭。

启动绿色农畜产品基地 2009年1月8日,中共乌审旗委十三届五次全委召开会议。会议确定今后一个时期的工作指导思想是:深入贯彻党的十七届三中全会精神,践行科学发展观,认真实施"结构转型、创新强市"战略,坚持"以人为本,建设绿色乌审"发展理念,坚定不移地走生态文明之路,全力构筑生态型产业体系,建设大型能源重化工基地、绿色农畜产品基地、生态型文化城市、人文乌审,人均主要经济指标占有量进入自治区前列。

推进"四大转变",加快园区建设　2009年,中共乌审旗委、旗人民政府提出以"四个转变"为重点,加快推进园区建设,全力打造千万吨级能源重化工基地。一是推进生产力区域布局,由项目简单扎堆向产业集聚转变。二是推进产业层次,由原料输出和简单加工向产品、产业升级转变。三是推进产业发展路径,由传统低层次的技术水平,直接向产业层次较高的新型工业化转变。四是推进基础设施建设,由单一依靠政府投入向资本运营拉动转变。

"双百亿"工程　实施"双百亿"工程,即工业项目建设完成投资100亿元,基础设施建设完成投资100亿元,达到扩大需求、增加消费、增进发展后劲的目的。

2009年6月19日,华原风积沙开发有限责任公司成立,暨20万吨风积沙工业选矿生产线,10万吨玻璃制品生产线项目,在毛乌素沙地腹部的苏里格经济开发区破土动工。

建设中国马头琴文化之都　2009年11月开始,乌审旗倾力打造一批以马头琴文化为核心的标志性建筑,设计并启用一批体现马头琴文化符号的城市标识,直观体现乌审旗马头琴文化精髓;组建马头琴文化、马头琴音乐、马头琴制作协会,培育一批马头琴文化、音乐与制作人,引导行业积极向上发展;全力开展以展示马头琴文化为内容的全民性文艺活动,将马头琴文化作为乌审文化的"重头戏",将马头琴音乐作为乌审文化的传播载体,引导马头琴系列活动为主旋律高歌;全力打造马头琴文化品牌,定期举办区域性马头琴音乐会、大奖赛及学术研讨会,适时举办全国及国际性马头琴艺术节,借势申报注册中国马头琴文化传承基地、马头琴文化研究中心等文化品牌,将乌审旗创建成集马头琴文化传承保护、推广普及、人才培训、生产销售为一体

■马头琴音乐会

的"中国马头琴文化之都"。

规划建设纳林河矿区 2009年,乌审旗人民政府开始规划建设纳林河矿区,规划总面积2068.68平方千米,探明煤炭储量342亿吨,预测储量500亿吨以上,纳林河矿区共规划12个井田,建设规模为1.1亿吨/年。

治沙成就 2009年底,全旗森林资源总面积达到了559.2万亩,比2005年增加了83.8万亩,宜林地荒沙面积由1995年的700万亩降至2009年的350万亩;森林覆盖率和植被覆盖度分别达到了30.6%和77%,分别比2005年提高了4.5和12个百分点;扬沙天气由2005年的21天降至2009年的14天;从事林沙产业的农牧民人均纯收入,由2005年的不足800元提高到2100元,占总收入的25.1%。

"一核三带一廊"空间布局 2010年,乌审旗提出坚持"用集中开发利用1%的土地换取99%的生态恢复和保护"理念,谋划"一核三带一廊"发展空间新布局,"一核"是指以嘎鲁图为核心区,各产业重镇和项目区为基点,全力构筑"半小时经济圈",强化嘎鲁图核心区中心地位、要素聚集和辐射带动功能,促进人口集中,推进城乡统筹。"三带"是指东部沿边(陕西边界)工业带、无定河流域现代农牧业产业带、生态涵养带,优化产业空间布局,实现集中发展。"一廊"是指乌审召经嘎鲁图、察罕苏力德、巴图湾至萨拉乌苏遗址的生态文化旅游长廊,打造强势文化品牌,使文化旅游与经济建设交相辉映。

"四个一"配套工程 2010年,乌审旗出台了"打造绿色农畜产品生产加工销售基地,构筑现代农牧业产业发展平台"的政策。对转移到城镇的农牧区人口实施"四个一"配套工程,为进城农牧民提供一套住房、找到一份工作、落实一份社保、发放一份补贴,解决后顾之忧。

创先争优活动 2010年,根据自治区党委、市委的统一部署和要求,乌审旗以基层党组织"3+1"互助共建活动为载体,把创先争优活动与做好学习实践科学发展观活动后续整改工作相结合,与贯彻落实"73215"党建工作部署和2010年全旗党建工作重点任务相结合,与千名党员领导干部"下基层、促转型、惠民生、抓党建、保稳定"活动相结合,按照动员部署、公开承诺、践行承诺、领导点评、群众评议、评选表彰"六个环节"和市委提出的"六点意见",结合地区和部门实际,扎实有序推进创先争优活动。全旗286个党组织(14个基层党工委,21个党总支,251个党支部)、6130名党员中参加了创先争优活动。

2010年机构改革 2010年,根据《中共鄂尔多斯市委、鄂尔多斯市人民政府关于旗区人民政府机构改革的意见》和《中共鄂尔多斯市委鄂尔多斯市人民政府关于印发〈乌审旗人民政府机构改革方案〉的通知》精神,乌审旗开展了政府机构改革工作。

中国人居环境示范城镇 2010年,乌审旗嘎鲁图镇被列为首家中国人居环境示范城镇创建试点地区。它的理念是,"建设草原中有城市、城市中有草原"的生态型文化城市。按照"大环抱、小分散、组团式、多中心"的布局理念,全力"推进三年大建设,实现三年大变样"。围绕"做大、做强、做优、做美"嘎鲁图核心区,重点实施"1234"工程。

中国十大绿色生态县 2010年,乌审旗提出打造毛乌素沙地祖国北疆"绿色长城"的目标,并荣获"中国十大绿色生态县"。2011年提出"生态立旗、转型升级"的发展战略。

中共乌审旗第十四次代表大会 2011年5月19日至20日,中共乌审旗第十四次代表大会在嘎鲁图镇召开。会议听取并审议通过旗委书记代表中共乌审旗第十三届委员会作了题为《乘势而上,奋发崛起,为夺取转型跨越建设和谐乌审的全面胜利而努力奋斗》的工作报告,中共乌审旗纪律检查委员会做了纪检工作报告,并做出相应决议。

21世纪的最初10年,是内蒙古、鄂尔多斯经济跨越式发展的10年,也是乌审旗经济跨越式发展的10年,经济社会发展取得了重大成就,经济总量有了快速提升,人民生活水平显著提高,在全市的经济地位明显提升。

第三节
突飞猛进 转型升级
2012年至今

党的十八大以来,乌审旗委、政府坚持"五位一体"总体布局和"四个全面"战略布局,紧紧围绕打造祖国北疆亮丽风景线,与时俱进完善发展思路,凝心聚力破解发展难题,胜利完成"十二五"规划,实现了"十三五"规划良好开局,全旗综合经济实力、产业发展层次、城乡发展面貌、区域协调发展水平、发展支撑能力和人民生活水平上了一个大台阶,乌审旗与全国一道进入全面建成小康社会的决胜阶段。

2012年开始,我国经济发展进入新常态,意味着经济发展的条件和环境发生了深刻变化,也意味着我国经济工作思路和政策取向必然随之发生重大变化。认识新常态,适应新常态,引领新常态,是当前和今后一个时期我国经济发展的大逻辑,也是做好乌审旗各项工作的基本前提。

乌审旗第十六届人民代表大会 2012年11月26日～28日,乌审旗第十六届人民代表大会第一次会议在嘎鲁图镇召开。出席大会代表138名。会议听取、审议、通过政府工作报告、国民经济和社会发展计划报告、财政预决算工作报告;听取、通过旗人大常委会、旗人民法院、旗人民检察院的工作报告,并作出决议;听取、通过此次会议议案审查情况和处理意见及计划预算审查情况的报告,并作出决议。依法选举产生了乌审旗第十六届人民代表大会代表137名,选举产生乌审旗人民政府旗长。

2014年1月26日～28日,习近平总书记深入内蒙古兴安盟、锡林郭勒盟、呼和浩特市考察指导工作,慰问各族干部群众和戍边官兵,听取自治区党委、政府工作汇报并发表重要讲话,这是内蒙古发展史上的重要里程碑。习近平总书记的重要讲话,对内蒙古的发展思路、取得的成绩给予了充分肯定,深刻阐述了事关内蒙古全局和长远发展的一系列重大问题,明确提出了内蒙古当前和今后一个时期的奋斗目标、前进方向和工作重点,为内蒙古发展确立了新定位、赋予了新使命,是引领自治区改革、开放和现代化建设的根本指针。

习近平总书记明确提出了"守望相助"的殷切希望,嘱托内蒙古各族干部群众守望相助、团结奋斗。习近平总书记指出:"守,就是守好家门,守好祖国边疆,守好内蒙古少数民族美好的精神家园;望,就是登高望远,规划事业、谋求发展要跳出当地、跳出自然条件限制、跳出内蒙古,有宽广的世界眼光,有大局意识;相助,就是各族干部群众要牢固树立平等团结互助和谐的思想,各族人民拧成一股绳,共同守卫祖国边疆,共同创造美好生活。"这一殷切希望,阐明了内蒙古在全国发展大局中的战略地位,体现了以习近平同志为核心的党中央对民族问题的深刻把握,和对民族工作成功经验的科学总结,是我们做好边疆民族地区工作必须始终遵循的基本方针。习近平总书记突出强调了"四个着力"的重点任务。总书记在讲话中,要求内蒙古着力转变经济发展方式、着力抓好农牧业和牧区工作、着力保障和改善民生、着力搞好教育实践活动。

同期,乌审旗的经济增速开始放缓,发展方向粗放、经济结构单一等长期积累的深层次矛盾逐渐显现。随着经济、社会发展进入新常态,支撑以往乌审旗经济高速增长的动力已经发生重大变化。要保持乌审旗经济持续健康发展,必须寻找新动力,培育新支撑。

"十二五"期间,2011年至2015年期间。乌审旗着力构建"一核两翼多循环"发展格局,嘎鲁图核心区辐射带动能力明显增强,五个小城镇建设各具特色,中心村和集中居民点配套功能日益完善,阶梯式的城镇化格局基本形成;坚持用1%的区域面积换取99%的发展空间,合理调控天然气开发中的厂、站、井、线分布,加快建设呼吉尔特和纳林河煤炭矿区,重点打造苏里格经济开发区和纳林河工业园区,产业集聚效应全面显现;城区、园区、矿区、景区路网优化升级,以嘎鲁图为核心的"半小时经济圈"基本形成。全旗地区生产总值达到445亿元,是2010年的2.3倍,年均增长18.6%;公共财政预算收入达到28.1亿元,年均增长27%;五年累计完成固定资产投资1700亿元,是"十一五"时期的3倍;社会消费品零售总额达到39亿元,年均增长16.7%;城镇、农村牧区常住居民人均可支配收入分别达到36600元和15100元。先后荣膺全国文明旗、国家卫生县城、国家园林县城等称号。

这五年,乌审旗坚定不移走牧区新型工业化之路,实施"工业强旗"战略,以工业和现代服务业为重点构筑煤炭精细化工、清洁能源生产输出、现代煤炭物流和生态文化旅游体验"四大基地",促进产业优化升级,三次产业结构调整为3.0∶76.9∶20.1。引进亿元以上重点工业项目45项,规模以上工业企业达20家,3个煤矿项目获得核准,29个工业项目投产,中天合创煤炭深加工等4个重点项目加快建设,天然气、甲醇、尿素、液化天然气产能分别达280亿立方米、285万吨、255万吨、86万吨。编制并实施《乌审旗现代物流业总体规划》,启动建设大牛地煤炭物流园区;着力推进"一河三园"等文化旅游项目,被评为全国休闲农业与乡村旅游示范县;金融保险、健康养生、电子商务等现代服务业蓬勃兴起。新增现代农业基地12.4万亩、现代家庭牧场示范户724户,粮食产量实现"五连增";农牧民专业合作社、市级以上农牧业产业化龙头企业分别达612家、44家;1000万亩草牧场、100万只细毛羊、6万头肉牛被认证为有机产品,自治区名优特农畜产品达9种,现代农牧业体系已具雏形。

这五年,是基础设施不断完善,城乡面貌日新月异的五年。累计投入资金150亿元,实施了一批重点基础设施项目。完成林业生态建设83万亩、水土流失综合治理131万亩、退牧还草90万亩,森林覆盖率和植被覆盖度分别达32.8%、80%,"十二五"减排任务全面完成。公路通车里程达2605千米,高等级公路和铁路建设取得历史性突破,通车里程分别达470千米和194千米,被列入自治区通用机场布点。构建了以4座220千伏、8座110千伏及14座35千伏变电站为支撑,10千伏输电线路纵横延伸的电网架构。实施《乌审旗水系连通及供水保障规划》,新能源化工基地供水一期工程稳定供水,包头镫口至图克输水管线具备供水条件。"气化乌审"全面启动。"数字乌审"加快建设。着力打造宜居宜业生态型文化品质城镇,核心区面积扩大到20平方千米,规划体系更加健全、市政功能更加完善、城镇管理更加精细,常住人口城镇化率达到54.5%。全力攻坚"十个全覆盖"工程,累计投入10.4亿元,完成危房改造8393户,解决了24321人饮水安全问题,实施街巷硬化和通村道路241.2千米,数字电视基站、标准化卫生室、文化活动室和便民连锁超市建设同步跟进,环境卫生大范围清理,文明新风进入千家万户,干部群众同吃同住同劳动,描绘了一幅幅波澜壮阔的动人画卷。

这五年,是惠民力度持续加大,群众生活显著改善的五年。本旗坚持将每年可用财力的60%以上用于保障和改善民生,构建并落实七项长效惠民机制。全面贯彻党的民族宗教政策,出台《关于加强和改进新形势下民族工作的实施意见》,坚持每年按照不低于公共财政预算支出的0.3%安排少数民族发展资金,组织实施土坯房改造、特色村寨保护、宗教活动场所修缮、古籍整理等一批民族宗教项目,有力促进民族团结进步事业健康发展。积极推进大众创业、万众创新,新增城镇就业11742人,开发公益性岗位416个,城镇登记失业率控制在3.2%以内。新农合人均筹资标准由200元提高至726元,大病报销封顶线由10万元提高至20万元;城镇职工、居民基本医疗保险最高支付限额提高至32万元和20万元。城乡居民养老金分别由每人每月450元、200元提高至575元、335元;连续五年上调企业退休人员养老金,人均养老金每月达到3012元;累计为全旗75周岁以上老年人发放高龄津贴2670万元,老年养护院、乐龄日间照料中心等一批养老基础设施投用。城乡低保标准分别由每人每月400元、270元提高至584元、414元,五保、"三无"、孤儿供养标准和残疾人补助标准不断提高。建成各类保障性住房2191套。落实扶贫开发项目121项,实现12260人稳定脱贫。

这五年,是改革创新不断深化,社会活力加速释放的五年。关键领域改革进展顺利,启动事业单位分类改革和县级公立医院改革。开展土地确权登记颁证和草原确权承包试点工作。完成工商、质监、食品药品职能划转和农村牧区综合配套、集体林权制度改革。建成公共资源交易平台。社会治理更加有序,分别组建安全生产和环境保护专家咨询委员会,推行安全生产一线管理、环境保护网格化管理,建立健全应急管理体系,安全环保形势良好;精神文明创建工作深入开展,"六五"普法全面完成,四级群众工作网络不断优化,各类矛盾得到及时化解,"平安乌审"建设成效显著,社会大局保持和谐稳定。政府效能显著提升,全面落实党风廉政建设责任制,强化行政监察和审计监督,认真落实作风建设各项规定,坚决整治"四风"和"不严不实"问题,"三公"经费逐年下降,政府系统作风进一步转变;制定执行10项"三重一大"配套制度,自觉接受人大、政协和社会各界监督,民主决策和依法行政水平明显提高。社会事业蓬勃发展,新建中小学幼儿园9所、改扩建12所,义务教育均衡发展,各类教育协调推进;旗人民医院迁建项目投入使用,4所卫生院、53所标准化卫生室建成,医疗卫生服务网络不断健全;一批文化设施相继建成,一批文艺精品相继涌现,成功创建国家公共文化服务体系示范区,民族文化大旗建设绽放异彩。人民武装、人口计生、人防科技、妇女儿童、档案史志等各项事业全面进步,和谐乌审建设成果丰硕。

这五年,乌审旗完成林业生态建设83万亩、水土流失综合治理131万亩、退牧还草90万亩,森林覆盖率和植被覆盖度分别达32.8%和80%。无定河2107亩水稻田被认证为有机水稻基地,巴图湾渔业、三洁商标被认定为自治区著名商标。并在中央电视台纪录频道录制播出纪录片《秘境·萨拉乌苏》。

2012年9月26日,世林化工投产,产出乌审旗第一吨煤制甲醇。

2013年12月24日,博大实地投产,产出乌审旗第一吨尿素。

2014年,乌审旗提出"创建生态文明示范区"。

2015年提出建设"生态环保示范旗"等一系列理念和思路,通过植树造林以及将生态建设向城区、景区、园区、新型社区及道路沿线等重点区域转移,启动实施50万亩樟子松基地建设、1.5万亩"公仆林"基地建设、10万亩种苗繁育基地建设等一大批地方林业重点工程,全旗沙化土地和荒漠化土地得到有效遏制,沙地综合治理规模每年以100万亩的速度推进。

2015年4月20日,蒙大工程塑料投产,产出乌审旗第一吨聚烯烃产品。

2016年4月8日,利用聚烯烃生产编织袋产品的洁林塑料2万吨重载包装膜袋项目开工建设。

2016年底,全旗森林面积达到了576万亩,森林覆盖率和植被覆盖度分别达到了32.89%和80%,比1999年提高了13个和30个百分点,农牧民来自林沙产业的收入人均达2378元,先后荣膺"全国绿化模范县""中国绿色名县"和全国"2015创建生态文明标杆旗"等称号。实现了经济效益、社会效益、生态效益的有机统一。

中共乌审旗第十五次代表大会 2016年7月29日,中共乌审旗第十四次代表大会在旗文化宫召开,大会应到代表253名,实到代表250名。会议听取并审议通过旗委书记作的题为《构筑五大新体系,争当六个排头兵,为绿色乌审全面建成较高质量小康社会而奋斗》的工作报告,中共乌审旗纪律检查委员会作了题为《坚持全面从严治党,强化监督执纪问责,深入推进党风廉政建设和反腐败工作》的工作报告,并作出相应决议。

乌审旗第十七届人民代表大会 2017年12月6日～8日,乌审旗第十七届人民代表大会第一次会议在嘎鲁图镇召开。出席会议代表139名。会议听取、审议、通过政府工作报告、国民经济和社会发展计划报告、财政预决算工作报告;听取、通过旗人大常委会、旗人民法院、旗人民检察院的工作报告,并作出决议;听取、通过此次会议议案审查情况和处理意见及计划预算审查情况的报告,并作出决议。选举产生乌审旗出席第四届鄂尔多斯市人民代表大会代表24名,乌审旗第十七届人民代表大会常务委员会主任1名、副主任4名、委员22名,乌审旗人民政府旗长1名、副旗长6名,乌审旗监察委员会主任1名,乌审旗人民法院院长1名,乌审旗人民检察院检察长1名。

煤炭、天然气、工业产品产能大增 2018年,全年煤炭产量达到4036万吨。新打天然气井500眼。中天合创增设90万吨甲醇精馏装置投用,中煤鄂能化100万吨合成气制甲醇技改、金诚泰30万吨乙二醇等项目开工。烯烃产量达201.8万吨,占全国已建成产能的16.7%。主要工业产品价格平稳趋高,规模以上工业企业利润同比增长89.6%。

2018年,乌审旗地区生产总值完成387.1亿元,同比增长6.8%;公共财政预算收入完成21亿元,同比增长28.7%;社会消费品零售总额达40.4亿元,同比增长6.3%;城乡常住居民人均可支配收入分别达到44784元和18263元,同比增长7.7%和9.3%。地区综合实力稳步提升,跃居中国西部百强县第7位与中国工业百强县(市)第51位。全力推进精准脱贫。落实各类扶贫资金4893万元,贫困人口看病就医报销比例达到90%以上。全力打好污染防治攻坚战,完成第二次全国污染源普查第一阶段清查,全年空气优良率达到88%以上,重点河流、集中式饮用水水源地水质稳定达标。

农牧业经济活力凸显。出台乡村振兴战略实施意见,入选自治区田园综合体试点,乌兰陶勒盖镇获评"中国乡村振兴示范镇",巴音高勒嘎查、神水台村等9个示范点建设扎实推进。毛乌素大枣等3种产品荣获第19届中国绿色食品博览会金奖,粮食产量预计达到41.5万吨。引进安格斯肉牛良种,福瑞达、乌源肉食品2家屠宰厂投入运营,牲畜存栏量预计为163万头(只)。无定河农牧业公司苹果和鸿嘎鲁小麦通过有机认证,成功申报文公希礼西瓜等10种绿色产品,鄂尔多斯细毛羊肉等3种农畜产品获评自治区"名优特"产品,新注册商标125件。乌审旗已经走上了绿色有机、规模集约、质效兼优的现代化发展之路。

工业经济厚积薄发。纳林河矿区总规环评获批,母杜柴登、纳林河二号煤矿完成矿区范围划定,全年煤炭产量达到4036万吨。新打天然气井500眼。中天合创增设90万吨甲醇精馏装置投入使用,中煤鄂能化100万吨合成气制甲醇技改、金诚泰30万吨乙二醇等项目开工。烯

■ 绿色乌审

烃产量达201.8万吨,占全国已建成产能的16.7%。主要工业产品价格高升,规模以上工业企业利润同比增长89.6%。

现代服务业蓬勃兴起。成功举办"河套人(鄂尔多斯人)发现95周年学术研讨会"和"世界烤全牛大会"等大型活动8场,全年接待游客113万人次,旅游综合收入达36.5亿元。

全民动手,创建全国县级文明城市。在首年测评中位列全区第一。

着力完善市政短板、增强服务功能、提升城市品位,全年修编《嘎鲁图镇城市总体规划(2018~2035)》等15项规划。

大力推进基础设施建设。蒙华铁路铺轨基本完成,通史至沙尔利格20千米公路大修工程竣工通车,嘎鲁图至乌兰镇、陶利至昂素一级公路路基桥涵基本完工。红庆河至图忽岱220千伏输变电工程、达镇至陶利35千伏线路改造工程完工,毛布拉格35千伏输变电工程投用,改造农网650千米。

倾心尽力惠民生,人民生活更加幸福。投入22.9亿元,从就业、教育、医疗、养老、文化等城乡居民普遍关注的领域入手,强化民生保障工作。启动全国健康促进旗建设,成功创建自治区慢性病综合防控示范区,蒙医综合医院投用。

文化"走出去"成果丰硕。乌兰牧骑、马头琴交响乐团赴德国、法国等地交流演出,以厚重的草原文化奏响和谐的友谊音符;"数字文化走进蒙古包"工程建设和"三下乡"、敖伦胡日呼文艺集会、文化"独贵龙"展演等活动的开展,繁荣了基层文化生活,畅通了基层公共文化服务"最后一千米"。

科技创新成果丰硕。中煤蒙大公司入选国家智能制造示范试点,中天合创被认定为国家高新技术企业,新增实用新型专利30件,科学创新发展水平稳步提升。落实企业登记全程电子化等便利措施,新登记市场主体2522户。

本旗主导制定的《苏木乡镇便民服务中心建设规范》(自治区标

准)发布实施。推进"一网、一门、一次"改革,审批事项集中进驻率达90%,公布"四办"事项391项,办结时限较法定时限缩减一半以上。承办全区民族团结进步创建经验交流现场会,蒙古文政务网站投入运行,实施乌审召庙白塔加固工程,建成350户少数民族困难群众安居住房,成功创建全国民族团结进步示范旗。乌审旗体育健儿在自治区十四届运动会上取得优异成绩,在射箭、安代健身操等项目中荣获4金2银。

2019年7月15日~16日,习近平总书记在考察内蒙古重要讲话中指出:"内蒙古地处祖国北疆,自然和生态资源十分丰富,民族文化多姿多彩,发展潜力巨大,战略地位重要。要推动经济高质量发展,把供给侧结构性改革聚焦到补短板上来,巩固'三去一降一补'成果,坚定不移深化改革开放,增强微观主体活力,提升产业链水平,畅通经济循环,推动农牧业高质量发展,促进城乡区域协调发展。要坚持生态优先、绿色发展,在集中集聚集约上找出路,加强草原保护,强化土地沙化荒漠化防治工作,保护好生态环境,筑牢我国北方重要生态安全屏障。要切实保障和改善民生,着力解决教育、就业、社保、医疗、住房等各方面存在的突出问题、紧迫问题,坚决打赢三大攻坚战,把脱贫攻坚重心向深度贫困地区聚焦,重点攻克'三保障'面临的难题,确保如期全面建成小康社会。""内蒙古是我国民族区域自治制度的发源地,具有民族团结的光荣传统。要高举各民族大团结旗帜,全面贯彻党的民族政策,深化民族团结进步教育,践行守望相助理念,铸牢中华民族共同体意识,把各族人民紧紧团结在党的周围,共同守卫祖国边疆,共同创造美好生活,在新时代继续保持模范自治区的崇高荣誉。"

"世界已建成最长重载铁路"浩吉铁路开通 2019年9月28日6时30分,世界上一次性建成,且运营里程最长的重载铁路——浩吉铁路煤运专列开通运营。浩吉铁路北起乌审旗境内浩勒报吉南站,终点到江西省吉安站,途经内蒙古、陕西、山西、河南、湖北、湖南、江西七省区,线路全长 1814.5 千米。浩吉铁路是国家"十二五"规划和《中长期铁路网规划》的重大项目,是"北煤南运"国家战略运输通道、我国综合交通运输体系的重要组成部分,该路作为目前全国唯一的南北向重载铁路,是新中国成立 70 周年贺礼工程之一。浩吉铁路的首站"浩勒报吉",蒙古语意为"连绵起伏的山丘"。浩吉铁路宛若一条静卧的巨龙,绵延向南,在鄂尔多斯境内全长 186.2 千米,全部位于乌审旗。浩吉铁路的建设,创造了多项世界第一;一次跨越长江、两次跨越黄河,由北向南先后穿越毛乌素沙漠、陕北黄土高原、吕梁山脉、中条山脉、秦岭山脉、江汉平原、洞庭湖平原和赣西丘陵等地域,地质条件十分复杂。一直以来,鄂尔多斯煤外运,少量通过汽车运输,绝大多数依赖铁路向东运往秦皇岛、曹妃甸等港口,经过装船、倒运至华中地区,时间长、损耗大、转运复杂。浩吉铁路连接蒙陕甘宁能源"金三角"地区与鄂湘赣等华中地区,衔接沿线众多煤炭基地和输出路线。它的开通,将彻底解决长期存在的华中地区"直达煤"需求矛盾。今后,鄂尔多斯煤可以通过完善的铁路干线和专用线汇集到乌审旗,通过浩吉铁路直达华中地区,单一的外运方式不复存在,也将为当地经济发展带来重大机遇。

按照习近平总书记的要求,乌审旗必须切实把发展的着力点转到提高质量和效益上来,推动经济转型升级,大力实施创新驱动发展战略,加快形成适应经济发展新常态的体制机制和发展方式,推动经济社会持续健康发展。坚决打赢三大攻坚战,全面贯彻党的民族政策,深化民族团结进步教育,为把乌审旗建设成富强、民主、文明、和谐、绿色的模范旗县而努力奋斗!

70 年波澜壮阔,70 年风雨历程,70 年春华秋实。乌审旗从一穷二白中一路走来,虽然曾步履蹒跚,也曾经历曲折,但还是一步步走向了今天的繁荣富强、和谐美好,成为祖国北疆一道亮丽的绿色风景线。今天的乌审旗,经济规模持续扩大,经济结构更加合理,增长动力充沛合理,财政收支稳步提升,各项事业均取得长足发展,是乌审旗有史以来发展最快的时期。

第二章
翻天覆地的光辉成就

70年众志成城，70年砥砺奋进。70年后的今天，中国特色社会主义进入新时代，一个正健步走在全面建设小康社会康庄大道上的乌审旗，赢得了惊叹与喝彩。70年，承载着多少荣光与梦想；70年时光里，有你的故事，有我的记忆。70年不忘初心、艰苦奋斗，改革开放、砥砺前行，变的是脚下这片热土的模样和发展步伐，不变的是乌审人民改革创新的精神。一段段旧貌换新颜的历程，一个个进步发展的奇迹，梦在前方，路在脚下，70年来的成就历历在目。新时代呼唤新发展，新时代赋予新使命。乌审旗正整肃戎装，昂首挺胸，继续与时俱进、不懈奋斗，用勤劳、勇敢、智慧书写当代中国发展进步的乌审篇章。

第一节
核心的引领——党的领导

中华人民共和国成立后,乌审旗各族人民在中国共产党的领导下,艰苦奋斗、发奋图强,经过 70 年的艰难创业和开发建设,国民经济和社会发展全面进步,各项事业建设从无到有,从小到大,由弱变强。70 年的风雨历程,使昔日贫穷落后、百废待兴的状况发生了翻天覆地

■中国共产党乌审旗第十五次代表大会

的变化,社会政治长期稳定、经济建设快速发展、各项事业兴旺发达、各族人民安居乐业的乌审旗迅速从鄂尔多斯大地上崛起。旗委、旗政府团结带领全旗各族人民,坚持继承和发扬革命老区艰苦奋斗、团结建设的光荣传统,从本旗实际出发,狠抓各项基本建设,积极改善生态环境和生产条件,大力推广科学技术,围绕地区、民族和自然特点,全力以赴,促进经济的快速发展和社会的全面进步。特别是改革开放以来,乌审旗始终坚持以经济建设为中心,最大限度地调动全旗各族人民的生产积极性,脱贫致富、兴旗富民步伐不断加快。通过深化改革,扩大开放,经济建设和社会事业逐步走上持续、快速、健康、稳定的发展之路,全旗综合经济实力不断增强,人民生活水平迅速提高。

中国共产党的领导是中国特色社会主义制度的最大优势,是实现乌审旗经济社会持续健康发展的根本政治保证。在70年乌审旗经济、社会建设的历史进程中,乌审旗委坚决贯彻落实党中央的决策部署,始终把发展这个第一要务,作为工作的重中之重去抓,从乌审旗实际出发,不断加强和改善党对各项工作的领导,牢牢把握发展大势,全面深化改革,创新发展路径,强化发展举措,带领全旗各族人民群众走向繁荣富强,经济社会建设取得了巨大成就,走出了一条边疆地区科学发展、富民强旗的新路子,进一步开创了乌审旗改革开放和现代化建设的新局面。

乌审旗的70年实践充分证明,党的全面领导与全面从严治党有机统一,是推进我国社会主义制度探索、改革开放和新时代中国特色社会主义现代化建设的根本保证。中国共产党是领导和团结带领全国各族人民群众,建设中国特色社会主义伟大事业的核心力量,全面从严治党是保持党的先进性、纯洁性,改善和加强党的全面领导的根本保障。

党的十一届三中全会启动改革开放后,邓小平多次强调指出,我们现在所干的事业是一项新事业,马克思没有讲过,我们的前人没有做过,其他社会主义国家也没有干过,所以,没有现成的经验可学。我们只能在干中学,在实践中摸索。我们搞四个现代化,不开动脑筋,不解放思想不行。什么叫解放思想?我们讲解放思想,是指在马克思主义指导下,打破习惯势力和主观偏见的束缚,研究新情况,解决新问题。解放思想,决不能够偏离四项基本原则的轨道,不能损害安定团结、生动活泼的政治局面。全党对这个问题要有一个统一的认识。社会主义现代化建设的任务摆在我们的面前。很多旧问题需要继续解决,新问题更是层出不穷。党只有紧紧地依靠群众,密切地联系群众,随时听取群众的呼声,了解群众的情绪,代表群众的利益,才能形成强大的力量,顺利地完成自己的各项任务。

进入 21 世纪以来,在国家西部大开发等系列优惠政策及内蒙古各种区位发展优势集聚的有利形势下,鄂尔多斯经济实现了腾飞,形成了各方争相关注、研究的"鄂尔多斯模式"和"鄂尔多斯现象"的热潮,从 2002 年~2009 年鄂尔多斯市地区生产总值增速蝉联全区第一,创造了自治区、全国乃至世界经济发展史上的奇迹。乌审旗乘势而为,经济、社会实现了划时代的跨越。

在党的领导下,乌审旗经过几代人艰苦卓绝的坚持奋斗,成功打造了如今的"绿色乌审"。"绿色乌审"已成为乌审旗一面鲜艳的旗帜,不仅在生态领域独树一帜,而且逐渐渗透到了工业、农牧业、旅游业、城镇建设、政府管理、文化事业等各方面,形成了一套完整的绿色乌审模式。

党的十八大,中国特色社会主义进入新时代以来,习近平总书记指出:一个县就是一个基本完整的社会,"麻雀虽小,五脏俱全"。如今,县级政权所承担的责任越来越大,需要办的事情越来越多,尤其是在全面建成小康社会、全面深化改革、全面依法治国、全面从严治党进程中起着重要作用。县域治理最大的特点,是既"接天线"又"接地气"。对上,要贯彻党的路线方针政策,落实中央和省市的工作部署;对下,要领导乡镇、社区,促进发展、服务民生。基础不牢,地动山摇。县一级工作做好了,党和国家全局工作就有了坚实基础。因此,做一个县委书记、县长,担任县里的领导,是非常光荣、非常有意义的,也是非常不简单、非常考验本领的。郡县治,天下安。在我们党的组织结构和国家政权结构中,县一级处在承上启下的关键环节,是发展经济、保障民生、维护稳定的重要基础,也是干部干事创业、锻炼成长的基本功训练基地。县委是我们党执政兴国的"一线指挥部",县委书记就是"一线总指挥",是我们党在县域治国理政的重要骨干力量。我们必须始终坚持人民立场,坚持人民主体地位,虚心向人民学习,倾听人民呼声,汲取人民智慧,把人民拥护不拥护、赞成不赞成、高兴不高兴、答应不答应作为衡量一切工作得失的标准。

党的十八大以来,以习近平同志为核心的党中央,全面推进"五位一体"总体布局,协调推进"四个全面"战略布局,确立了适应经济发展新常态的经济政策框架。乌审旗委团结带领全旗各族人民,认真贯彻落实中央的各项决策部署,坚持稳中求进工作总基调,主动适应、把握、引领经济发展新常态,全面落实新发展理念,扎实推进供给侧结构性改革,大力推进体制机制创新,进一步扩大对外开放,扎实抓好保障民生和防控风险工作,保障乌审旗经济运行呈现总体平稳、稳中有进、稳中提质的良好态势,经济发展质量和效益稳步提升,人民生活持续改善,社会大局保持和谐稳定,完成了"十二五"规划,实现了"十三五"良好开局。可以说,正是由于在经济社会建设中始终坚持了党的领导,才确保了党中央的各项大政方针在乌审旗落地生根,为经济社会持续健康发展和社会主义现代化建设凝聚起强大力量。

从乌审旗第一届党代会提出"认真宣传贯彻党在过渡时期的总路线、总任务";宣传"一化三改",即实现社会主义工业化,对农业、手工业及私人资本主义工商业实施社会主义改造;宣传牧区"不分、不斗、不划阶级和牧工牧主两利"的政策,到乌审旗第八次党代会强调"认真落实党在农村牧区的各项经济政策和生产方针,认真抓好科学养牧、科学种田、科学治沙造林工作,因地制宜地搞好农田牧场基本建设,认真果断地把工作重点转移到四个现代化建设上来"。再从乌审旗委第十次代表大会提出"加强党的领导、加快建设步伐,为实现第二步战略目标而努力奋斗。"到乌审旗委第十五次代表大会通过的《构筑五大新体系,争当六个排头兵,为绿色乌审全面建成较高质量小康社会而奋斗》的工作报告。乌审旗党委从第一届党代会到第十五届党代会,披荆斩棘,栉风沐雨,攻坚克难,乘势而上,一路走来,始终坚持党的全面领导,始终高举党的伟大旗帜,始终贯彻党的路线方针政策,坚持解放思想与实事求是相结合的原则,立足乌审旗实际,成功走出了一条少数民族贫困地区绿富同兴、幸福共享、团结崛起的绿色融合发展之路。

回顾 70 年风雨历程,乌审旗之所以能够取得令人欢欣鼓舞的成就,关键在于全旗各级党组织坚强有力的领导,即不断完善发展思路,不断加大落实力度,始终盯着目标奋斗,一任接着一任干,一张蓝图绘到底。面对成就,我们应该清醒地看到,以往取得的伟大成就,既是党正确领导的结果,也是党始终重视自身建设的结果。如果没有党中央和各级党委的坚强领导,"五大建设""四个全面""两不愁三保障"就不会如此令人称赞;如果不是始终重视自身建设,我们党就很难在如此深刻的"百年未有之大变革"中,经得起"四大考验",抵得住"四大危险"。70 年的实践启示人们,党的领导,是中国特色社会主义最本质的特征,是中国特色社会主义最大的优势,在中国特色社会主义现代化建设中,必须始终坚持党的全面领导和全面从严治党。

新时代,在全面决胜小康社会和开启中国特色社会主义现代化建设的第一个 15 年之际，乌审旗委必须坚持党的全面领导与全面从严治党有机统一，必须始终坚定不移地维护以习近平为核心的党中央的权威；必须始终坚持党的社会主义初级阶段基本路线不动摇；必须持续推进新时代党的建设伟大工程；必须持续推进国家治理体系和治理能力现代化建设；必须将乌审旗自觉纳入黄河几字湾战略发展之中，始终坚定不移地走好生态优先高质量绿色融合发展之路。

中国共产党的领导是中国特色社会主义最本质的特征，是中国特色社会主义制度的最大优势。党政军民学，东西南北中，党是领导一切的领导核心。乌审旗 70 年伟大实践的历史和现实雄辩地证明，没有中国共产党，就没有今天美丽富饶的乌审草原。70 年来，乌审旗能够实现民族团结、经济发展、社会稳定，最大的压舱石是党的领导。特别是改革开放以来，乌审旗委始终在思想上、政治上、行动上同党中央保持高度一致，认真贯彻落实党中央的决策部署，对党中央、自治区党委、市委召开的每一次重要会议、做出的每一项重大决策部署，都在第一时间组织传达和学习，进行贯彻落实。在贯彻中央精神的过程中，乌审旗委充分发挥党总揽全局、协调各方的领导核心作用，从民族地区的实际出发，根据各个时期面临的突出问题和形势任务的变化，带领人民群众不断探索符合乌审旗经济社会发展的新路子，贯彻新发展理念，构建新发展格局，创造中国特色社会主义现代化建设的新辉煌。

第二节
沧海变桑田——突出成就

乌审旗境内自然资源富集,天然气探明储量1.2万亿立方米、远景储量3.6万亿立方米;煤炭探明储量650亿吨、远景储量1800亿吨;黄河一级支流无定河过境长度达91千米,内蒙古西部最大的水库巴图湾水库坐落于此,全旗水资源总量达7.75亿立方米;现有水浇地65万亩,基本草原1060万亩,森林资源570万亩,林地896万亩,植被覆盖度达80%,森林覆盖率达32.9%。

近年来,乌审旗依托良好的区位优势和丰富的天然气、煤炭、水资源储量,全力"推动高质量发展、实现绿色崛起",布局完善苏里格经济开发区、纳林河工业项目区,统筹推进呼吉尔特、纳林河两大矿区建设,打造千亿元级工业聚集区。全旗累计引进重点工业项目130余项,总投资额达2100多亿元,其中规模以上工业企业21家。

乌审旗坚持以人民群众对美好生活的向往作为第一奋斗目标,将80%以上的可用财力用于保障和改善民生。组织实施了一大批民生普惠共享工程。公共服务网络体系日趋完善,经济社会各项事业不断繁荣发展,取得了辉煌的成就。先后荣膺"中国绿色名县""全国绿化模范旗""全国文明旗县城""国家卫生县城""国家园林县城""全国休闲农业与乡村旅游示范县""全国生态文明标杆旗""全国民族团结进步示范旗",被评为首家"中国人居环境示范城镇""全国生态保护与建设示范区""国家公共文化服务体系示范区"和"中国马头琴文化之都",是内蒙古自治区首家通过ISO14001环境质量体系国内、国际双认证的旗县。

2018年,乌审旗地区生产总值完成387.1亿元,同比增长6.8%;公共财政预算收入完成21亿元,同比增长28.7%;社会消费品零售总额达40.4亿元,同比增长6.3%;城乡常住居民人均可支配收入分别达到44784元和18263元,同比增长7.7%和9.3%。地区综合实力稳步提升,跃居中国西部百强旗县第7位,中国工业百强县(市)第51位。

一、现代农牧业提质增效

乌审旗地域辽阔,资源富集,具有发展现代农牧业良好的潜力和基础。全旗总面积11645平方千米,其中草原面积1321万亩,下辖6个苏木镇61个嘎查村;总人口13.34万人,其中农村牧区人口8.3万人。

近年来,乌审旗深入学习贯彻党的十九大、中央、自治区、市关于农牧业工作会议精神,大力实施乡村振兴战略,按照"产业兴旺、生态宜居、乡风文明、治理有效、生活富裕"的总要求,牢固树立"强畜、稳粮、优经、扩饲"的发展理念,以加快产业优化升级为重点,以推进供给侧结构性改革为主线,以绿色发展为导向,以产业扶贫为抓手,助力农牧业现代化建设。截至2018年,农作物播种面积达69.2万亩,草原生态保护补助奖励政策资助面积达1321.02万亩,牧业年度牲畜存栏达210万头只,其中鄂尔多斯细毛羊115万只、生猪21万口、肉牛8.8万头。农牧民人居可支配收入达18129元,同比增长8%。

畜牧业提档升级步伐持续加快,以"细毛羊、生猪、肉牛"为主的养

第二章 翻天覆地的光辉成就

■巴图湾水库及大坝

殖体系基本形成。种植业内部结构不断优化,粮、经、饲比例演变为6∶1∶3。农牧业社会化服务质量提升,旗、乡、村三级服务体系基本建成。农畜产品质量安全体系保障有力,创建国家农产品质量安全县(旗)。推进农畜产品质量安全追溯体系平台建设,启动建设鄂尔多斯细毛羊羊肉全产业链追溯体系,已为集中鄂尔多斯细毛羊佩戴电子耳标13356只。农村牧区综合改革不断深化,草原和土地确权工作顺利推进。培育农牧业龙头企业51家、农牧民专业合作社707家。农牧业标准化生产水平进一步提高。全旗55万亩水浇地被认证为全国绿色食品原料标准化生产基地,全旗另有8.08万亩有机食品生产基地。全旗通过国家认证的有机食品21个,绿色食品23个,无公害食品32个,地理标志产品5个。无定河大米、巴图湾甲鱼、乌审黄米和毛乌素大枣四种优质农产品荣获第19届中国绿色食品博览会金奖。皇香苜蓿猪肉、毛乌素大枣等15种农畜产品先后被自治区命名为"内蒙古名

无定河流域农田

优特农畜产品"。

(一)商品粮基地建设

该基地位于无定河流域的河南、纳林河一带,人口集中,水资源丰富,土壤肥沃,气候温和,是一个适宜发展种植业的地区。历史上已形成了以农业为主,农、林、牧全面发展的格局,具有良好的开发条件和发展潜力。1989年被自治区有关部门列为商品粮基地建设区。到1990年,这两个地区有21个村民委员会,139个农业社,计6562户3.303万人,其中劳动力9520人。总土地面积1339平方千米,有耕地6.3万亩,占全旗耕地总数的33.48%。有效灌溉面积5.08万亩,占耕地面积的89.2%。1990年,粮食播种面积达5.7万亩,其中小麦2.3万亩,占40.35%。玉米播种面积1.9万亩,占33.33%。小麦、玉米两项占粮食作物的73.68%,油料作物播种面积3032亩,其他经济作物播种面积2721亩,果树种植面积8804亩。基本形成了以小麦、玉米为主体作物,粮油、果综合发展的种植结构。1990年,粮食总产量达1566.56万公斤,其中小麦占36.85%,玉米占33.57%。完成商品粮交售170万公斤。这两个地区基层农技服务机构已日臻完善,优良品种,科学施肥、防治病虫害、覆膜栽培等实用新技术已全面推广。商品粮基地建设在20世纪90年代已初具规模,如今更是得到发展壮大。

(二)鄂尔多斯细毛羊产业

乌审旗是自治区33个牧业旗县之一,也是鄂尔多斯细毛羊的主产区之一。乌审旗70年磨一剑,积极打造鄂尔多斯细毛羊特色品牌,细毛羊存栏量一度突破120万只,取得了经济、社会和生态三重效益,实现了农牧业增效、农牧民增收、农牧区增绿的良性循环,为全市乃至全区建设绿色农畜产品生产加工基地做出了重要探索和实践。

鄂尔多斯细毛羊培育项目,1985年获自治区人民政府命名羊种,1988年获自治区科技进步奖。1989年,乌审旗鄂尔多斯细毛羊基地建设取得初步成效。乌审旗"鄂尔多斯细毛羊"由1985年的12.8万只发展到23.9万只,在当时召开的全国养羊基地建设评比会上,乌审旗有7项达标,被评为先进旗。

通过多年努力,乌审旗已有100万只鄂尔多斯细毛羊被国家质量认证中心认证为有机羊,1000万亩草牧场被认证为有机草牧场,是自治区唯一一个国家级绿色有机农畜产品生产加工基地建设的旗区。"鄂尔多斯细毛羊养殖标准化示范旗"建设项目,顺利通过国家标准化委员会验收,形成了集良种选育、规模养殖、疫病防治、饲料种植、产品加工销售等功能于一体的细毛羊产业标准化发展综合体,实现了畜种选育优良化、饲喂方式配方化、饲养管理标准化、防疫检疫制度化、经营管理组织化、经济效益最大化。

目前,本旗鄂尔多斯细毛羊饲养总量超过全市总量的93%,年出栏50万只,产出羊肉1万吨、皮张50万张,年创造经济效益突破6亿元,极大地提高了农牧民的生产经营性收入,带动18000户牧民户均增收8500元,农牧民人均可支配收入连续多年增长10%以上。鄂尔多斯细毛羊凭借世界级的品质,每年有4000吨羊毛运到秦皇岛、南京等地,出口到澳大利亚、日本等国家,如今还延伸出奶食品厂、牧家乐、皮毛厂等支链,品牌价值达9亿多元。

(三)生猪产业

生猪产业是乌审旗农牧业三大主导产业之一,是广大农牧民增收致富实现小康目标的重要途径。从1994年至今的20多年中,全旗生猪产业得到了长足发展,产业层次由过去的经营状态正在向规模化饲养、产业化经营的现代产业转变。

乌审旗生猪规模化养殖起源于原黄陶勒盖乡,形成了乌兰陶勒盖镇黄陶勒盖和无定河镇河南两大重点集中养殖区域,饲养量占全旗总量的73.3%。辐射带动苏力德苏木、嘎鲁图镇、图克镇、乌审召镇及周边地区。生猪产业在农牧业产业结构中占据举足轻重的地位,全旗年生猪饲养量达到60多万口,出栏40万口。累计建成年出栏1000口以上生猪养殖大户30多家,发展生猪养殖专业合作社50家。

"皇香"生猪于2016年获得国家地理标志产品认证,品牌价值达16.44亿元,带动6200户牧民人均增收7200元。他们组建"皇香"生猪产业化联合体,直奔标准化、规模化、绿色化、科技化的一二三产融合之路。

(四)肉牛产业

肉牛是乌审旗农牧业的三大主导产业之一。近年来,乌审旗委、政

■乌审旗草原红牛

府高度重视肉牛产业发展,引进了大和牛业、草原和牛等一批重点龙头企业,采取"企业+合作社+农牧户"的生产经营模式,推动全旗肉牛产业快速发展。

乌审旗是鄂尔多斯市肉牛养殖重点区域。围绕打造无定河流域优质肉牛产业核心基地的目标,乌审旗提出"大集中,小集聚"和"小区域,大基地"十二字方针,坚持走"企业+合作社+养殖大户"的运作模式,树立集中集约发展理念,加强基地规划,以强化改良为突破口,加强品牌建设,形成由"政府引导、农牧户主体、合作社管理、龙头企业带动、市场化运作"的肉牛产业发展新格局。目前,全旗肉牛养殖存栏量8.8万头,是鄂尔多斯市九个旗区中肉牛存栏数量最多、质量最好的旗区。

作为已被认证的国家地理标志产品,草原红牛产业也成立了产业化联合体,形成龙头企业、科研院所、合作社、养殖户等各类主体抱团

发展的利益联结机制，7600户农牧民将因此户均增收5300元。

(五)神奇的乌审马及其产业

鄂尔多斯草原水草丰美、畜牧业发达，乌审旗牧民们千百年来与马相生相伴。乌审旗是"乌审走马"发源地。汉代、两晋时期，即有"走马"的记载。历史上，走马被誉为"达贵之驹"。元朝曾在这里设置官办牧场——察罕脑儿牧场，牧马业空前繁荣，竞技走马蔚然成风。解放战争中，乌审马凭借品种优势离乡征战，为中华人民共和国的建立贡献了力量。在和平年代，乌审马因善走对侧步，且适应沙漠地形和长途托运，曾为鄂尔多斯高原牧民的生产生活，贡献了力量。

对很多蒙古族人而言，马是他们精神的魂。乌审马又在这种象征里占有极高地位。成吉思汗陵内那匹温都根查干白神马，就是乌审马。今天牧民的住地，还飘扬着禄马风旗，上面印有9匹飞奔的骏马，在这一图案的空隙里，往往用蒙古文或藏文写着："希望之马奔腾飞跃，愿我们的民族繁荣吉祥。"每逢草肥马壮时，牧民都要举办马奶节、打马鬃节、赛马节。凡是在赛马中得奖的公马都被选为种马，以确保乌审马种群后嗣绵延。乌审大地遍布对马的传说和歌颂。在民间流传的乌审旗民歌集里，仅赞扬马的民歌就有上百首。"以马养马"才能更好地保护乌审马——这是在乌审大地普遍践行的共识。

有着悠久历史的乌审赛马，由牧人训师们世代传承和发展，已形成了独特的竞技规则和习俗。马是吃苦耐劳、一往无前的代表。在对马群的守望中，乌审人也寄托着新的希望。

乌审马是蒙古马的优良品种之一，体格较小、外貌清秀、性情温顺，与其他马种相比，因超强的综合耐力而卓群，能够在极粗放的饲养和艰苦环境下生存。一匹上等的乌审马，可日行100千米以上。

在乌审旗，越来越多对马有着深厚情感的人们开始建起各种有关

■ 乌审马冬日驯养

马的民间组织,保护、壮大乌审马群的工作正在草原上兴起。在政府的引导支持下,传统牧户在传承马文化的同时,也开始尝试投身"马经济",建起马文化博物馆,陈列祖辈传下来的马用具、记录整理有关马的训言。时至今日,乌审草原上仍有不少牧人沿袭千年遗风,热心马文化研究及走马驯养技艺,成立了切磋技艺的"马文化独贵龙"与"蒙古马养殖专业合作社"等民间组织,尝试"保护与经济"一体化发展模式。使乌审旗走马文化在全国独树一帜。

乌审旗在继承和发展走马文化的同时,也在不断创新马文化在新时代发扬兴起的路径。随着广大牧民群众物质文化生活水平不断提高,对走马文化日益倾心,牧民开始将具有悠久历史的乌审走马文化与现代体育竞技活动紧密结合,使走马文化在新的历史条件下得到了前所未有的发展和提升。与此同时,一些马业合作社和马文化协会应运而生,各种各样的群众性走马比赛和走马文化技艺切磋交流活动遍地开花。并且成立了切磋技艺的"马文化独贵龙"等民间组织,走马文化在全国独树一帜。走马文化的兴起对于乌审马的繁衍,也起到了很大的积极促进作用。

近年来,乌审旗全力打造和提升乌审走马文化,加大政策扶持力度,有力地促进了马产业的发展,同时,通过全面开发"游牧文化体验旅游"、制售"马文化旅游纪念品",以及代驯、代培良马、开发"马奶疗养"等途径,带动了旅游业和马产业的全面发展,有效地提高了经济回报率,步入了"以马养马"的良性发展轨道。

(六)田园综合体

田园综合体是集现代农业、休闲旅游、田园社区为一体的特色小镇和乡村综合发展模式,是在城乡一体格局下,顺应农村供给侧结构改革、新型产业发展,结合农村产权制度改革,实现中国乡村现代化、新型城镇化、社会经济全面发展的一种可持续发展模式。乌审旗将田园综合体试点改革作为乡村振兴的有力抓手,始终坚持以农牧业供给侧结构性改革为主线,通过农牧业综合开发、农村牧区综合改革等渠道,加强企业与农牧民利益联结机制,强势推进"田园综合体"试点改革。

1.图克巨力田园综合体

图克巨力田园综合体项目是响应国家2017年中央一号文件,首次提出"田园综合体"这个概念而开始建设的,建设期5年,即2017年5月开始建设,至2021年建设完成,计划投资16亿元,选址位于图克镇图呼勒岱嘎查,313省道两侧,占地规模12500亩,共分为东区和西区两个部分。截至2019年11月,图克巨力田园综合体项目已经建设完成20个子项目,累计投入资金6.7762亿元。西区占地6062亩,拟打造为可持续发展的智慧型现代农业产业园区。根据园区产业空间分布特征,总体规划为"一轴两心八片区"的布局结构,其中,一轴为景观中心轴。两心是产学中心、销售运营中心。八片区分别是办公区、综合服务区、休闲观光区(儿童娱乐区、沙漠公园、生态农业示范区)、田园社区、养老养生区、采摘区、养殖区、农业种植及生产加工区(日光温室大棚、冬暖式大棚)。东区占地6438亩,拟打造为生态旅游示范区,根据功能定位划分为四大功能区,即文化创意区、牧歌体验区、湿地景观区、银海度假区。目前正处于建设状态。

2.无定河田园综合体

无定河田园综合体以无定河农牧业开发有限责任公司为载体,将农牧民现有的零散土地进行整合流转、集中开发建设"一区三带八园",即以乌审旗无定河农牧业开发有限责任公司现有农畜产品生产加工区、游客接待服务中心为核心区,构建农事体验带、旅游观光带、生态涵养带"三带",规划建设漠中稻田园、沙地葡萄园、河谷水产园、乡果主题园、七彩花卉园、生态养殖园、红色文化园、返乡创业园"八园",重点发展水稻、苹果、葡萄等多种农产品,形成多种产业为一体的综合循环发展模式,目前已形成了3000亩水稻、5000亩苹果、1200亩葡萄、1700亩设施农业的良好发展局面。

二、绿色工业风潮涌动

七十年砥砺奋进,绿色崛起逐浪高。新中国成立70年来,乌审旗工业发展从无到有、从有到兴、从兴到优、从优到绿,一路披荆斩棘,取得了令人瞩目的成就。

绿色是生命的原色,也是发展的底色。半个多世纪以来,勤劳智慧的乌审旗人民,始终将"牧区大寨"精神旗帜高擎在手,创造了变茫茫荒漠为大美草原的绿色奇迹。

借助境内丰富的煤炭、天然气资源优势,抢抓国家能源战略西移机遇,乌审旗站在全局和战略的高度,主动策应沿黄沿边经济带,自觉融入呼包鄂经济一体化和蒙陕宁战略能源基地。把发展优势特色产业与战略性新兴产业相结合,实现由资源输出向资源精深加工转变。一大批央企、国企相继进驻。

工业比重由2002年的不足40%上升至75%,经济发展方式由农牧业主导型向工业主导型转变。综合经济指标进入全区前30位,县域经济基本竞争力由2005年首次跻身中国西部百强旗县第90位,上升至第7位,位列2017年全国县域经济百强县第75位、全国工业百强县第48位、自治区工业经济前10位。党的十八大以来,乌审旗围绕"七业同兴",加快培育打造新能源、新材料、节能环保、高端装备、大数据云计算、生物科技、蒙中医药等七大战略性新兴产业,坚持抓项目、扩投资,加快新型工业化进程。

(一)重大项目和投资

项目和投资是推动高质量发展的重要支撑。按照"招商选资、择优选项"的原则,乌审旗不断强化项目前景评估,综合考虑"经济、社会、生态"三大效益,提高招商引资质量和水平。乌审旗将项目库建设、资金争取工作纳入实绩考核重要内容,完善项目包联服务机制,帮助企业协调解决手续办理、资源配置等各类问题,突出精准招商和产业链招商,努力引进一批配套项目和战略性新兴产业项目,以项目支撑,优化产业结构,构建"大项目顶天立地,小项目铺天盖地"新格局。

乌审旗苏里格气田勘探面积达5.5万平方千米,天然气总储量有3.6万亿立方米,探明储量1.2万亿立方米。"苏里格大气田"的发现以2000年8月26日在乌审旗境内发现苏6井为标志。2005年9月2日,"苏里格气田合作开发签字仪式"在西安市长庆油田综合办公大楼隆重举行,以此为标志,经过5年艰难曲折的探索,苏里格大气田进入了实质性的合作开发阶段。2006年11月18日,《苏里格气田年50亿立方米开发规划》在北京通过股份公司的审查、批准,标志着苏里格气

■苏里格天然气采气现场

田的合作开发已步入高速发展的快车道。2006年11月22日,新建的苏里格气田第一天然气处理厂,在苏力德苏木胜利竣工。天然气处理厂的建成投运,标志着苏里格气田正式投入开发,进入了一个新的发展时期,年内已建成的10亿立方米天然气产能,30亿立方米天然气田骨架工程,全部并网投产,这对确保向京津及周边地区安全供气、2008年北京"绿色奥运"、以及国家开发类似低渗透气田皆有着重大的现实意义。截止2016年底,乌审旗有天然气井5333眼,铺设井网管线8868.784千米,建设集气站103座,硬化道路551.7千米,天然气产能达到280亿立方米,2016年天然气产量130.7亿立方米,完成税费收入12.97亿元。

2012年9月26日,世林化工投产,产出乌审旗第一吨煤制甲醇。

2013年3月,中煤蒙大50万吨煤制品工程塑料项目开工建设,该项目位于乌审旗苏里格经济开发区乌审召化工项目区内,总投资104亿元,是由中煤能源股份有限公司与内蒙古远兴能源股份有限公司合作,并由中煤能源股份有限公司控股的建设项目。项目预计产值可达72亿元,实现利税约13.9亿元。项目以博源联化年产120万吨和蒙大新能源年产60万吨甲醇为原料,建设完工年产聚乙烯30万吨、聚丙烯30万吨装置,进而可年产50万吨的工程塑料及其他副产品。该项目的实施,对国内工程塑料企业的转型发展具有示范作用。2013年12月24日,博大实地投产,产出乌审旗第一吨尿素。2015年4月20日,蒙大工程塑料投产,产出乌审旗第一吨聚烯烃产品。

2016年,世界单体最大、设备最先进的内蒙古中煤蒙大新能源化工有限公司50万吨/年甲醇制烯烃装置投料开车,开车一次成功,并产出合格产品。同年,利用聚烯烃生产编织袋产品的洁林塑料2万吨重载包装膜袋项目建成投产。2017年,中天合创MTO二线装置一次投料开车成功,生产出合格的高端聚烯烃产品。至此,乌审旗化工产业在

■ 煤化工产业园

产品升级换代、高端化、高附加值化以及提高生产加工能力等方面有了跨越式的提升。

  2018年9月21日，位于乌审旗苏里格经济开发区，图克工业项目区的中煤鄂尔多斯能源化工有限公司合成气制年产100万吨甲醇技术改造项目现场，人头攒动、机车轰鸣，数十辆大型挖掘机工程车往来穿梭、运转忙碌，乌审旗秋季重大项目建设启动仪式暨中煤鄂尔多斯能源化工有限公司合成气制年产100万吨甲醇技术改造项目开工动员大会在这里举行。本次集中开工的重点项目共9个，总投资76亿元，涵盖煤化工、交通和电力等领域。其中，中煤鄂尔多斯能源化工合成气制甲醇技术改造项目，采用碎煤加压气化、净化技术和低消耗、低能耗的先进甲醇合成技术，对于全市加快现代煤化工产业升级示范具有积极推动作用。门克庆、葫芦素等煤矿也实现联合试运转，纳林河矿区总规获批，巴彦高勒煤矿取得采矿许可证，母杜柴登、纳林河二号煤矿获得核准，煤炭产量大幅增长。中天合创煤炭深加工示范项目进入商业化运营，世林化工30万吨煤制甲醇技改项目完成，勇泰热电2×

25兆瓦热电联产等项目有序推进,工业经济稳中向好。

(二)振兴工业园区

工业园区作为推进工业集中集约发展的重要平台和企业"航母",对工业经济的发展,发挥着重要的支撑作用。乌审旗依托苏里格经济开发区及其辖内各工业项目区,高起点规划布局产业,依托煤气、延伸煤气、超越煤气,重点发展新型煤化工、精细化工、清洁能源三大优势主导产业,培育壮大新材料、装备制造两大特色接续产业,积极发展生产性服务业作为配套支撑,共同构建新型工业产业体系。

乌审旗立足资源分布、地理条件和基础功能,积极推进和振兴工业园区,规划建设自治区级经济开发区苏里格经济开发区,全力打造乌兰陶勒盖、乌审召、图克、纳林河四个工业项目区。乌兰陶勒盖工业项目区主要发展新材料产业,乌审召化工项目区主要发展精细化工产业,图克和纳林河项目区则以发展现代煤化工为主。经过多年的发展,园区基础设施日益完备,产业支撑保障条件日趋完善。

1.苏里格经济开发区

苏里格经济开发区,于1999年开始筹建,2001年7月27日被自治区人民政府批准为自治区级开发区。2002年10月,国家科技部等六部委命名开发区为国家新材料成果转化及产业化示范基地。开发区总体规划面积30平方千米,中心区规划面积24平方千米,图克项目区规划面积6平方千米。

该区主要产业有:新材料,是指沙漠风积沙由选矿的二氧化硅加干馏煤,通过清洁天然气高温冶炼非金属材料,及下游制造业和镁合金铸造业。利用乌审旗丰富的煤炭和风积沙资源,重点推进硅、煤、电、气多联产主导产业项目。新能源,中天合创300万吨二甲醚,荣程500万吨干馏煤、100万吨甲醇,世林西山化工4×30万吨煤制甲醇,神冶240万吨干馏煤等一批大项目落户开发区。轻工业,围绕鄂尔多斯细毛羊、皇香牌猪肉以及全旗52万亩的认证绿色农畜产品生产基地,重点发展绿色农畜产品的精深加工业。

开发区资源富集。位于苏里格、乌审、靖边、榆林和大牛地"五大气田"交汇点,天然气探明储量1万多亿立方米;处于乌审旗煤炭资源核心区,煤炭远景储量1000亿吨;拥有世界最大的方沸石矿床,探明储量5000万吨,远景储量2亿吨。境内还蕴藏着丰富的沙漠风积沙、优质陶土、膨润土、白垩土、粘土、泥炭、矿泉水、盐等非金属矿产。

开发区交通便利。地处晋、陕、蒙、宁等地交汇的"物流大动脉"。开发区投资环境不断改善。累计完成基础设施建设投资5.06亿元,基本完成中心区内的水、电、路、气、讯、广播电视"六通六配套"硬件建设。开发区按照"实践科学发展观、建设生态工业园区"发展理念,加快发

■天然气化工产业园

展循环经济,依据地区独特的资源禀赋和区位优势,制定出"新材料、新能源、轻工业"三大产业定位,走出一条资源消耗低、环境污染少、科技含量高、经济效益好的新型工业化之路。

2.乌兰陶勒盖工业项目区

乌兰陶勒盖镇入选 2018 全国农业产业强镇示范建设名单。省道府深线、榆乌线、兰嘎一级公路、新恩陶铁路横贯全境。通讯便捷,中国移动、联通、网通、邮政四大运营公司的服务网络覆盖全境,可以提供迅捷的通讯和网络服务。区位优越、资源富集,境内蕴藏着丰富的天然气、煤炭、方沸石、矿泉水等非金属矿产资源。天然气探明储量达 1 万多亿立方米,是我国最大的世界级整装大气田——苏里格气田的主产区。远景储量达 2 亿吨的特大型方沸石矿世界罕见,优质煤炭储量达 1000 亿吨。工业项目区锐意改革,开拓创新,牢牢把握绿色乌审转型发展新任务,充分发挥区位、资源及产业优势,以美丽乡村建设为主抓手,着力构建"一核一圈两区"经济社会发展布局。项目区将稳定工业发展作为保障增长的重要基础,多措并举,强化对企业的扶持和服务,实现了工业稳定增长、结构逐步优化。牢固树立园区、镇区一盘棋的思想,联合打造发展平台,加快优化产业布局,做好协调服务,扎实推进重点工业项目建设。巴彦高勒煤矿、乌兰陶勒盖集运站等重点工业项目稳定运行,世林化工技术改造升级有序推进,新型工业化之路不断开拓。

3.乌审召化工项目区

乌审召化工项目区位于鄂尔多斯的西南部,乌审旗的北部。项目区总规面积 54 平方千米,已建成区域近 5 平方千米。筹建于 2005 年,遵循高起点规划、高标准实施、高速度发展、高效能管理原则,依托资源优势,以天然气化工为发展龙头,以煤化工、盐化工、碱化工为补充,以甲醇项目为先导,扩延甲醇—烯烃、乙炔—PVC、甲醇—聚丙

第二章　翻天覆地的光辉成就

烯、合成氨－化肥等多条产业链,形成有机化工、合成材料、精细化工和新型清洁能源相结合的天然气能源重化工基地。

近年来,项目区规模以上企业经营良好,现有内蒙古博源联合化工有限公司、内蒙古苏里格天然气化工有限公司、内蒙古毛乌素生物质热电厂和内蒙古远兴江山化工有限公司等7家规模以上企业,7家规模以下企业。有机化工、合成材料、精细化工和新型清洁能源等几大产业集群优势凸显。

该项目区总体工作思路是:坚持"以人为本,建设绿色乌审"发展

■博源100万吨天然气制甲醇项目

理念,加快推进生态型产业体系建设,全力打造新能源化工工业经济、培植企业生态绿洲,努力保持经济平稳较快增长。项目区的最终目标是用五到十年的时间,将其打造为精、优、特,别具一格的天然气精细化工项目区。实现综合产能500万吨/年,工业增加值300亿元,利税30到50亿元。

4.图克工业项目区

图克工业项目区是鄂尔多斯市规划的重点工业项目区之一。是按照区域、市域经济一体化的要求,及主动融入沿黄沿线经济带和蒙陕宁、呼包银国家能源基地的发展思路,而重点打造的大型煤基化工能源基地。图克工业项目区产业定位是:煤基能源产业和基础化学品生产基地。项目区控制区面积55平方千米,核心区规划面积30平方千米。

■图克工业园区中天合创矿井

在资源优势上,项目区所在地图克镇境内拥有丰富的煤炭、天然气、泥炭等绿色能源资源。其中大牛地气田探明储量3000亿立方米以上,成功实现向乌审召工业基地、杭锦旗及北京、山东等地供气。煤田探明储量100亿吨以上,平均埋深600米左右,具有"五低二高"的优质特性,是发展煤化工产品的优质原料,为建设煤转化基地提供了得天独厚的条件。

图克工业项目区紧抓西部大开发战略的历史性机遇,依托境内丰富的矿产资源、天然气资源,已经吸引了中煤、中石化等一批央企以及沿海等投资商落户园区投资置业,初步形成了煤化工、天然气化工、新能源、新材料为主的产业链。

5.纳林河工业园区

纳林河工业园区于2005年经鄂尔多斯市人民政府批准设立,园区位于乌审旗南部蒙陕交界的无定河畔,规划面积20.36平方千米,已建成面积10平方千米,2012年2月,被内蒙古自治区政府批准为自治区循环经济试点示范园。

发展条件:纳林河工业园区依托纳林河矿区而建,区内水、煤、天然气资源富集,煤炭储量342亿吨,无定河穿越而过,园区有5000万立方米/年供水工程正在建设中,建成220千伏和110千伏变电站各一座,园区至旗政府所在地嘎鲁图镇,已具备承载大项目建设的基础交通条件。

主导产业:以发展循环经济为导向,建立煤炭清洁生产机制。重点发展以洁净煤业为主的煤化工产业与物流产业,延伸产业链条,形成精细化、循环发展的产品链。

入园企业:园区共引进规模以上工业企业8家,其中星星能源年产20万吨LNG项目已于2008年底投产。中煤蒙大一期年产60万吨煤制甲醇项目,和博大实地年产100万吨合成氨、100万吨尿素项目投产。陕煤集团内蒙古建丰煤化工16亿立方米合成气配套原料煤分质清洁高效利用项目。内蒙古卓正化工公司年产120万吨煤制甲醇项目。鄂尔多斯联海化工公司年产480万吨绿色喷吹料、48万吨焦油加氢项目。内蒙古诚峰石化公司年产100万吨高炉喷吹料、20万吨焦油加氢项目。博大实地年产100万吨PVC、100万吨纯碱30万吨新型建材项目。

发展前景：今后园区将立足于乌审旗委、政府构建的"一核两翼多循环"发展格局,大力实施"工业强旗"战略,主动融入呼包鄂榆经济圈和蒙陕宁能源基地大局之中。园区将形成3000万吨煤炭,500万吨化工产品生产能力,实现产值500亿元,税收50亿元,成为乌审旗乃至鄂尔多斯市重要的经济增长极。

为了提高基础设施服务能力,乌审旗全面实施园区振兴计划,努力打造千亿元级工业聚集区。完善工业园区内水、电、气及污水处理、垃圾处理、废渣厂、特勤消防站等基础设施,提高园区硬件建设标准和水平。同时,加快园区外围供水、供电、道路等公共配套设施建设,补齐发展短板,不断提升园区产业聚集和承载能力,构建与毗邻旗县"一小时"经济圈。

（三）发展绿色循环工业

乌审旗所选择的新型工业化发展之路,是一条循环发展之路,是立足现有煤化工和天然气产业基础,不断延伸产业链条,开发高附加值的终端产品,走资源精深加工、各种资源互补开发利用的新路子。这包括企业间产品的"横"向循环和上下游产品间的"纵"向循环。

站在苏里格经济开发区图克工业项目区的制高点,一座座现代化的工厂拔地而起,点缀着乌审旗经济发展的火热场景。中天合创煤炭深加工示范项目、中煤鄂尔多斯能源、化工、大化肥项目等一批新项

■ 中天合创煤化工装置夜景

目,勾勒出该开发区拉长"五大工业产品"链条、把上下游产品"吃干榨尽"的循环发展路线图。

苏里格经济开发区所培育的"五大工业产品链群",一是以煤、气为原料,重点发展煤基基础化学品的产品链群;二是以甲醇为原料,重点发展中间原料的产品链群;三是以烯烃为原料,重点发展精细化工产品和新材料产品链群;四是以合成氨为原料,重点发展尿素、纯碱、甲胺、吡啶等产品及尿素深加工产品链群;五是以风积沙为原料,重点发展长石、石英砂和中矿物下游深加工产品链群。

为充分利用工业中水、排空气、余热等排放物,提升天然气、甲醇等工业产品就地转化增值率,乌审旗努力发展煤化工、天然气等化工下游产业。如:苏里格经济开发区乌审召化工项目区,中煤蒙大新能源50万吨工程塑料项目,年可就地消耗180万吨甲醇原料;内蒙古毛乌素生物质热电和螺旋藻项目"碳吸收""碳减排""碳捕捉"的"三碳经济"等等,还有苏里格经济开发区纳林河工业项目区,内蒙古博大实地化学有限公司的盐碱煤基产品多联产循环低碳化工项目产业规划链的"三废"处理利用,都是非常成功的循环发展模式。

既有产业之间的"横"循环,又有产业内上下游产品之间的"纵"循环;既能把资源优势"吃干榨尽",又能保护工业项目区的碧水蓝天。乌审旗工业园区内的各大企业既自成产品链条,又互相补充促进。依托现有煤化工和天然气等特色产业,多循环链条正撑起乌审旗新型工业化的脊梁。同时,乌审旗逐步建立生态补偿机制,并开展试点工作,着力打造生态型、园林型、花园式企业环境,形成一企一景、园企锦上添花的环境格局。

(四)乌审旗工业发展的特点

近年来,乌审旗立足资源、区位优势,坚持高标准规划、高起点建设、高效益管理,主动融入呼包鄂协同发展大局,在产业发展协同互补、基础设施互联互通、公共服务共建共享等方面取得了重大突破,本旗工业经济长足发展,跨入全市第一方阵。依托良好的区位优势和丰富的天然气、煤炭、水资源储量,全力推动高质量发展、实现绿色崛起,布局完善苏里格经济开发区、纳林河工业项目区,统筹推进呼吉尔特、纳林河两大矿区建设,打造千亿元级工业聚集区。全旗累计引进重点工业项目130余项,总投资额达2100多亿元,其中规模以上工业企业21家。2018年位列中国工业百强县(市)第51位。为全旗经济高质量发展、加速实现乌审"绿色崛起"打下了坚实基础。

1.优势资源开发潜力大、步伐快、品质优

从20世纪七八十年代,乌审召天然碱化工开启鄂尔多斯化工工业大幕,到90年代中石油、中石化、中煤等大型央企与山东兖矿、淄矿和汇能、博源等地方实力企业进驻,都全力推动了乌审旗优势资源开发,全旗勘探发现苏里格、乌审、大牛地、榆林－靖边4个大型气田,规划建设呼吉尔特、纳林河两大煤炭矿区。

天然气开发方面:探明储量1.2万亿立方米、远景储量3.6万亿立方米,建成3个净化厂、3个处理厂、103座集气站,天然气年净化处理能力达205亿立方米、产能达280亿立方米。

煤炭开发方面:批复井田19个,总规模1.74亿吨/年。乌审旗煤炭可采煤层厚度稳定,煤矿品质优良,有长焰煤、不粘结煤、弱粘结煤等,具有中低硫、特低灰、特低磷、特低氯、低汞、低砷、高发热量的特征,是良好的环保型化工及动力用煤。目前,已开发建设7座煤矿,产能达7000万吨/年。

2.承载功能投入大、配套全、保障强

乌审旗立足资源分布、地理区位条件和基础功能,规划建设自治区级经济开发区苏里格经济开发区,总体规划面积111平方千米,建成区面积39平方千米,下辖乌兰陶勒盖、乌审召、图克、纳林河4个工业项目区。乌兰陶勒盖工业项目区主要发展新材料产业,乌审召化工项目区主要发展精细化工产业,图克和纳林河则以发展现代煤化工为主。

供水方面:境内水资源总量7.75亿立方米,可利用量为5.68亿立方米(地表水资源可利用量为1.73亿立方米),黄河一级支流无定河穿境而过。贯穿南北的纳林河至图克、至乌审召输水管线和中天合创场外输水系统之包头镫口至图克工业项目区段已建成投用。

电力方面:全旗已构建起以4座220千伏变电站、8座110千伏变电站、16座35千伏变电站为支撑的供电主网架构,园区均已实现双回路供电。

交通方面:建成兰嘎、阿小、嘎大、乌嘎、嘎通、陶昂等6条高等级公路,通车里程达470千米,构建起北接荣乌、东交包茂、南连青银、西通青藏的高速公路网;东乌、新陶、陶鄂3条铁路干线和中煤大化肥、门克庆煤矿等7条铁路专用线投运,铁路运行里程达266千米(干线通车里程达186千米)。2019年9月28日,世界级一次性建成且运营里程最长的重载铁路——浩吉铁路煤运专列开通运营。浩吉铁路在乌审旗境内绵延186千米,从北至南联通了2大矿区、4个工业项目区和5个苏木镇。越织越密的铁路、公路网为乌审草原的发展带来了新希望、新蓝图、新动力,必将助推乌审旗在绿色崛起的道路上阔步迈进。

3.工业经济起点高、转型快、效益好

依托丰富的煤、气资源,全旗累计引进重点工业项目130余项,总投资额达2100多亿元,中煤100万吨合成氨175万吨尿素、中天合创137万吨烯烃等35个亿元以上重大项目建成投运、达产达效,累计完成投资达1250多亿元。甲醇产能达645万吨/年、尿素产能达255万吨/年、液化天然气产能达76万吨/年、烯烃产能达197万吨/年,年就地转化原煤约1650万吨,构建起现代煤化工、清洁能源两大产业集群,拥有规模以上工业企业21家。

■乌审旗年产200万吨合成氨350万吨尿素项目鸟瞰图

乌审旗以加快转变经济发展方式为主线，着力调整优化产业结构，延长资源型产业链，壮大新型煤化工、战略性新兴产业等"新经济"，打造多元发展、多极支撑的新产业体系，为全旗工业经济内涵式、集约式、稳步式发展奠定了坚实基础。全旗累计引进重点工业项目130余项，总投资额达2100多亿元，其中规模以上工业企业21家。为全旗经济高质量发展加速，实现乌审"绿色崛起"打下了坚实基础。主要工业产品产量稳定增长，化肥、烯烃等一批"乌审产品"远销海内外，本旗工业经济跨入鄂尔多斯市第一方阵。

三、蓬勃发展的文化和旅游事业

习近平总书记在党的十九大报告中指出："文化是一个国家、一个民族的灵魂。文化兴国运兴，文化强民族强。没有高度的文化自信，没有文化的繁荣兴盛，就没有中华民族伟大复兴。"

乌审旗历史悠久，文化厚重。这里文物古迹荟萃，是蜚声中外的"河套人"的故乡和"独贵龙"运动的策源地，也是内蒙古自治区最早的革命根据地和解放区之一。这里草原文化与农耕文化激荡交融，是蒙古族传统文化沉淀最深厚的区域之一，留下了独具特色的文化遗产，孕育了丰富多彩的非物质文化遗产，和绚丽多彩的艺术形式。这里被诗歌浸润，萨冈彻辰、贺希格巴图等文学巨匠曾在这里著书立说，留下了不朽的著作。这里的人民充满深情和诗意，传承和守护着这片土地上的艺术文化基因。

文运与国运相牵，文脉同国脉相连。70年来，乌审旗持续推进文物保护利用工作，开创文物工作传承与发展新篇章，加强非物质文化保护传承，文艺、文学创作持续繁荣，公共文化服务水平不断提高，文化事业和旅游产业蓬勃发展。

(一)历史悠久的文物遗存

目前,乌审旗境内共有各级各类文物保护单位 79 处,其中古文化遗址 5 处、古城遗址 4 处、纪念地 2 处、寺庙 5 处、古墓群 16 处,还有 40 多处历史文物在进一步考证之中。在这些众多的历史遗存中,有国家级重点文物保护单位 2 处,即萨拉乌苏文化遗址和"独贵龙"运动旧址;自治区级重点文物保护单位 7 处、市级重点文物保护单位 9 处、旗级重点文物保护单位 16 处。

1. 闻名中外的萨拉乌苏

(1)河套人萨拉乌苏遗址

萨拉乌苏,蒙古语意为"黄水",又名无定河,是流淌于乌审旗境内的一条古老而静谧的河流,在这里,鄂尔多斯古老文明揭开了序幕。1922 年,法国著名地质古生物学家桑志华在萨拉乌苏河谷的地层中,发现了大量的动物骨骼、人工打制的石制品和骨角器等。1923 年,桑志华与法国著名古生物学家德日进组成科考队,对萨拉乌苏进行发掘和调查,发现 45 种的脊椎动物化石和一批石制品。在后来资料整理过程中,由德日进发现一枚幼儿的门齿化石。经北京协和医院解剖科主任步达生研究,命名为"the Ordos Tooth"即"鄂尔多斯人牙齿"。这是中国境内发现的,第一件有准确出土地点和地层记录的人类化石,也是第一批有可靠年代学依据的旧石器时代古人类遗存。20 世纪 40 年代,我国考古学家裴文中先生首先使用了"河套人"和"河套文化"两个专用名词,"河套人"以"鄂尔多斯人牙齿"为代表。在随后几十年里,无数考古学家来到萨拉乌苏考察和发掘。中国著名考古学家、地质学家贾兰坡、刘东生、董光荣、汪宇平、袁宝印、黄慰文等都曾在这里有重要考古发现,并发表重要著作。"河套人"早在 7 万~14 万年前就在萨拉乌苏河畔繁衍生息,属于人类进化史上的晚期智人阶段,是截至目前为止,我国乃至亚洲发现的,时代最早的晚期智人化石之一,填补了中国旧石器时代考古的空白,对世界古人类学,及旧石器考古史研究都具有划时代的重要意义。

■河套人头盖骨化石

2001年6月25日,"萨拉乌苏文化遗址"由中华人民共和国国务院公布为第五批全国重点文物保护单位。悠悠流淌的萨拉乌苏,为鄂尔多斯镌刻上了令人骄傲的历史和文化符号。

2013年,萨拉乌苏国家考古遗址公园获国家发改委立项,2014年被列入国家第二批考古遗址公园立项名单,目前,萨拉乌苏国家考古遗址公园各项工作正在加快推进,萨拉乌苏遗址世界级自然与文化"双遗产"申报工作也在进行中。在各级政府的高度重视、加大投入和科学保护利用下,萨拉乌苏遗址正在成为世界级古人类学及旧石器时代考古研究的重要平台和科普基地。

萨拉乌苏国家湿地公园位于乌审旗无定河镇和苏力德苏木境内,规划面积3000.4公顷,其中湿地有1295.5公顷,占总面积的43.2%。公园内的湿地,主要由无定河流域河流湿地,及巴图湾水库湖泊湿地组成,北靠广袤的毛乌素沙地,南接沟壑纵横的黄土丘陵,横亘在两大自然地理区的分界线上,南北景观迥异,森林、沙地和草地呈斑块状分布于公园水域两岸,公园内主要由河流湿地、湖泊湿地构成,是我国少有的沙漠大峡谷湿地。

(2)萨拉乌苏文化旅游艺术节

2018年8月11日~12月底,乌审旗举办了第一届萨拉乌苏文化旅游艺术节,以"发展全域旅游·畅游萨拉乌苏"为主题,并陆续推出了萨拉乌苏摄影采风活动、"萨拉乌苏"杯征文大赛、无定河商贸交流会、中小学生研学旅行活动、萨拉乌苏徒步寻根探秘、萨拉乌苏短视频大赛、萨拉乌苏冬捕节等7项活动。萨拉乌苏文化旅游艺术节的举办,深入挖掘了萨拉乌苏文化旅游资源,在提升萨拉乌苏文化旅游品牌的同时,展示了乌审旗的旅游魅力,将萨拉乌苏这张乌审旗闻名遐迩的文

■ 萨拉乌苏遗址

化旅游名片打造得更加亮丽。

2019年8月17日～8月18日,第二届萨拉乌苏文化旅游艺术节在乌审旗巴图湾开幕。活动以"发展全域旅游·畅游萨拉乌苏"为主题,主要包括大型巡回互动演艺、抖音网红项目体验、放生祈福、"亲水"互动、特色美食品鉴、沙滩篝火狂欢等丰富多彩的参与体验活动,让群众共享文旅融合"盛宴",欣赏金沙碧水的原生态风光,感受塞外草原秘境风情,品尝地道特色美食。

(3)河套人(鄂尔多斯人)发现95周年学术研讨会

2018年12月9日～10日,河套人(鄂尔多斯人)发现95周年学术研讨会在乌审旗召开。中国科学院古脊椎动物与古人类研究所、北京大学、天津自然博物馆等高校和研究机构的60多位专家学者、全国

■2018年萨拉乌苏专著首发式

部分文物保护、遗产地管理机构代表齐聚盛会,进行交流研讨。会上还举行了《萨拉乌苏河——晚第四纪地质与古人类综合研究》新书首发式及萨拉乌苏考古工作站、岭南师范大学生考古实习基地签约仪式。研讨会的举办,交流碰撞出萨拉乌苏遗址更有力的学术成果,展现出了最新的研究动态,具有十分重要的学术意义。

(4)萨拉乌苏共识

萨拉乌苏共识是在河套人(鄂尔多斯人)发现95周年学术研讨会上达成的,具体有五方面内容。

第一,萨拉乌苏遗址为全国重点文物保护单位和已经批准立项的"国家考古遗址公园",是我国最早发现的更新世古人类化石遗骸遗址之一,也是亚洲最早发现的旧石器时代遗址之一。萨拉乌苏遗址是中华民族悠久历史中的远古驿站,是东亚地区人类演化的重要场所。

第二,基于人类起源与演化的全球框架下,对萨拉乌苏遗址在地质古生物、考古及测年方面应进行更深入的综合研究,并展开新的调查、发掘和研究工作,进一步巩固和提升萨拉乌苏遗址的科学价值。

第三,加大对萨拉乌苏遗址的保护和管理力度,全面落实遗址保护和遗址公园建设规划,并将其纳入区域经济和社会发展的总体规划,融入乌审旗"绿色崛起"的发展战略之中,努力发挥其中蕴藏的巨大旅游经济潜力。

第四,成立萨拉乌苏研究专门机构,组织研究人员梳理百年萨拉乌苏科学考察研究的历史,发掘、提炼和弘扬萨拉乌苏科学精神,汇聚力量,适时申报世界文化与自然双遗产。

第五,高度重视萨拉乌苏的文化遗产价值,珍惜"萨拉乌苏国家考古遗址公园(立项)"的荣誉,加快保护设施的配套完善,加强遗址保护与研究力度,将萨拉乌苏遗址建成学术研究与公共教育的共享平台。

近年来,乌审旗大力推进对萨拉乌苏的科研保护和文旅开发力度，举全旗之力科学保护萨拉乌苏遗址这一独一无二的文化资源。2015年，在中央电视台纪录频道上录制播出纪录片《秘境·萨拉乌苏》。2019年9月6日，电影《谜境萨拉乌苏》首映式在乌审旗举办，影片以乌审旗萨拉乌苏为地域背景，以争夺刻有地图的骨片为线索，通过悬疑、斗智、追捕等跌宕起伏的剧情，充分挖掘萨拉乌苏文明成果，展现鄂尔多斯乌审旗悠久的人文历史和蒙古族民俗风情。通过电影《谜境萨拉乌苏》，生动展示乌审旗人文与自然环境，提升绿色乌审的知名度和美誉度，助力乌审旗"推动高质量发展、实现绿色崛起"。乌审旗将以萨拉乌苏遗址保护为基础，以考古研究为出发点，以成果展示为目的，以探索人类起源为引领，高起点、高质量开展考古遗址公园规划建设，加快萨拉乌苏遗址世界自然与文化"双遗产"申报工作，启动建设国家"5A"级景区。到2023年，河套人发现100周年之际，将萨拉乌苏遗址打造成为世界级古人类学及旧石器时代考古研究的重要平台和科普基地。

2.三岔河古城与察罕脑儿宣慰司

乌审旗河南向西约20千米处，有一处著名的古城城址，它就是三岔河古城，亦称"大石砭古城"。这座历经近千年历史的古城，平面呈长梯形，南北城垣各长643米，东城垣长304米，西城垣长518米。城墙大部分已残，是由白色黏土夹小石子夯筑而成，基宽约18米，残高5~10米，夯层厚10~15厘米。西墙城门已被冲毁，其余3面墙的都设有瓮城。城墙外有宽约20米的护城河，有多处建筑基址分布在城内和城外东、南侧。考古人员在古城内采集到了兽面纹和龙纹的瓦当、滴水、铁镞以及黑釉铁锈花、画花、剔花瓷器等遗物，显示着宋元时期独有的特征和风貌，处处显露出古人生活的痕迹。在古城的北部和西部还发现了大量的同时期墓葬，多数是土坑竖穴墓，部分为砖石墓。出土器物及采集器物还包括陶器、瓷器、铁器、银器和玉器等。

据考证,三岔河古城始建于西夏,元代曾是安西王阿难达所建之察罕脑儿城,后收归朝廷直辖,设察罕脑儿宣慰司。元朝初年,察罕脑儿由忽必烈的三子安西王忙哥剌统领,为其封地,察罕脑儿城在今乌审旗南部,辖境约包括黄河内套鄂尔多斯大部分地区。忙哥剌去世后,王位由其子阿难达继承。公元1310年(至大三年),设宣慰使司都元帅府于察罕脑儿,是全国八个宣慰使司都元帅府之一。事实上,察罕脑儿不仅是当时鄂尔多斯高原的最高级别行政机构所在地,而且成为元朝北部地区的政治、军事和经济中心之一。

3.鄂尔多斯党项西夏文化与区域文化旅游融合发展研讨会

2019年9月15日至16日,由宁夏大学西夏学研究院、鄂尔多斯学研究会主办,乌审旗旅游事业服务中心、乌审召镇人民政府、无定河镇人民政府、察汗苏力德游牧生态旅游区、萨拉乌苏旅游区承办的鄂尔多斯党项西夏文化与区域文化旅游融合发展学术研讨会在乌审旗举行。本次研讨会议题为:地斤泽历史地理研究、鄂尔多斯及陕北党项西夏文物遗址、鄂尔多斯在党项西夏历史发展中的地位、鄂尔多斯区域文化旅游融合发展研究等内容。经过热烈讨论,会议达成如

■鄂尔多斯党项西夏文化与区域文化旅游融合发展研讨会现场

下共识：

（1）鄂尔多斯是西夏国的发祥地，唐代，党项拓跋等部从青藏高原迁到黄土高原，然后从黄土高原迁到鄂尔多斯高原，逐渐强大起来。唐末，党项拓跋部大首领拓跋思恭因镇压黄巢起义有功，授夏州节度使，封夏国公，赐皇姓李，统领银、夏、绥、宥四州八县之地。宋代，党项拓跋部以鄂尔多斯盆地为基地，占据河套平原与河西走廊，建立西夏政权。没有党项大迁徙，没有水草丰茂的鄂尔多斯，就没有党项的发展壮大，也就没有后来的西夏国。

（2）乌审旗是唐宋之际党项拓跋部的活动中心之一，党项西夏文物遗迹众多。今天的统万城是拓跋李氏政权的驻地，排子湾十里梁是夏州拓跋李氏政权的祖陵，宥州故城（城川古城）、丰州故城（二长渠古城）是保留较为完好的西夏州城，地斤泽是西夏太祖李继迁起兵地，阿尔寨石窟有西夏遗民的壁画，鄂尔多斯出土的西夏金银器、铁器、钱币，是研究西夏社会经济不可多得的实物资料。研究西夏时期鄂尔多斯地区的历史文化，不仅是西夏学的重要内容，也是鄂尔多斯学的重要组成部分。

（3）地斤泽在党项西夏发展史上意义重大。拓跋部首领李继迁在这里召集旧部，起兵抗宋，恢复银、夏、绥、宥四州"故土"，走出了建立西夏国的第一步。经会议专家学者实地考察论证，认为五代宋初时期的地斤泽为今天乌审旗的胡同查干淖尔。建议在胡同查干淖尔适当位置，设立"党项故地——地斤泽"保护碑，碑文用夏、汉两种文字镌刻，以反映党项和汉族人民交流交融的历史。

（4）鉴于乌审旗西夏文化旅游资源丰富，建议旗委、政府组织专家论证，与相关高校和研究单位建立战略协作关系，开展多民族文化旅游研发，使西夏文化成为继蒙古族文化、草原青铜文化之后，该地打造的又一特色文化和旅游品牌。

■乌审召

4.鄂尔多斯四大召庙之——乌审召

乌审召藏名为"德格庆达木朝卡斯勒林",蒙古名为"甘珠儿脑门苏莫",位于乌审旗乌审召镇乌审召嘎查,是鄂尔多斯四大召庙准格尔召、乌审召、王爱召、新召之一,也是乌审旗境内最大的寺院。召内设有萨尼德拉僧(经学院),栋克尔拉僧(历法院),珠德巴拉僧(密宗学院)三所学术性机构。2006年,由内蒙古自治区人民政府公布为第四批自治区级重点文物保护单位。

乌审召始建于乾隆五十二年(1713年),当时寺内设有三座札仓(学部),共有殿堂24座,活佛住仓21间,主塔三座,附塔108座,另有分布于寺院四周的僧舍数百间,形成格局迥然、色彩缤纷的汉藏式建筑群。鼎盛时期喇嘛多达千余人。在历史的发展过程中,乌审召经历了不同程度的破坏。十一届三中全会以后,在党的宗教政策贯彻下,乌审召于1983年恢复了正常的宗教活动。1985年再次维修。1991年,鄂尔多斯佛教协会成立,将会址设在此地。2005～2007年又进行了大规模的修缮。每年农历的六月十五日为乌审召庙会,并举行查玛舞表演,吸引着众多本地居民和游客,为促进乌审旗经济、文化的繁荣发展和社会和谐稳定起到了积极作用。乌审召,历经300余年岁月沧桑,现今依然神灯长明,经声嘹亮,香火旺盛。

5.独贵龙运动旧址与席尼喇嘛纪念塔

(1)独贵龙运动旧址

"独贵龙"蒙古语意为"圆圈""环形",是近代蒙古族人民反抗封建压迫剥削的一种斗争形式,参加者在斗争中通过决议,并在上报政府的呈文上以圆圈形进行签名,既表示人人平等,又不易暴露运动的领导者。

"独贵龙"运动旧址,原为乌审旗畏古尔津合然所属之庙,初建于

■独贵龙运动旧址

1663年,后经三拆四建。现今的"独贵龙"运动旧址位于嘎鲁图镇布寨嘎查,于1985年在原嘎鲁图庙吉萨房的基础上重新修建,总占地面积437平方米,其中建筑面积88平方米,"独贵龙"运动旧址共分三个陈列室,对独贵龙运动及席尼喇嘛相关文物进行存放和展出。2006年,"独贵龙"运动旧址由国务院公布为第六批全国重点文物保护单位。

"独贵龙"运动旧址曾是"独贵龙"运动的总部和重要根据地,也是乌审旗"独贵龙"运动著名领袖席尼喇嘛从事革命活动的历史见证。席尼喇嘛是"独贵龙"的早期领导人之一,1919年,席尼喇嘛等数十人被诱捕,曾在此处遭到封建王公惨无人道的严刑拷打。1924年,席尼喇嘛到蒙古国考察学习,加入了内蒙古人民革命党。1925年,席尼喇嘛从蒙古回国,参加了内蒙古人民革命党第一次代表大会,并当选为中央执行委员。1926年,席尼喇嘛回到乌审旗,组建了内蒙古人民革命军十二团,任团长,这里被设为总指挥部。"独贵龙"运动旧址对于研究"独贵龙"运动的发展过程和席尼喇嘛生平具有重要的地位和作用。

(2)席尼喇嘛纪念塔

席尼喇嘛纪念塔是为纪念乌审旗革命先驱、民族英雄席尼喇嘛而建,坐落于嘎鲁图镇,初建于1958年10月26日。1969年,该纪念塔被炸毁。1984年8月23日,席尼喇嘛烈士陵园奠基动工,1985年6月30日,初步建成。1988年3月9日,内蒙古自治区人民政府将席尼喇嘛烈士纪念塔确定为自治区级重点文物保护建筑。

席尼喇嘛烈士陵园占地面积27000平方米,为开放式陵园。席尼喇嘛纪念塔塔基座36平方米,主塔高14.8米。塔的主体均以圆形筑成,基座中心为塔身,塔身中腰有一大圆盘,盘周围有11个圆孔,代表着席尼喇嘛领导的11个"独贵龙"组织。圆盘上部有两层玻璃瓦坡檐;坡檐中间为四方柱八棱体,塔身中层嵌有时任内蒙古自治区人民政府

席尼喇嘛纪念塔

主席布赫题写的汉文"席尼喇嘛纪念塔"大字。

(二)异彩纷呈的非物质文化遗产

1.蒙古族祝赞词

祝赞词,是祝词和赞词的统称,是蒙古族人民在长期的生产生活中产生的,以口头形式世代传承至今的,最具代表性的民族民间文学之一,是一种有一定韵调、语言自然流畅、兴致所至,一气呵成的自由诗,在蒙古族各地区广泛流传,鄂尔多斯蒙古族祝赞词颇具代表性,现为自治区级非物质文化遗产。

祝赞词历史深远,起源于古代萨满祭祀和各种民俗仪式,伴随着蒙古族一起穿越了岁月的长河,经过代代相传、演变、发展,显示出旺盛的生命力,涉及的内容变得更加丰富多彩。祝词主要用于各种仪式,饱含着对未来的祝愿,而赞词则多用于被赞颂的具体对象。以祝福、祈祷、赞颂为主要内容的祝赞词,广泛用于各种民族礼仪活动中,成为蒙古族人民劳动生产与日常生活中必不可少的精神文化食粮。鄂尔多斯传统祝赞词达数百部,包括成吉思汗祭奠祭词、神灵祭奠祭词、婚礼祝赞词、祝福词、招福词、祝祷词、人物赞、物体颂、骏马赞、五畜赞等形式与内容。其中仅成吉思汗祭奠祭词就有50多部,5000多行;婚礼祝赞词就有20多部。时至今日,祝赞词仍然展示着蒙古族这个诗意民族的浪漫情怀,表达着蒙古族人民对人生和生活的美好愿景和期许,散发出隽永魅力。

2.乌审旗蒙古族口头诗、民间诗人

乌审旗是全区蒙古族民间诗歌(口头诗)之乡,乌审旗蒙古族向来就有创作口头诗的悠久传统,乌审旗蒙古族口头诗深深扎根于蒙古族古老的文化之中,是蒙古族对社会生活状态的反映,也是蒙古族民间口头诗歌的重要部分之一。

一方水土孕育一方文化,乌审旗蒙古族口头诗源于游牧生活,兴盛于"独贵龙"运动时期。具有丰富的文学内涵和审美情趣,以反映牧民生活为主要内容,主题多为讴歌大自然、赞美新生活,鞭挞时弊,讽刺腐败,赞美纯真友谊及美好爱情。形式灵活多样,即兴创作,不会受到时间、地点和格式的限制,感情真挚,寓意深刻,风趣幽默,脍炙人口。

乌审旗民间诗人贺希格巴图曾挥笔写就《可贵的独贵龙》,桑杰道尔吉《桑杰道尔吉长诗》流传甚广,乌审旗蒙古族口头诗历经千百年来生生相袭,长盛不衰,至今依然有很多民间诗人和诗歌爱好者们以口头诗抒情言志,佳作不断。乌审旗蒙古族口头诗在整个乌审旗境内流传,尤以嘎鲁图镇、苏力德苏木、乌审召镇等地特别流行,成为了展示乌审旗地方文化底蕴和特色的一张名片。

3.蒙古族歌曲

鄂尔多斯拥有浩如烟海的民间歌曲,素有"歌海"之美誉。鄂尔多斯民歌以蒙古族民歌为主,其源远流长,蜚声海内外,是生长在鄂尔多斯这片芳华满园的艺术沃土上的一株格外灿烂的民族艺术之花。而乌审旗蒙古族民歌,作为鄂尔多斯蒙古族民歌的重要组成部分,以其悠久的历史、鲜明的特色、丰富的内容、多样的类型,不断为这株民族艺术之花增添璀璨夺目的光彩。

行走在乌审大地,你会发现歌唱蒙古族民歌是乌审旗人生活中必不可少的组成部分,这里的人民热爱歌唱,也能歌善唱。他们在婚宴盛典歌唱,在田间牧场歌唱,他们以歌会友,以歌传情,不能不叫人沉醉,来过乌审旗的人,都对乌审旗的蒙古族民歌念念不忘。

乌审旗蒙古族歌曲旋律优美,意蕴深厚,是徜徉在乌审大地的有声记忆。在漫长的岁月里,乌审旗人民不断创作出大量反映现实生活和精神生活的蒙古族歌曲,它们质朴真实,少矫揉造作,内容广泛,以一种特别的方式记录着人民群众的日常生活与生产劳动、杰出的英雄人物或重大历史事件,讲述着乌审旗的民族礼俗和乡土风貌,表达着乌审旗人民的情感、秉性与品格。这些歌曲是人民娱乐生活的重要形式、革命斗争的精神武器和生活中的亲密伴侣。

鄂尔多斯蒙古族民歌以时代划分,可分为古代民间歌曲、近代民间歌曲和现代民间歌曲三部分。以曲调划之,分为长调民歌和短调民歌,两者在拥有共同音乐属性的同时,在节奏、旋律等方面又有着各自不同的特点。长调歌曲在蒙古语中,被称作"乌日图道",即长歌,是鄂尔多斯蒙古族的传统歌曲,相对短歌而言,长调除了指曲调悠长以外,还有历史久远之意。它的曲调深沉古朴、节奏自由、舒缓悠长、曲调平缓。从内容上划分,鄂尔多斯蒙古族长调又分为古如歌和普通长调,鄂尔多斯古如歌在2008年被列入第二批国家级非物质文化遗产名录。在当代音乐表演和音乐创作中,鄂尔多斯蒙古族长调

■蒙古族家庭音乐队

都占有十分重要的地位。在乌审旗流传的长调有《六十棵榆树》《班禅庙》《枣树梁》《半圈的月亮》《其布盖希里》《洁白的房子》《豹花驼羔》等。

短调民歌产生于古代,并逐渐发展丰富。热情好客的蒙古族在婚嫁宴席、亲友聚会或招待亲友、招待客人时,常常以歌声表达着自己的感情,于是产生了热烈欢快的短调民歌。其结构短小精悍,节奏明朗有力,情绪欢快活泼,歌词言简意赅,音乐形象鲜明,曲调优美动听,鄂尔多斯蒙古族短调民歌曲目有数千首之多,一般都为一词一曲,具有强烈的舞蹈性,演唱的场合几乎不受限制。据说,鄂尔多斯现存的1300多首短调民歌中,出自乌审旗的就有900多首。有人说,音乐是乌审人的生活,诗歌流淌在乌审人的血脉中。在乌审旗广为流传的短调民歌有《席尼喇嘛》《孟克巴雅尔》《金杯》《黑缎子坎肩》《森吉德玛》《蔚琳花》《阿巴汗梁》等。2008年,鄂尔多斯蒙古族短调民歌被国务院批准列为第二批国家级非物质文化遗产。

乌审旗向来重视鄂尔多斯民歌的保护与传承,于2017年4月开始正式筹建鄂尔多斯民歌博物馆,地点位于乌审旗文化创意产业园,于2019年1月3日正式开馆。目前馆内共收藏实物2000多件,手稿1000余件,包括国家一级演员德德玛、腾格尔、拉苏荣等100多位文艺名人实物收集品,及民间优秀艺人乌东巴莱、扎木苏、哈刺金等人的手稿、书籍、专辑和乐器。这使鄂尔多斯民歌以全新的面貌更加具体详实地展示在大众眼前,让人们系统地认识和了解鄂尔多斯民歌。

4.顶碗舞

顶碗舞是蒙古族传统民间舞蹈珍品之一,是蒙古族从元代传承下来的民间舞蹈。元代是顶碗舞的成长期,当时有一种带有伴唱的独舞形式,即载歌载舞的表演形式——"倒喇"。"倒喇"是蒙古语歌唱的意思,据清代颜光猷《京都杂咏》《历代旧闻》等笔记小说的相关记载,元代盛行的"倒喇"在舞蹈表演风格和动作形式上,与顶碗舞极其相似,说明它们有一定的传承关系。作为古老遗存的顶碗舞,在八白宫所在之地的鄂尔多斯一直保留了下来。顶碗舞在蒙古族民间舞蹈发展史上占据重要的位置,能歌善舞的蒙古人在婚宴和喜庆佳节的聚会上1人或多人头顶茶杯或碗或碗状小油灯,碗里盛满清水或奶酒,双手各拿两个酒盅或一束竹筷在歌声和乐声中翩翩起舞,舞者现场即兴发挥,舞姿丰富多彩,充分展现蒙古族舞蹈的技艺、智慧和丰富灵活多变的特点。顶碗舞将舞蹈和杂技融为一体,脚步轻盈平稳,上肢舒展,庄重优雅,集中了蒙古族肩部动作为主的舞蹈语汇。

中华人民共和国成立后,鄂尔多斯地区文艺工作者对顶碗舞进行了加工提炼,丰富了技巧,增加了表演难度,成为独具特色的地方民族舞蹈节目,多次在国内外文艺舞台上演出。乌审旗作为顶碗舞主要的分布区之一,在乌兰牧骑演出、各类节庆活动、晚会中会进行经常性的演出。2004年,乌审旗乌兰牧骑创作《敖包乃日》,将《顶碗舞》恢复为男性舞蹈,还其原貌,展其旧容,受到了观众的好评。乌审旗不断为传承顶碗舞注入活力,并且在发展融合中不断创新变化,使得顶碗舞这一表演形式历久弥新。2008年,顶碗舞先后入选第一批自治区级非物质文化遗产名录和首批市级非物质文化遗产名录。

5.筷子舞

筷子舞,因舞者手执筷子敲击伴奏歌舞而得名。相传,已有两三百年的历史。乌审旗是其主要流传地区之一。其源于古代蒙古族宫廷及民间宴会。该舞蹈往往随弦乐及人声伴唱而舞,由男子单人表演。筷子舞以肩的动作见长,舞者两手各握筷,和着乐曲节奏用筷子击打自己的手、腿、肩等部位,有时还击打地面,击打的时候肩部耸动,腕部翻转变化,伴以扭肩、旋转、下蹲、屈伸等动作,风格欢快热烈,动作敏捷,干净利落,节奏感强。筷子舞凝结着鄂尔多斯蒙古族人民热爱生活的情意和享受生活的智慧,将他们豪爽热情的性格展现得淋漓尽致。

中华人民共和国成立后,鄂尔多斯地区的文艺工作者对流传在民间的筷子舞进行不断加工提炼,男女均能表演,有独舞,也有群舞,成为具有鄂尔多斯地区代表性的民族舞蹈。20世纪80年代,乌审旗乌兰牧骑女舞演员巴德玛其其格博采众长,对筷子舞进行再度加工和创新,将《筷子舞》中打击身体部位和方法进行了改进。1983年,她以独舞《筷子舞》进京参加全国文艺调演,获得表演奖和作品奖。之后,巴德玛其其格又在第十二届布瑞斯世界鲜花狂欢节上表演了《筷子舞》,获得该届世界鲜花节特别奖。上世纪90年代,她还创作了男女双人舞《筷子情》,使这一民间艺术精品得到了新的升华,获得了新的风采。2008年筷子舞被列入自治区级非物质文化遗产名录。

■筷子舞

6.查玛舞

查玛舞是一种盛行于蒙古族喇嘛寺庙中的宗教舞蹈。查玛,即查木(羌姆)是藏语,西藏称之为"羌姆"(意为寺院里的跳神),汉语称为"跳鬼"或"跳神"。藏传佛教由元代开始逐渐进入鄂尔多斯地区,乌审地区查玛舞最早传播始于 16 世纪中叶,它随同藏传佛教传入,是一种以演述宗教经传故事为内容的面具舞。跳查玛舞是藏传佛教寺庙举行的宗教活动内容之一,是蒙藏宗教文化交流的产物,也是一种由音乐、舞蹈、戏剧、美术等多种成分组成的综合性艺术。乌审旗至今仍保留着这一宗教活动方式。

查玛舞带有浓厚的宗教色彩,大量吸收和融汇了蒙古族民间舞蹈语汇、动作,种类有几十种之多。乌审旗规模最大、比较完整和隆重的查玛舞在鄂尔多斯四大召庙之一的乌审召进行。每年农历的六月十五日为庙会,举行查玛舞表演。乌审召的查玛,有《钟格瓦德·查玛》《萨扎那·查玛》《沙瓦庆德·查玛》《令卡瓦东·查玛》《萨雅格·查玛》《色日吉木·查玛》《吉日·查玛》《木哈日札·查玛》等数十种。

查玛舞十分庄严肃穆,程序复杂。跳查玛舞的僧人们身穿五颜六色的奇异服装,戴着面具,化装成菩萨、罗汉、弥勒、妖魔、厉鬼等手舞足蹈,显得光怪陆离,诡异神秘。有的表现英雄人物的大智大勇和武功技艺,有的表现飞禽走兽的形态,也有的表现人间生活情趣。查玛舞以生动的舞蹈形象,演绎多种宗教故事,保留了宗教活动的最初风貌,是蒙古族人民创造的在保留传统的基础上体现地区风格的一颗民族文化明珠,对研究蒙古族历史文化和蒙古族政教史具有重要价值和特殊意义。

7.乌审雅西乐雕刻

雅西乐是一种植物的蒙古语名,学名小叶鼠李,本地土话叫"黑圪兰",为灌木,誉为鄂尔多斯远古植物的活化石。它的根部坚硬,纹理优美,形态万千,颜色亮泽,是天然的根雕材料。雅西乐雕刻在乌审旗流传已久,是蒙古族雕塑艺术的一种,也是最能体现蒙古族特色和民族特征的传统民族民间工艺。一大批乌审旗民间根雕艺术家,用寥寥刀斧,"化腐朽为神奇,琢枯木成瑰宝",将记载着生命恒基和岁月沧桑的雅西乐变成了栩栩如生的精美根雕艺术作品,深受群众的喜爱和珍藏。2007年,乌审雅西乐雕刻入选第一批市级非物质文化遗产名录。

8.马海制作

马海为蒙古族喜爱的布靴,形似马靴,主要在春秋两季穿着,是蒙古族服饰的重要组成部分。马海制作技艺历史悠久,伴随着蒙古族的发展历史而产生。在乌审旗有很多制作马海的手工艺人,他们以自己灵巧的双手制作马海,坚守并传承着这项古老蒙古族民族技艺。马海制作工艺复杂,经过选料、裁剪、粘贴、刺绣、缝补等工序后,制成色彩分明、工艺精良、美观大方、舒适实用、极具蒙古族服饰特点的马海。马海多用黑布条绒作为靴帮和靴靿,脚尖、脚跟和靴帮上都有刺绣或纳

■马海制作技艺传承人乌云陶格斯(丁贵亮摄)

出的花纹,如云纹、回纹、蝙蝠、蝴蝶、花卉鱼虫等,不一而足。每逢重大节日庆典上,马海与蒙古袍一起穿着。乌审旗牧民乌云陶格斯是鄂尔多斯马海制作技艺的传承人。

9.萨冈彻辰祭祀

萨冈彻辰,是成吉思汗黄金家族后裔,是蒙古族三大史学巨著之一——《蒙古源流》的创作者,也是17世纪蒙古族历史上罕见的杰出人物之一。萨冈彻辰生于1604年,逝于1669年,在他去世后,为了纪念他,乌审旗哈日嘎坦部蒙古人300多年来一直守护和祭祀萨冈彻辰的英灵。萨冈彻辰祭祀是内蒙古自治区第一批非物质文化遗产。

萨冈彻辰祭祀主要有年祭、季祭、月祭、日祭等形式,每年要进行30余次大小祭祀活动,其中一年有5次大型祭祀,分别为正月初三的"拜年祭祀"、农历二月初二的"开门祭祀"、农历五月十三日的"年祭祀"、农历七月初八的"秋季祭祀"和农历十月初二的"冬季祭祀"。农历五月十三的"年祭祀"为大祭。

萨冈彻辰祭祀有两处祭祀地,一处在乌审旗图克镇梅林庙萨冈彻辰陵园,另一处则在陕西省榆林地区神木县大保当地区。中华人民共和国成立后,乌审旗喀拉嘎腾氏人和原祭祀地的汉族人民及时恢复了祭祀活动。多年来,蒙汉人民对萨冈彻辰的纪念从未间断,萨冈彻辰祭祀也成为了乌审旗和榆林两地各族人民共同参与和传承的民间祭奠活动,对于促进蒙汉民族关系团结和谐,具有积极的作用。

10.十三阿塔天神祭祀

在乌审旗苏力德苏木沙尔利格嘎查乌顺柴达木的一座毡包内,供奉着鄂尔多斯哈特根部供奉的圣物——十三阿塔天神,也称"哈特根十三阿塔天神"。阿塔是"凶猛"的意思,十三阿塔天神,是象征十三重天的画像。十三阿塔天神祭祀历史悠久,是蒙古族古老祭祀形式之一,由原始萨满教祭祀形式延续而来,体现了蒙古族对长生天的崇拜,为蒙古族原始文化的典型代表之一。据史料记载,公元10世纪时,成吉思汗先祖布古哈特格就曾经对"家族十三阿塔天神"进行祭祀。元朝时期,由鄂尔多斯哈特根部族祖先巴音哈热传承,一代代将祭祀延续至今。祭祀活动由"珠木"负责,以五月初八举行的夏季牺牲大祭最为隆重。祭祀活动包括牲祭、火祭、奶祭、酒祭等内容。2007年,十三阿塔天神祭祀被列入第一批自治区级非物质文化遗产名录。

11.察干苏勒德祭祀

察干苏勒德,也称九斿白纛。1206年,成吉思汗"遂即于斡难河源,竖其九斿之白旗",建立大蒙古国,察干苏勒德是大蒙古国三面旗徽之一,由察哈尔部供奉,因此也被称为"察哈尔部察干苏勒德"。其由一柄主苏勒德和八柄陪副苏勒德组成,苏勒德的缨子用银白色公马鬃制作。察干苏勒德作为蒙古帝国的标志,见证了蒙古帝国的建立和发

■苏勒德祭祀

展,并随着蒙古王朝、汗廷的变迁,辗转南北。林丹汗去世后,1635年跟随察哈尔部迁徙进入乌审旗,在现乌审旗无定河镇毛布拉格村进行祭祀。

察干苏勒德祭祀在漫长的历史岁月里形成了完整的祭祀制度,祭祀分日祭、月祭、季祭、大祭等,祭祀内容和程序极其繁杂,祭祀仪式庄严、神圣、肃穆。每逢辰年的十月初三,要举行察干苏勒德威猛大祭,为祭祀中规模最为宏大、气势最为隆重的祭祀。2007年,察干苏勒德被列入第一批自治区级非物质文化遗产名录。

12.木华黎祭祀

木华黎是大蒙古国名将、开国功臣,他以沉毅多智、英勇善战著称,40年间追随铁木真,辅佐铁木真统一蒙古诸部,战功卓著,与博尔术、博尔忽、赤老温并称"四杰"。被封为左翼万户长,为征金大元帅、太师、国王,赐九斿白纛。1223年,木华黎在征讨金国战争中病故,由乌审维古尔斤部守卫陵寝,主持祭祀。民间尊称为"景肯巴特尔"(意为真正的英雄)。

木华黎奉祀之神,被鄂尔多斯蒙古族称之为"景肯奉祀之神",由景肯苏勒德和景肯敖包组成,原在一起。19世纪末,由于景肯敖包所在地被放垦,景肯苏勒德北迁,后几经迁移,于1984年被请回乌审旗乌兰陶勒盖镇巴音敖包嘎查供奉。木华黎景肯奉祀之神,是蒙古民族英雄祭祀,分为公祭和民祭两种,年祭以公祭的方式进行,季、月、日祭则以民祭的方式进行。每日要举行例行祭奠,四季拜的大小祭祀时间为农历正月初三、五月十三、八月十四、腊月二十九。其中,五月十三的祭祀是由蒙汉群众共同进行的大祭,是祭祀中最重要的组成部分。

(三)璀璨的文学硕果

1.萨冈彻辰《蒙古源流》

《蒙古源流》是由萨冈彻辰创作的17世纪蒙古编年史巨著、文学巨著,是蒙古历史三大著作之一。

《蒙古源流》成书于1662年,篇幅宏大,内容丰富。该书详尽记录了从成吉思汗到林丹汗为止近500年的蒙古王统历史,以及格鲁派藏

■纪念萨冈彻辰诞辰400周年纪念大会

传佛教在蒙古地区传播的历史。书中系统地记录了元末到清朝初年的蒙古大汗的完整谱系,对达延汗统一蒙古本部的过程,及达延汗诸子的名号,及其属部的记述尤为详细,同时还收录了很多蒙古民间传说、诗歌及藏、梵、汉、满等族的语言资料,反映了北元时期蒙古社会组织、部落变迁、经济状况、阶级关系、思想意识、封建主之间的政治关系等诸多方面的历史面貌。全书分六部分,第一部分"序言",第二部分"结论",第三部分"印度史",第四部分"西藏史",第五部分"蒙古史",第六部分作者以360行诗作为结束。1766年,喀尔喀蒙古亲王成衮扎布将《蒙古源流》手抄本献给了乾隆皇帝。乾隆皇帝下令将其依次译成满文和汉文,汉文书名为《钦定蒙古源流》,之后被编入《四库全书》。近代以来,《蒙古源流》被译为德、日等多种语言,成为各国学者研究蒙古史学的重要文献。

《蒙古源流》作为一部重要的蒙古族古典文学典籍,充满了浓郁的草原气息,构思独特,文采绮丽,为研究蒙古史提供了宝贵的历史资料,对后来的蒙古编年史都产生了较深的影响,是中华民族文明史上的重要篇章。

2.贺希格巴图诗歌

贺西格巴图出生于乌审旗苏力德苏木,是近代著名蒙古族历史诗人,他的口头诗歌流传广泛,像蒙古族文学史上一颗璀璨的星辰,散发着独特的光芒。他也是牧民保护草原的"独贵龙"运动的重要领导者之一,被誉为乌审旗第四次"独贵龙"运动的杰出诗人、勇敢的歌手和胜利的号角手。

在贺希格巴图多年的创作生涯中,纵笔讴歌民族解放和自由的斗争精神,抒发蒙古族人民热爱自由的民族性格,先后创作了包括《可爱的独贵龙》《蔚蓝的天空》《压榨》《双马行》《罪恶的时代》等多首在乌审旗家喻户晓的诗歌。1900～1905年,贺希格巴图著成《贺希格巴图诗歌》,共 100 多首诗歌,最初以手抄本的形式在乌审旗地区民间流传。1986 年,由策·哈斯毕力格整理 55 首,并由民族出版社出版。贺希格巴图诗歌具有很大的社会影响力和历史价值,丰富了蒙古族文化宝库,是 19 世纪 90 年代鄂尔多斯民间诗歌的代表作。

3.肖亦农《毛乌素绿色传奇》

肖亦农,当代著名作家,中国作家协会第九届全国委员会委员,现任内蒙古作家协会副主席。多年来,他立足于鄂尔多斯,成为了扎根于鄂尔多斯沃土上的文学代言人。肖亦农用 3 年的时间追踪采访、写作,完成长篇报告文学《毛乌素绿色传奇》。2012 年,《毛乌素绿色传奇》荣获中宣部全国第十二届"五个一"工程奖。2014 年获第六届鲁迅文学奖报告文学奖。

《毛乌素绿色传奇》从原始人类文化遗迹入手,描绘了毛乌素沙漠的自然生态变迁,人文景观的发生、发展,展示了历史上鄂尔多斯高原的荒漠化过程,以及在产业化进程中,如今自然环境得到治理,人民过上幸福生活的现实,反映了乌审旗人民几十年治理沙漠、征服沙漠、建设绿色乌审的发展历程,是肖亦农多年深入沙漠、潜心研究、执着创作的硕果。作品精心刻画了半个世纪以来出现在乌审土地上的宝日勒岱、殷玉珍、乌云斯庆、浪腾花、徐秀芳等治沙女英雄形象,高度评价了她们对治理毛乌素起到的重要作用,赞扬她们用生命、汗水、泪水滋润毛乌素,遏制毛乌素沙漠扩张的可歌可泣的英雄事迹,凸显了乌审旗各族儿女开拓进取、奋斗不息的鄂尔多斯精神,体现了中华民族百折不挠、英勇奋斗、开拓创新、科学发展的民族精神。

4.莫·哈斯苏都《童年的诗》

莫·哈斯苏都,乌审旗蒙古族作家,国家一级作家,已出版了多部具有影响力的文学作品。2005 年,其蒙古文诗集作品《童年的诗》获得全国第八届少数民族文学创作"骏马奖"。"骏马奖"是由中国作家协会、国家民族事务委员会共同主办的少数民族文学的国家级文学奖,每四年评选一次,与鲁迅文学奖、茅盾文学奖、全国儿童文学奖并称为国家级文学创作四大奖项。

5.作家自发著述出书蔚然成风

乌审旗文学文艺薪火相传,文风兴盛,人才辈出。承萨冈彻辰、贺希格巴图遗风,乌审旗业余作家和广大文学爱好者自发写书、出书蔚然成风,他们用手中的笔,将乌审旗深厚的历史和故土文化内涵,各自表达到文学创作中,创作出了很多具有乌审旗地域特色明显的作品。目前,全旗出版著作的业余作家已达 300 多名,出版书籍 200 多部,累计出版小说、诗歌、剧本等各类文学书籍达 1000 多部,乌审旗文学持续繁荣发展。这些业余作家和广大文学爱好者,在传承与弘扬乌审旗民族文化中功不可没,成为了弘扬主旋律、宣传党的文艺方针政策的重要力量。

6.中国书法家协会教育培训基地

2009 年 8 月,中国书法家乌审旗创作培训基地挂牌成立。乌审旗以此为契机,不断促进书法艺术的普及和提高,举办了多个多层次、跨地区的书法艺术培训和交流活动,造就出了一批本土书法家,培养出了一大批书法爱好者,有力地推动乌审书法艺术事业快速发展,为全旗经济社会各项事业发展注入了艺术养分、提供了精神力量,为建设"绿色乌审""书香乌审"提供了有力抓手。

马建明,乌审旗人,中国书法家协会会员、内蒙古书法家协会理事、鄂尔多斯市书法家协会副秘书长、乌审旗书法家协会副主席。其书法作品入选第七届全国书法新人新作展、全国"铁人杯"书法作品展、全国首届"陶渊明奖"书法作品展、"孝行天下·埇桥杯"全国书法作品展、第三届"四堂杯"全国书法展、第四届中国西部书法篆刻作品展,内蒙古文化长廊工程入选书家。其书法扎根晋唐,上溯秦汉及三代之典籍,出入宋元明清诸名家,虚心请教当代书法大师,撷百家精华,而成自家风格。2017年11月,"笔墨无定——马建明书法作品展"在乌审旗文化创意产业园成功举办。

7.李旺山著《龙山谣》

李旺山,原乌审旗第二中学校长,后任学校党支部书记直至退休,根植于乌审旗教育事业二十余载。退休后,李旺山笔耕不辍,用笔描摹着一个时代的痕迹,写就《龙山谣》一书。该书以乌审旗与陕西交界的沿河公社大庙大队龙山小队为背景,通过对20世纪六七十年代回乡知识青年生活、学习、劳动等具体描绘,刻画了赵金山、李玉琴等回乡知识青年的形象。当改革大潮席卷大地的时候,他们人生最美好的时光已经流逝,但他们凭着坚忍的意志,用自己的不懈努力谱写出一代人的壮美人生。小说中大量使用了本地口语、方言,穿插使用了当地的民歌,朴素质实中体现了极强的地域特色和风情,开创了乌审旗首部汉文长篇小说出版之先河。

(四)特色鲜明、百花齐放的文化现象

1.乌审旗乌兰牧骑

2017年11月21日,习近平总书记给内蒙古自治区锡林郭勒盟苏尼特右旗乌兰牧骑队员回信,勉励乌兰牧骑在新时代,以党的十九大精神为指引,大力弘扬乌兰牧骑优良传统,扎根生活沃土,服务牧民群众,推动文艺创新,努力创作更多接地气、传得开、留得下的优秀作品,永远做草原上的"红色文艺轻骑兵"。

乌兰牧骑是蒙古语,原意是"红色的嫩芽",意为"红色文化工作队",是适应草原地区生产生活特点而诞生的文化工作队。乌兰牧骑文化,是中国民族文化工作的一大创举,是"社会主义文艺战线上的一面旗帜",乌兰牧骑现已成为了内蒙古自治区民族文化的重要品牌,是祖国文艺百花园中永不凋谢的奇葩。

20世纪50年代,被称为内蒙古自治区歌舞艺术的第一个黄金时期,很多优秀节目在国内外引发强烈反响。1957年,在锡林郭勒盟西苏旗诞生了第一支乌兰牧骑,这是一支艺术精湛、一专多能的艺术队伍。到1980年,全区乌兰牧骑已迅速发展到76个。1985年,内蒙古自治区人民政府发文,颁布了《乌兰牧骑工作条例》,促进了乌兰牧骑事业向更高的水平发展。

乌审旗乌兰牧骑成立于1960年。59年来,这支在乌审大地上诞生和成长起来的"红色嫩芽",从建队初期的10多名队员,到现在的50多名队员,乌审旗乌兰牧骑始终坚定不移地坚持党的文艺方针,积极发挥草原文艺轻骑兵"队伍短小精悍、队员一专多能、节目小型多样、装备轻便灵活"的特点,以天为幕、以地为台,无论春夏秋冬,严寒酷暑,坚持为广大农牧民送去丰富多彩的节目,传递着党的声音和关怀。

乌审旗乌兰牧骑创作和演出主要以极具乌审地方特色和民族风情的民族歌舞为主,同时辅以戏剧、小品相声、器乐节目、好来宝等形式。59年来,乌审旗乌兰牧骑走遍了乌审旗的村村落落,时光荏苒,乌审旗乌兰牧骑的演出始终围满了观众,被广大农牧民所喜爱。

在20世纪60年代初,乌审旗乌兰牧骑刚刚建立不久,就于1964年至1966年春赴京和全国各地巡回演出,部分队员受到毛泽东、刘少奇、周恩来等国家领导同志的接见。自20世纪70年代以来,乌审旗乌兰牧骑先后赴日本、巴基斯坦、蒙古、匈牙利、保加利亚、波兰、罗马尼亚、瑞士、法国、意大利、波黑等国和中国台湾等地区进行了访问演出或参加艺术节演出。其中1976年,内蒙古自治区文化部门抽调队员金花首次访问日本。20世纪80年代,独舞《筷子舞》先后参加波兰、匈牙利、保加利亚等国举办的世界狂欢节,荣获两项国际奖。2009年,全队赴波黑共和国参加"2009达卡特国际民间艺术节"演出,获得"最高荣誉"奖和"最佳风格"奖两项大奖。

1982年,乌兰牧骑独唱演员其木格参加全国少数民族青年歌手比赛,并获优秀奖。1985年,乌兰牧骑赴广西、云南、贵州等地巡回演出65场。1986年10月,在北京举行的全国舞蹈比赛中,舞蹈演员巴德玛创作表演的《筷子舞》获创作三等奖,表演三等奖。1991年,由乌审旗乌兰牧骑为骨干,组建的鄂尔多斯民间艺术团,参加了在太原举办的中国第二届民间艺术节,获大金杯奖。1992年受到国家民委表彰和奖励。1993年,应邀去北京演出401场,观众达37万人次。1997年《乳香飘》获全区舞蹈比赛表演二等奖,在全国第七届"孔雀奖"少数民族舞蹈比赛中,荣获编导和表演2个二等奖。2005年8月,参加第三届内蒙古自治区乌兰牧骑艺术节,荣获演出金奖和团队"一专多能"奖。2006年,队内两位歌手参加中国西部花儿(民歌)歌手邀请赛,获两项铜奖。2010年8月,参加第五届内蒙古乌兰牧骑艺术节演出,以整台民族歌舞晚会《玛乃乌兰牧骑》获得金奖和团队"一专多能"奖。2010年8月,参加首届"鄂尔多斯国际那达慕大会",被中共鄂尔多斯市委、鄂尔多斯市人民政府评选为"先进集体"。2010年8月,携《玛乃乌兰牧骑》《鄂尔多斯男子汉风采》《幽默民歌联唱》等优秀节目参加第七届中国·内蒙古草原文化节。2010年9月,举办乌审旗乌兰牧骑成立50周年庆典,同时发行了《乌兰牧骑志》《乌兰牧骑风采》《乌兰牧骑之歌》(CD)和《中国文化报》特刊。2010年12月,在中宣部、文化部、国家广电总局、新闻出版总署主办的全国"服务农牧民、服务基层"文化建设先进集体表彰会上,获得全国"服务农牧民、服务基层"文化建设的先进集体称号,成为内蒙古唯一获此殊荣的县级集体。2011年6月,阿拉腾图雅的作品《牢记宗旨服务基层,不辱使命促进繁荣——乌审旗乌兰牧骑服务基层事迹》荣获第二届中国民族文化创新成果奖一等奖,并荣获由中国民族文化研究会颁发"2011年度民族文化影响力人物"荣誉称号。2011年11月,舞蹈演员朝格苏拉德、苏力德、嘎如迪加盟的群舞《盅碗筷》,参加第八届全国"荷花杯"舞蹈大赛获得金奖。

  2012年7月,参加首届鄂尔多斯市舞台艺术大赛,牡丹编创的群舞《顶碗舞》荣获二等奖、朝格苏拉德编创的三人舞《寻梦草原》荣获三等奖、咏梅编创的独舞《心声》荣获三等奖、查汉希茹编创的独舞《心鞭》获得优秀奖,斯琴图雅、额尔德尼宝音、阿拉腾曹吉、飞跃组合荣获优秀奖。2012年新创作的鄂尔多斯蒙古剧(短剧)系列《草原不落的歌》被评为内蒙古自治区第十一届精神文明建设"五个一工程"奖。2013年6月,在全市专业艺术团队文艺汇演中,以民族歌舞剧集《乌审风韵》荣获金奖,同时舞蹈《阿伊甘情》获创作奖和表演奖,舞蹈《马背旋风》、舞蹈《阿尔巴特》、民乐合奏《骏鬃飞》、无伴奏合唱《圆顶帽子》等均获表演奖,歌舞《故乡鄂尔多斯》获创作奖。2013年6月,参加"伊泰情"第十届中国·内蒙古草原文化节全区乌兰牧骑(剧团)小戏小品(蒙语)专场晚会,蒙古短剧《黑缎子坎肩》获编创一等奖、个人表演一等奖;《母亲的教诲》获编创一等奖、个人表演一等奖。2014年,蒙古剧《黑缎子坎肩》惊艳亮相,巡演所到之处得到了观众的普遍欢迎和好评。2014年7月初,该剧参加第十一届中国·内蒙古草原文化节,荣获草原文化节优秀剧节目奖、导演奖和编剧奖,演员哈斯高娃、乌雅汗、萨仁图娜拉等荣获最佳表演奖。同年9月参加首届全区新创蒙古剧汇演,荣获优秀剧目奖。2015年5月参加在蒙古国乌兰巴托举办的"格根木扎-12"国际蒙古语戏剧节,一举将"戏剧节"的金奖、突出贡献奖、优秀奖等9项大奖收入囊中。同年6月中旬在首届辽吉黑蒙四省区地方戏曲优秀剧目展演,荣获优秀演出奖。2017年,舞蹈《旃檀席热》荣获内蒙古第十三届精神文明建设"五个一工程"奖。2018年7月,在第一届全区乌兰牧骑新人新作比赛中,以歌曲《乌兰牧骑之歌》

《大地之爱》荣获表演一等奖、创作二等奖、优秀表演奖等奖项。2018年乌审旗乌兰牧骑被评为鄂尔多斯市"五一劳动奖状"、乌审旗三八红旗集体荣誉称号。2019年伊始,乌审旗乌兰牧骑开展了"百团千场"下基层惠民演出和迎新春迎节庆慰问演出活动,为农牧民献上了精彩的文艺演出。2019年9月,在第二届内蒙古自治区蒙古剧戏剧展演中,乌审旗乌兰牧骑选送的蒙古剧《茫瀚巴拉尔畅想曲》荣获优秀剧目奖、导演奖、作曲奖,同时该剧毕力格的扮演者脑孟达来、巴尔卢的扮演者朝格太分别获得表演奖。

乌审旗乌兰牧骑在下基层为农牧民演出的同时,也成为了锻造培养艺术人才的摇篮,先后给市级、自治区级文艺单位和国内其他地区的文艺团体输送了百余名艺术人才。鄂尔多斯歌舞剧团的国家一级编导巴德玛其其格,一级作曲乌力吉,一级演员额尔德尼、呼亚格等,内蒙古自治区歌舞剧院国家一级编导道尔吉、一级演员阿其木格等都来自乌审旗乌兰牧骑。人们盛赞乌审旗乌兰牧骑是"艺术的摇篮,人才的宝库"。

59年的风雨历程,59年的流金岁月,乌审旗乌兰牧骑凭借着精湛的表演艺术,创作了大量经典剧目,走出了内蒙古,走向了世界,为活跃少数民族地区文化生活,发展民族文化事业做出了贡献。截止2018年9月3日,共荣获自治区级奖项640次,国家级奖项154次,国际奖项6次,曾连续五年荣获"全区一类乌兰牧骑""全区十佳乌兰牧骑"称号,铸就了辉煌的成绩。乌审旗的"红色文艺轻骑兵"已经书写了传奇,并将再创辉煌……

2.小小乌兰牧骑

"小小乌兰牧骑"是由内蒙古自治区党委宣传部、文明办发起,依托少儿演出团体、城市少年宫、乡村学校少年宫以及中小学校的演出团体,由擅长文艺演出的师生组成。组建"小小乌兰牧骑",旨在深入贯彻落实习近平总书记关于乌兰牧骑重要指示精神,培养未成年人树立正确的世界观、人生观、价值观,培养未成年人服务学校、服务社区、服务群众的责任意识和诚实友善、助人为乐、向上向善的优良品质。

2018年8月18日,由内蒙古自治区党委宣传部、文明办主办的内蒙古自治区"小小乌兰牧骑"授旗仪式暨呼和浩特市"小小乌兰牧骑"首场演出,在呼和浩特市赛罕区新市区广场举行,"小小乌兰牧骑"正式亮相。目前,内蒙古自治区已组建首批209支"小小乌兰牧骑",其中乌审旗河南学校、沙尔利格中心小学、查汗淖尔学校成为首批自治区"小小乌兰牧骑"。2018年9月19日,在乌审旗庆祝首届中国农民丰收节系列活动暨第二届乡村文化旅游美食节上,举行了全旗3所首批自治区"小小乌兰牧骑"授牌仪式。为了积极响应自治区党委宣传部、文明办发起的组建"小小乌兰牧骑"的号召,2018年11月13日,乌审旗"小小乌兰牧骑"授牌活动在乌审旗第三实验小学举行,鄂尔多斯市蒙古族第二中学、蒙古族实验小学、第一实验小学、第二实验小学、第三实验小学、嘎鲁图学校、第一中学7支"小小乌兰牧骑"正式成立,乌审旗乌兰牧骑派出14名文体特派员与各学校负责人签署"大小乌兰牧骑"手拉手结对共建协议书。2018年底起,这些"小小乌兰牧骑"已经开始立足周边农牧民和少年儿童,利用课余时间或节假日,走进农村牧区、校园等,为农牧民、少年儿童等送去欢乐和文明风尚。"小小乌兰牧骑"队员们将继续以朝气蓬勃的精神风貌,带着精心编排的节目,用清脆的歌喉和优美的舞姿传递党的声音和关怀,为所到之处的农牧民们和少年儿童们等,带来属于"小小乌兰牧骑"精彩纷呈的文化盛宴。同时,"小小乌兰牧骑"的队员们将在活动中,不断向乌兰牧骑的前辈们学习,探寻和感悟乌兰牧骑初心,继承和弘扬乌兰牧骑精神,在乌审旗这片热土上茁壮成长,做草原上的"小小红色文艺轻骑兵"。

3.中国·乌审马头琴交响乐团

马头琴,蒙古语称"潮尔",是蒙古族音乐文化的典型代表乐器,它深沉粗犷、慷慨激昂的琴音伴随着蒙古族走过了一千多年的历史。乌审旗被誉为"中国马头琴文化之都",马头琴之于乌审旗,不仅是一件乐器,更是生活,也是弘扬传统文化、传承民族文化的一张珍贵名片。

中国·乌审马头琴交响乐团于2010年成立,原名乌审马头琴乐团,2013年成功组建为中国·乌审马头琴交响乐团,是中国唯一一支以蒙古族传统乐器马头琴为主弦乐,且具有浓郁民族特色和地方风格的专业多声部交响乐团。中国·乌审马头琴交响乐团演奏的创作曲目主要有:《马背雄风》《牧歌》《鸿雁》《卡门序曲》《查尔达什舞曲》《北京喜讯》《鄂尔多斯青年》《贺幕日》《那达慕赛马曲》《山丹丹开花红艳艳》《万马奔腾》《拉德斯基进行曲》《呼热咿!呼热咿!呼热咿!》等。

■ 乌审马头琴乐团正在演奏《北疆雄风》

中国·乌审马头琴交响乐团自成立之初,首先在内蒙古进行演出,引起了轰动,继而走向更为广阔的地区和舞台,参加了很多国际、国内、自治区级大型演出活动和大赛并获得很高的荣誉。2010年12月,赴香港参加第十三届香港世界"金紫荆花奖"文艺大赛,一举囊获"最高奖""最佳创新奖""金奖"等七项大奖。2012年4月,乐团赴蒙古国参加第三届国际马头琴艺术节,荣获"最高奖""杰出贡献奖"。2014年,乐团赴中国音乐学院等5所高校、国家大剧院成功演出,受到了业内人士的赞誉。2016年4月,赴韩国参加"激情梦想·中韩文化交流"演出,荣获"导演奖""金奖""最佳舞台风采奖"等国际大奖。2018年3月在法国进行演出,深受当地观众喜爱。

乌审旗悠久深厚的传统文化土壤,浸润着马头琴艺术文化,也铺就了中国·乌审马头琴交响乐团的梦想之路。他们携着来自草原的古老音韵,展示着蒙古族传统音乐独特的魅力,蜚声海内外。

4.文化独贵龙

作为"独贵龙"运动的发源地,2006年5月,乌审旗为"独贵龙"赋予了新的内涵,将其传统和智慧创造性地在文化建设中发扬光大,开始组建"文化独贵龙"。"文化独贵龙"是以文化户、民间艺人、文化能人为主体,以带动农牧民开展文体活动、提高农牧民综合素质为主要任务的自我管理、自我教育、自我服务,以自愿参与为原则的民间组织。"文化独贵龙"弥补了文化站服务距离远的不足,是公共文化服务体系的延伸,可以更近距离、更直接地为广大群众提供文化服务,更是乌审旗乡土文艺人才的"家"。

截至2018年9月,乌审旗已组建起"马头琴文化独贵龙""演艺文化独贵龙""科技传播文化独贵龙"等多个类型,共143支"文化独贵龙",它们遍地开花,活跃在乌审旗的嘎查与苏木,每年开展千余场活动,以各自的形式演绎着乌审旗丰富多彩的文化风情,使乌审旗焕发

■吉仁海拉苏"文化独贵龙"

出了生机勃勃的文化活力。"文化独贵龙"现已成为乌审旗民族文化建设中的亮点,在满足广大农牧民多层次的精神文化需求的同时,促进了地方经济社会的和谐进步与文化的繁荣发展。

5. 书敖包

乌审旗文脉厚重,这里的人民对书籍的执着代代相传。在这个"中国蒙古族敖包文化之乡"里,有一座别具特色的敖包,位于乌兰陶勒盖镇巴音希里嘎查,被称为"书敖包"。书敖包中有3000多块石头,每一块石头上都用蒙古文刻着书名。2010年农历四月十三日,乌审召五世博格多活佛热布丹道尔吉,应别速惕氏阿拉腾毕力格、哈斯毕力格兄弟俩的意愿修建了书敖包,并确定农历四月十三日为祭祀日。

在书敖包旁,建有毕力贡仓蒙古文图书馆和蒙古文图书出版印刷博物馆。蒙古文图书博物馆占地1500多平方米,始建于2010年。蒙古文书馆由三座蒙古包式主体建筑组成。中间大包为主馆,即图书馆,内展有 3000 多册蒙古文书籍,其中不乏珍贵的手写稿和绝版图书。右馆为"书风斋",主要用于开小型作品研讨会和茶话会。左馆为"人文斋",主要为文人墨客交流所用。图书博物馆位于蒙文书馆东南侧,内设蒙古文图书印刷发展史、蒙古族著书造书习俗、书刊装帧设计等六个展厅,收录蒙古文图书 20000 余册。2013 年,毕力贡仓蒙文图书馆作为乌审旗指定文化示范点,通过了国家公共文化服务体系创建验收,以独特、丰富的文化内涵,赢得了国家文化部领导的好评。

每年农历 4 月 13 日,书敖包都要举行祭祀活动。当地牧民、学生等都会自发从各地赶来相聚书敖包,怀着对知识的尊重与敬畏进行祭拜。著名作家席慕蓉也曾慕名前往拜谒。书敖包诉说着乌审旗人对文化的热爱崇敬和不懈追寻,也鼓舞着蒙汉人民尊重知识、尊重文化、尊

■书敖包

重书籍的自觉和自信,成为这块土地上一道新的文化标志。

6.《乌审文明公约》

为了进一步提升市民文明素质和城市整体文明程度,乌审旗文明办在广泛征集、讨论、提炼的基础上,经过9次修改,融入了社会主义核心价值观、乌审精神、志愿服务精神等内容,修订《乌审文明公约》。《公约》从"爱我中华　爱我乌审　守望相助　尽责圆梦""守护绿色　崇尚科学　敬畏法纪　弘扬正气""勤俭持家　向善奉献　与时俱进　倡树新风""孝悌忠信　尊礼睦邻　重学修德　传承文明"四个层面找出广大人民群众共同遵循的道德规范、行动标杆,呼吁广大市民发扬主人翁责任感,自觉践行文明公约,争做文明市民,共建共享文明乌审。

7.新时代文明实践中心

2018年10月29日,自治区首家新时代文明实践中心——"乌审旗新时代文明实践中心"在乌审旗嘎鲁图镇呼热胡社区正式揭牌,标志着鄂尔多斯市新时代文明实践试点工作在乌审旗正式推开。乌审旗新时代文明实践中心以志愿服务为基本形式,整合基层公共服务资源,联通共享各类阵地场所。目前,乌审旗共设立新时代文明实践中心1个,组建"新时代文明实践流动服务队"1支,在苏木镇设立新时代文明实践所6个,并在2个嘎查村、1个社区、1所老年大学、1个企业、1个未成年人活动中心,建立6处新时代文明实践站。乌审旗把新时代文明实践中心建设作为举旗帜、聚民心、育新人、兴文化、展形象的重要举措,不断满足人民群众的精神文化需求,提升农村牧区、社区居民精神文明建设和基层宣传思想工作水平,为乌审旗提供坚强思想保证、强大精神力量和丰润道德滋养。

8.博物馆事业蓬勃发展

近年来,乌审旗博物馆事业迅速发展,全旗共建成基层博物馆26个,其中已登记注册的国有博物馆3个,非国有博物馆4个,暂未登记注册19个。

乌审旗博物馆是2012年11月,经乌审旗机构编制委员会正式批准成立的正股级建制、全额拨款的事业单位。位于乌审旗嘎鲁图镇文化宫,占地约1800平方米,是集乌审旗历史与文化的收藏、陈列及研究于一体的综合性博物馆。博物馆馆藏文物有5400余件(套),其中国家一级文物2件,二级文物1件,三级文物6件,共有7个展厅,分别为序厅、萨拉乌苏展厅、地方文献展厅、马头琴展厅、银器展厅、通史展厅、化石展厅。

鄂尔多斯民歌博物馆自2017年4月开始正式筹建,现已开馆。位于乌审旗文化创意产业园内,占地面积400平方米,分为鄂尔多斯民歌溯源、鄂尔多斯民歌升华、鄂尔多斯民歌传承三个部分。展品包括自清代以来音乐手稿,蝴蝶琴、蒙古筝等现代乐器和胡笳、奚琴、木号、鼓、弓、查尔给、沙克哨尔等鄂尔多斯早期乐器。

9.乌审旗图书馆

乌审旗图书馆位于嘎鲁图镇文化宫,是"县级一级图书馆",总面积为5000平方米,馆藏量149770册,设有阅览座席328个。2007年开始实施免费开放。乌审旗图书馆设有借书室、无障碍阅览室、24小时自助图书馆、成人阅览室、未成年人阅览室、蒙古文未成年人阅览室、蒙古文阅览室等多个功能馆室,所有馆室对外免费开放,每周56小时。多年来,乌审旗图书馆不断完善全民阅读公共服务体系,整体服务水平迅速提高,建立了37处流动图书服务点、57家草原书屋、5家万村书屋,开展常态化送图书活动。2016年被授予全国区县级"书香城市——鄂尔多斯市乌审旗"荣誉称号。

10.公共文化服务体系

乌审旗委、政府非常重视发展文化事业。1997年,乌审旗被文化部命名为"全国文化工作先进县"。2006年,乌审旗被中国民协命名为

"中国苏力德文化之乡""中国蒙古族敖包之乡""中国鄂尔多斯歌舞之乡",并批准建立了鄂尔多斯原生态文化朝岱嘎查保护基地。在全旗61个嘎查村中组建了47个"文化独贵龙",其中示范"文化独贵龙"6个,"马文化独贵龙"1个。

近年来,乌审旗认真贯彻落实中央、自治区和市委、政府关于文化建设的决策部署,在全区率先提出建设民族文化大旗战略,将文化建设提到与工、农、牧业并驾齐驱的重要位置协调推进,特别是2014年全面深化改革启动以来,以创建国家公共文化服务体系示范区建设为载体,大力实施文化铸魂工程,繁荣文化事业,发展文化产业,覆盖城

■公共文化服务

乡的公共文化服务网络基本建立,公共文化服务效能明显提高,人民群众精神文化生活不断改善,公共文化服务体系建设取得显著成效,呈现出整体推进、重点突破、全面提升的良好发展态势,为建设更加美丽富饶的绿色乌审提供了强有力的文化保障。

为满足群众文化需求,乌审旗逐步实现城乡公共文化设施全覆盖,建成"三湖两带九园"群众文体活动阵地,建成"三馆一中心"群众体育活动场馆,建成国家标准的旗级文化馆、图书馆、博物馆、影剧院。全旗有6个苏木镇综合文化站和61个嘎查村文化室,全部达到了国家"十个一"和"四个一"标准,旗政府所在地人均占有公共文化活动面积为1.6平方米。同时,建立流动图书服务点37处,草原书屋57家,万村书屋5家。构建了城镇十分钟、农牧区两千米的"公共文化服务圈",实现了群众就近参加学习、就近参与活动、就近得到辅导,人均参与文体活动时间每周近10小时。乌审旗群众参与群众文化活动更加便利,公共文化服务标准化、均等化模式显现成型。

乌审旗各级政府和宣传部门,每年举办"敖伦胡日呼文艺集会""我们的节日"等文化活动达500场次,放映电影1200场次,开展巡回宣讲240场次,赠送图书1万余册,文化成果惠及全旗群众。同时还鼓励全旗文化单位和民间文艺团体积极参与,其自发举办的展演、比赛等群众性文体活动随处可见,老百姓的文化生活日益丰富充盈。

同时,乌审旗始终在强化公共文化服务的保障机制方面寻求突破,先后出台了《乌审旗公共文化服务标准化试点实施方案》《乌审旗公共文化服务体系建设协调机制实施方案》《关于构建现代公共文化服务体系的实施意见》和《乌审旗基本公共文化服务实施标准(2015~2020年)》,形成了一套比较完整的公共文化服务标准化框架,公共文化服务水平持续提升。

(五)争奇斗艳的文化旅游区

1.萨拉乌苏文化旅游区

萨拉乌苏文化旅游区,属于国家 AAAA 级景区,是国家级考古遗址公园(立项)、国家级湿地公园、国家地质公园和国家级水利风景区。这里拥有中国最大的沙漠大峡谷——萨拉乌苏沙漠大峡谷,是罕见的旱地自然奇观。景区由巴图湾景区和萨拉乌苏文化遗址景区组成。巴图湾景区包括源头寻古、大漠湖映、甘沟泉涌、鱼鹰翱翔等十景,独具特色。萨拉乌苏遗址是距今 7~14 万年前的旧石器文化遗址,是著名的"河套人"和"萨拉乌苏动物群"化石的集中产区,2001 年由国务院公布为全国第五批重点文物保护单位。

萨拉乌苏旅游区以深厚的历史文化为底蕴,以真、奇、幽为特点,

■萨拉乌苏文化旅游区

群峰竞秀,秀美如画,草木葳蕤,壮美如歌,是具有多种文化交融的北方旅游风景胜地。

2.乌审旗民族文化创意产业园

乌审旗文化创意产业园位于鸿沁东湖北区,总建筑面积19822.95平方米,于2017年3月开工建设,2018年4月28日开园。园区内设美术馆、专家工作室、创作培训基地、艺术沙龙等,为广大群众和艺术创作者提供了舒适的文化创作环境,是乌审旗第一个集文化创意、旅游集散、产品展销、文博会展、演艺娱乐、休闲体验为一体的综合性文化创意产业的平台,也是乌审旗深入推进文化与旅游、手工等业态深度融合发展的"地标性"建筑。

3.成吉思汗察罕苏力德游牧生态旅游区

成吉思汗察罕苏力德游牧生态旅游区为国家AAAA级旅游景区,

■成吉思汗察罕苏力德游牧生态旅游区

是以具有几百年历史的察罕苏力德祭祀文化和蒙古族游牧文化为主题的生态旅游区,位于苏力德苏木境内。景区内以察罕苏力德为中心,呈现分层环状分布格局。旅游区集旅游娱乐、餐饮、民俗展示、游牧生活为一体,在查干宝力格河畔举行的大型传统那达慕大会,开展赛马、射箭、摔跤、套马、篝火晚会等活动。秋季举行五日狂欢节,有大型民族文艺演出、彩车游行、美食品尝活动和蒙古民族服饰表演等。其特有的原生态环境、神奇的文化气息、丰富的旅游项目吸引着游客纷至沓来。

4.巴音淖尔旅游区

巴音淖尔草原位于毛乌素沙地腹地,也是极为罕见、风光旖旎的湿地公园。这里天然草原、沙漠、湖泊分布广泛,景色绚丽,风光秀美。除了蔚为壮观的自然景观,巴音淖尔草原还拥有久远的历史记忆、深厚的民族民俗和流传久远的人文轶事。这无疑使这片如梦如幻的土地

更加令人向往和期待,成为了乌审旗独具特色的自然生态保护旅游观光区。

5.乌兰陶勒盖镇"空中牧场"飞行体验基地

"空中牧场"飞行体验基地位于乌兰陶勒盖镇胜利村,于2018年7月29日正式启动。基地以空中飞行体验项目为特色,游客可以在高空鸟瞰乌兰陶勒盖镇的秀美自然原生态风光。该基地功能完善,包括飞行体验区、观光体验区、休息休闲区等,是乌审旗旅游的又一张名片。

(六)丰富多彩的节庆活动

1.鄂尔多斯蒙古族民风民俗旅游风情节、世界烤全牛大会

鄂尔多斯蒙古族民风民俗旅游风情节是乌审旗最具盛名的旅游节庆活动之一,截至2019年已成功举办十二届。该活动以成吉思汗察罕苏力德祭祀文化、鄂尔多斯婚庆文化、蒙古族传统民风民俗为依托,涵盖了乌审旗蒙古族特有的生产生活、风土人情、文化信仰等多项内容,展示着乌审旗绚丽多彩的蒙古族民风民俗的魅力。活动期间会举行传统那达慕大会、察罕苏力德祭祀并开展丰富多彩的参与体验活动,吸引着无数游客前来游览,欣赏草原壮美,体验民族风情。2018年6月,乌审旗创新性地举办了第十一届鄂尔多斯蒙古族民风民俗旅游风情节暨世界烤全牛大会,有3万余人前来参加开幕式,国内10多家主流新闻媒体进行全程跟踪报道,让来自不同地区的游客更全面深入地领略乌审、品味乌审、体验乌审。

2.马兰花旅游文化节

每年春天,在乌审草原上总会开满傲然绽放、美不胜收的马兰花,而"春赏马兰花"是乌审旗旅游文化中必不可少的内容。乌审旗依靠马兰花资源,将传统的赏花活动打造为以马兰花观赏为主题的文化节。

2018年5月20日,在乌兰陶勒盖镇巴音高勒嘎查,首届马兰花旅游文化节启动,文化节的举办,更加鲜明地体现了乌审旗的地域文化和秀美的马兰花生态景观,让游客大饱眼福,为乌审旗文化旅游产业融合发展写下了精彩的一笔。

3.乡村文化旅游美食节

乡村文化旅游美食节是乌审旗利用丰富优质的乡村旅游资源和源远流长的饮食文化打造的乡村旅游节庆品牌。该活动于2017年9月和2018年9月,在嘎鲁图镇神水台村连续成功举办两届。首届乡村文化旅游节以"品美食,游乡村,绽放感官享受"为主题,第二届乡村文化旅游美食节启动以"赏月中秋·喜庆丰收"为主题。活动通过设立美食展示区、农产品展示区,举办农家牧家厨艺大赛、文艺团体演出等类型丰富的活动,吸引游客前来参观度假,欣赏乡村秋季美景,品味农村

■马兰花旅游文化节

乡土风味,体验乡村旅游休闲生活,领略乌审旗乡村旅游的别样风情。

4.冰雪旅游文化节

2018年1月27日~29日,"雪韵冰魂·魅力乌审"乌审旗首届冰雪旅游文化节,在乌兰陶勒盖镇甘霖乌素旅游景区举办。活动包括文艺表演、冬泳、滑冰表演、摄影书画展销、环天水湖徒步、千人免费品尝大锅炖鱼、年货大集、地方传统美食展等活动。冰雪旅游文化节是乌审旗冬季旅游业发展的积极探索,是乌审旗冬季旅游资源的重要突破,丰富了群众的文化旅游生活,让游客感受到了乌审旗不一样的冬日气息。

5."舌尖上的乌审"厨艺岗位技能竞赛

"舌尖上的乌审"厨艺岗位技能竞赛,是乌审旗举办的以赛事的形式,充分展示近年来旅游饭店发展成果,挖掘和传承乌审旗特色菜肴,弘扬地方餐饮文化的厨艺类竞技活动。活动设凉菜、面点、热菜、桌菜四个项目,每次都吸引着多位餐饮从业者前来比试切磋,同时吸引本地群众积极参与,让大家在乌审旗享受"舌尖上的旅行"。

6.文贡芒哈沙漠越野赛

乌审旗于2017年、2018年连续两年成功举办了文贡芒哈沙漠越野赛,比赛地点设在乌兰陶勒盖文贡芒哈国家沙漠公园。越野赛分专业组、量产组、UTV组以及摩托车组,采用纯沙漠越野,非常具有观赏性和挑战性。第二届文贡芒哈沙漠越野赛吸引了全国各地400余名选手参赛,有1.2万多名游客和农牧民到场参观、体验。本越野赛是乌审旗充分利用文贡芒哈沙漠的独特资源打造的,集竞技运动、文化展示、沙漠探险、度假体验于一体的新颖赛车产业比赛。

7.乌审马文化产业博览会

2018年8月,乌审旗凭借悠久的马文化这一非物质文化遗产资源,举办了乌审旗第十二届察罕苏力德那达慕暨乌审马文化产业博览会,活动持续举办了三天,包括全区马文化主题"非物质文化遗产项目"产品展销、最美乌审马绘画比赛、最美乌审马摄影比赛。本活动是乌审旗打出的一张有非遗文化旅游特色的"花样牌",弘扬了乌审旗民族马文化,扩大了乌审旗文化旅游品牌影响力,深受当地群众和游客的喜爱。

8."敖伦胡日呼"文艺集会

"敖伦呼日胡"汉语意为"大众聚集",它是一项最具民族特色的,以蒙古族母语为基础的原生态大型节庆活动。它来源于群众,扎根于群众,以"乳白色的蒙古包"为标志,以传承和弘扬蒙古民族优秀文化为目的,经久不衰。"敖伦胡日呼"文艺集会始于1997年8月1日,之后基本年年举办,延续至2019年,已成功举办21届,是乌审旗目前规模最大、覆盖面最广、艺术品位最高的群众文学艺术盛会,更是乌审旗最闪耀的群众文化名片。经过20余年的发展和创新,文艺集会的内容更加丰富多彩,形式更加多样广泛,参与人数逐年剧增。"敖伦胡日呼"由各苏木镇轮流举办,使"敖伦胡日呼"始终在乌审大地上保持活力、薪火相传。

"敖伦胡日呼"集会是乌审旗群众经久不息的文化大餐,极大地推动了乌审旗民间文化的蓬勃发展,不仅培育出一批又一批文化名人和文艺爱好者,更使扎根本土、崇尚文化的民间艺术不断涌现出来,艺人们用自己对民族文化的热忱,创作打造出众多富有浓郁民族特色的艺术精品,汇成了一条乌审旗源源不断的群众文化河流。2011年10月,中国人类民族研究会、国际节庆协会(IFEA)·中国民族节庆峰会将第十三届内蒙古乌审旗"敖伦胡日呼"评为"最具民族特色"民族节庆奖。2012年乌审旗"敖伦呼日胡"文艺集会,被确定为自治区第一批"一旗一品"文化品牌。

党的十一届三中全会以来,乌审旗文化艺术工作进入一个新的发展阶段,全旗认真贯彻中央的"双百"方针,以及市委、市政府提出的建设文化大区的战略目标,对文化事业不断加大改革和投入的力度,坚持大胆创新,科学规划,使得民族民间文化传统和艺术得到保护和发扬。群众文化工作在各级党政部门的重视下,形成了一个多层次、多体制的文化网络,乌审旗文化事业实现了质的飞跃。

9."农民丰收节"

2019年9月28日~29日,乌审旗举行庆祝中华人民共和国成立70周年暨2019年"农民丰收节"系列活动启动仪式,在乌兰陶勒盖镇巴音高勒嘎查举办。此次庆祝活动期间,集中开展了"三农"成就图片展活动、特色农畜产品展示展销活动、农资农具展示、关爱农牧民公益行、十佳农牧民表彰、2019农牧丰收歌会、"我的丰收我的节"大型系列作品征集推选、鄂尔多斯市第三届"乌笋吉绕"电视大奖赛、"乌审味道"——乌兰陶勒盖镇手工产品展销、乌兰陶勒盖镇农畜土特产大评比、巴音高勒之夜等丰富多彩的节日活动。同时开展"鄂尔多斯细毛羊肉品鉴促销活动",邀请全旗范围内知名企业、个人,免费品鉴鄂尔多斯细毛羊肉,感受细毛羊肉的不同做法、绝佳口味和产品特性,现场达成优质优价促销协议,开拓鄂尔多斯细毛羊销售渠道。2019年乌审旗"中国农民丰收节"以"喜迎丰收 祝福祖国"为主题,旨在全面贯彻落实党中央、国务院设立"中国农民丰收节"的有关要求,传承和弘扬中华民族优秀传统文化,推动传统文化和现代文明的有机结合,不断提高乌审知名度和美誉度。

四、大力实施乡村振兴

乡村振兴战略是习近平总书记于2017年10月18日在党的十九大报告中提出的。十九大报告指出,农业农村农民问题是关系国计民生的根本性问题,必须始终把解决好"三农"问题作为全党工作的重中之重,实施乡村振兴战略。2018年1月2日,国务院公布了2018年中央一号文件,即《中共中央国务院关于实施乡村振兴战略的意见》。

实施乡村振兴战略,要坚持党管农村工作,坚持农业、农村优先发展,坚持农民主体地位,坚持乡村全面振兴,坚持城乡融合发展,坚持人与自然和谐共生,坚持因地制宜、循序渐进。巩固和完善农村基本经营制度,保持土地承包关系稳定并长久不变,要在第二轮土地承包到期后再延长三十年。确保国家粮食安全,把中国人的饭碗牢牢端在自己手中。加强农村基层基础工作,培养造就一支懂农业、爱农村、爱农民的"三农"工作队伍。

乌审旗积极推进乡村振兴,出台乡村振兴战略实施意见,入选自治区田园综合体试点,在嘎鲁图镇、乌兰陶勒盖镇、图克镇、无定河镇均取得了重大进展,其中乌兰陶勒盖镇获评"中国乡村振兴示范镇",巴音高勒嘎查、神水台村等9个示范点建设扎实推进。2018年,乌审旗完成农作物播种69.2万亩,牧业年度牲畜存栏达210万头只,农牧民人均可支配收入达18129元,同比增长8%。农牧民人口占到半数的乌审旗,在产业结构明晰、特色优势显著的乡村经济驱动下,美好生活被安排得"明明白白"。

5年来,乌审旗强力夯实农村牧区发展基础,推进美丽乡村建设。共完成危房改造17799户、街巷硬化833.361千米,新修和改建90条934千米乡村公路,农网升级改造1450千米,解决39329人安全饮水问题,开展"新能源进农牧户"试点工作,广播电视、校舍安全改造、标准化卫生室、文化活动室、便民连锁超市实现全覆盖,养老保险、高龄津贴应保尽保。农村牧区面貌焕然一新,基本公共服务水平大幅提升,文明程度显著提高。

只有读懂乡村,才能破解振兴密码。多年的生态涵养,培育出的千亩粮田、鱼塘、林地是最宝贵的生态财富,今天的乌审旗,挖掘出美丽乡村的潜能,不断擦亮乡村振兴的"乌审模式"。

(一)中国乡村旅游美食小镇——嘎鲁图镇

踏着新时代的强音,嘎鲁图镇党政一班人撸起袖子加油干,用奋斗之笔擘画了嘎鲁图壮美的新图景,嘎鲁图镇荣获了中国乡村旅游美食小镇、全市幸福家庭·最美家庭示范乡镇、3个嘎查村入选全市文明嘎查村。现代产业体系、宜居宜业和民生质量首善之地的总目标如愿以偿。居民生活更加富足,城乡常住居民人均可支配收入分别达到44827元和18360元,年均分别增长7.5%和8%,城镇新增就业1568人,城镇登记失业率控制在3.1%以内,农牧民转移就业221人。累计投入资金1000多万元,先后建成了木都柴达木村种猪繁育基地和100亩红枣基地、呼和淖尔农机服务和综合仓储库、萨如努图奶食品智作工坊等5个集体经济项目,全镇集体经济发展项目达到16个。集体经济收入达到5~10万元的有3个,10~50万元的有7个,100万元以上的有2个。嘎查村集体经济成为强村富民、乡村振兴的支柱力量,成为推动经济社会高质量发展,实现"绿色崛起"的重要支撑。

该镇坚持以市场需求为导向,引导农牧民优化种养殖结构,加强新品种引进、积极推广普及适用技术,调整籽粒玉米等传统农作物种植,增加露地蔬菜、经济作物等种植6000多亩,其中小麦、水稻、林果等特色种植达到1000亩。累计实施节水灌溉6000多亩、土地整理3000亩。推动鄂尔多斯细毛羊、肉牛、生猪三大主导产业提质增效,积极推广细毛羊"多胎繁育"和肉牛冷配技术,实施完成42户700头(只)多胎培育技术。建成沙沙滩村年出栏300头肉牛养殖基地,牧业年度牲畜饲养量保持在24.4万头(只)。大力推广"企业+支部+合作社+农牧户"的发展模式,推进小农牧户与现代农牧业发展有机衔接,引导企业和合作社与200多户农牧户建立利益联结机制。

第二章　翻天覆地的光辉成就

■ 嘎鲁图镇

按照全域旅游发展总体思路，嘎鲁图镇深入挖掘民族文化资源，加快推动乡村旅游业发展。圆满承办了乌审旗第二届乡村文化旅游美食节暨庆祝中国首届农民丰收节，申报了乌审迎宾宴、乌审农家宴、乌审奶食宴等3席中华名宴和乌审旗30例中华名小吃，着力将嘎鲁图镇打造成乌审旗及周边地区休闲观光旅游首选目的地。与此同时，深入落实文化铸魂工程，根雕、银器、头饰等民族手工技艺在传承中创新发展，乌审旗特色手工文化产业获得长足发展。建成镇综合文化站，高标准打造11个功能室，完成图书馆总、分馆建设，图书保有量达1.2万册，培育"文化独贵龙"26支，文艺演出212场次，指导基层文化室开展群众文体活动60多场次，放映爱国主义教育影片100多场，安装"数字文化走进蒙古包"信号基站73座。

(二)中国乡村振兴示范镇——乌兰陶勒盖镇

乌兰陶勒盖镇扎实推动经济高质量发展,聚焦"推动高质量发展、实现绿色崛起"奋斗目标,大力实施乡村振兴战略,统筹推进农村牧区一二三产深度融合发展,先后荣膺国家农业产业强镇、中国乡村振兴示范镇荣誉称号,巴音高勒嘎查被确定为全市首批乡村振兴试点嘎查村,全面吹响了乡村振兴的嘹亮号角。

该镇扎实推进脱贫攻坚,围绕"两不愁、三保障"脱贫要求,同步做好新识别贫困人口帮扶工作,和已脱贫人口巩固扶持工作,全镇54户120名贫困人口全部脱贫。牢牢把握了人民群众对美好生活的向往,稳步开展农村牧区人居环境综合整治,积极推进"厕所革命",新改建水冲式公共厕所7座,实施户厕改造项目68户,设立嘎查村"健康日",启动全民免费健康档案录入工作,让发展更有了温度,让幸福更有了质感。获得中国互联网新闻中心授予"中国乡村振兴示范镇"荣誉称号,并在"新时代·文旅融合国际峰会暨2018锦绣中国榜单发布盛典"上,代表全国30余个入围乡镇作典型发言,向其他资源相近地区提供了文旅融合助力乡村振兴的"乌兰陶勒盖经验"。

稳步推进工业转型升级,积极构建和谐地企关系,全力为镇域企业营造良好发展环境。巴彦高勒煤矿年产商品煤691万吨。世林化工销售甲醇26.3万吨。乌兰陶勒盖集运站煤炭运输量达到56万吨。总投资8亿元的北京冬奥会输气保障工程3961项目落地实施,目前已完成投资2亿元。新建天然气井场30处,新打气井35眼,开展天然气物探作业85千米。巴彦高勒煤矿疏干水管线二期工程建成完工,西翼风井通风系统改造工程、矿井水深度水处理工程有序推进。

紧紧抓住农牧业供给侧结构性改革这条主线,稳步推进北部鄂尔多斯细毛羊养殖核心区、南部"皇香"生猪养殖主产区和东部草原红牛养殖示范区"三区同建",有序开展巴音高勒嘎查草原红牛养殖项目,乌审马产业逐步兴起,全镇牲畜存栏总量达到22万头只。扶持打造养殖专业合作社2家,完成棚圈建设53户,实施节水灌溉2000亩。探索打造认领农牧业APP。启动建设巴音高勒嘎查电商平台。挂牌建成乌兰陶勒盖镇农畜产品质量安全监管站。"皇香"生猪、鄂尔多斯细毛羊品牌效益持续显现,"苜蓿猪""梁地羊""草原牛"等特色养殖产业发展态势喜人。2018年8月,该镇被农业农村部和财政部授予国家农业产业强镇荣誉称号。精心策划"春赏马兰,夏情草原,秋阅沙漠,冬游冰雪"四季旅游新主题,先后开展甘霖乌素冬捕、"空中牧场"飞行体验基地启动仪式、文贡芒哈沙漠越野赛等系列活动5次,在新华社"现场云"平台开展文旅活动直播报道2次,乌兰陶勒盖镇文化旅游知名度得到显著提升。建成采摘果园400亩、葡萄园600亩,培植景观绿植25万株。草原上的"书敖包"阵阵书香涌动,深情诠释草原儿女文化信仰。

生态建设积极推进,完成人工造林3000亩、平茬13000亩。以全旗创建全国县级文明城市为契机,深入开展乡风文明宣传活动,制作悬挂宣传条幅40余条、展板40余块、灯杆旗80余面,发放宣传资料4000余份,社会主义核心价值观春风化雨、蔚然成风,牧野田园村落文明风貌焕然一新、气象万千。

乌兰陶勒盖镇还精心打造了"牧野彩虹风景线",在这条旅游带上,书敖包、甘霖乌苏景区、文贡芒哈沙漠公园、马兰花摄影基地这些景区一字排开,与动植物民间博物馆、蒙文图书博物馆等设施共同构成了"南农、北牧、东闲、西崇"的文旅融合产业布局。"牧野彩虹风景线"不仅整合了极富本土特色的旅游产业,吸引着众多的游客,也串起了当地农牧民的幸福生活,实现了他们的致富愿望。自实施全域旅游以来,乌兰陶勒盖每年的旅客都在不断的增长,2018年大约有20万的客源,从2018年到2019年,大约有20%~25%的增长值。

(三)工业强镇——图克镇

图克镇以"打赢三大攻坚战"为主线,大力推进乡村振兴战略,全面开展人居环境整治,经济社会实现了高质量发展。图克镇工业经济发展迅猛,中天合创、中煤鄂尔多斯能源化工有限责任公司等一批大中型企业入驻该镇,一批大中型工业项目正在实施。中石化华北分公司在大牛地气田的勘探开发力度持续加大,累计在图克镇境内分布勘探开发气井160眼,建成集气站8处,连接气井63眼,建设输气管线200余千米,年处理天然气能力达到10亿立方米。工业项目的上马,促进了全镇经济的发展。2018年,财税收入15.1亿元,同比增长51%,农牧民人均纯收入达到19000元,实现年初预定目标。2019年,计划在达汉庙嘎查建设旅游接待中心、黄陶勒盖嘎查建设科技种养殖培训基地、驻地企业后勤蔬菜保障基地,以"支部+驻地企业"为核心,向矿区驻地企业定点供应农副产品,形成产供销合作共赢的伙伴关系,实现集体经济发展转型增效。在镇区核心区围绕田园综合体,推进"农牧业+观光旅游"融合发展,带动镇区三产实现蓬勃发展,逐步形成镇区、园区、田园综合体三产商业服务圈。2018年,图克镇10个嘎查村中,集体经济突破百万的有2个,50万元以上的4个,20万~50万元的3个,20万元以下的1个。

在人居环境综合整治方面,图克镇坚持"创城""创卫"的双创工作相互结合、相互促进。自筹、协调资金1000多万元,改善城镇基础设施建设,其中铺设柏油路面3.3万平方米,修建停车场2000平方米;栽种波斯菊6万平方米、圆柏和沙地柏60万株,草绳固化沙丘6万多平方米。清理、分拣建筑和生活垃圾16万吨,发放禁烟牌600个,增设果皮箱100个。与农牧户签订"门前五包"责任制,做到责任到人、任务明确、奖罚分明,加强环境卫生的监督管理,提升了群众满意度。同时将

第二章 翻天覆地的光辉成就

■ 图克镇

每月7日定为"全镇环境卫生整治日",由党员领导干部带头,发动广大农牧民自愿参与到人居环境整治中,受到自治区爱卫办高度肯定与褒奖。2018年接待自驾观光游客14万多人次,收入突破1800万元。2018年全面核实低保户、残疾户等基本情况,共完成173户低保户的评定工作,实现"应保尽保",发放救急难资金38.3万元,全镇社保参保人数为3881人,医保参合率为100%。投资50多万元,对图克幼儿园进行停车场硬化、教职工宿舍改造。同时为地理位置偏远、生产设施落后的140户农牧民提供5万块砖,改善其农牧业生产基础设施,架设规划外电力线路21千米,打深井64眼。2018年聘请嘎查村老干部、老教师、老党员协同爱德律师事务所,处理矛盾纠纷494起。全面开展扫黑除恶专项斗争工作,结合嘎查村"两委"换届,严厉打击、扫除乡霸村恶。加强平安图克建设,构建一体化社会治安防控体系,不断增强人民群众安全感和满意度。

(四)中国少数民族特色村寨——陶尔庙嘎查

2017年3月3日,国家民委发布《关于命名第二批中国少数民族特色村寨的通知》,乌审旗苏力德苏木陶尔庙嘎查被命名为第二批中国少数民族特色村寨并挂牌。此次村寨命名挂牌将进一步提升陶尔庙嘎查的品质和知名度,更好地为少数民族特色村寨保护与发展工作发挥示范和辐射作用。

陶尔庙嘎查位于苏力德苏木北部,产业以畜牧业和文化旅游为主,是典型的蒙古族聚居区。陶尔庙嘎查因陶日木湖而得名,当地传说,有位名为拉百唐古德的僧人曾路过这里,并在陶日木湖附近避难,后来拉百唐古德为了表达感激之情,于公元1706年建了陶日木庙。陶尔庙嘎查是全旗文化旅游规划区重要组成部分。源远流长的宗教文化传承着古老的文明,素有"百年古刹"之称的陶日木庙与美丽的陶日木湖仰俯映衬,勾勒出了一幅优美的"草原湿地"美卷。陶尔庙嘎查成为民居特色突出、产业支撑有力、民族文化浓郁、人居环境优美、民族关系和谐的少数民族特色村寨,在保护传统民居、弘扬优秀文化、培育当地特色优势产业、开展民族风情旅游、改善群众生产生活条件、增加群众收入、巩固民族团结等方面工作取得了显著成效。

(五)"塞外小江南"——无定河镇

无定河镇位于内蒙古自治区最南端,地处蒙陕宁经济发展金三角架构中心,是内蒙古的南大门。2005年,由原纳林河乡与河南乡合并

第二章 翻天覆地的光辉成就

■陶尔庙嘎查

而来,因黄河一级支流无定河过境达 91 千米而得名,素有"塞外小江南"之称。先后荣膺"自治区首批特色景观旅游名镇""全国第三批特色景观旅游名镇""自治区卫生乡镇""鄂尔多斯我的家·美丽乡镇电视竞演大赛"一等奖等称号。

　　近年来,无定河镇深入推进乡村振兴战略,以农牧业供给侧结构性改革为主线,大力推广"种养结合"大农业发展模式。全镇 23 个品种、共 10 万亩生产基地获得国家有机认证,是全市有机作物认证品种最多、面积最大的乡镇。同时,依托独特的自然地理环境和丰富的历史文化遗存,该镇积极承接"一河三园"文化旅游产业带规划建设,萨拉乌苏景区成功晋升为国家 AAAA 级旅游景区,萨拉乌苏国家湿地公园获批国家级湿地公园,萨拉乌苏休闲养生农业园被认定为全国休闲农业与乡村旅游示范点。

无定河镇煤、气、水资源富集,是鄂尔多斯市重要的商品粮和农畜产品生产基地,是发展新型能源重化工产业的理想之地。鄂尔多斯市18个重点工业园区之一的纳林河工业园区坐落于此,境内天然气探明储量达1000亿立方米,煤炭储量达340亿吨;全镇现有耕地近20万亩、可利用草地15万亩、林地112.45万亩,全镇森林覆盖率44.3%,植被覆盖度82.8%;水资源丰富,黄河一级支流无定河、纳林河穿境而过,境内有自治区西部最大的水库——巴图湾水库,库容达到1.03亿立方米,可利用水资源总量达1.5亿立方米;境内交通路网发达,达掌线、通长线和纳巴线是乌审旗南出口的重要通道,连接矿区的嘎大一级公路通车,全镇14个行政村全部实现村村通油路。

(六)中国美丽休闲乡村——神水台村

神水台村位于乌审旗嘎鲁图镇西南29千米处,是原巴音柴达木乡政府所在地,地处蒙陕交界中心位置,区位优势明显,交通便捷。神水台村是经济发展、乡风文明、群众和谐的新农村新牧区示范村。先后被授予自治区卫生村、全市"十美"庭院示范嘎查村、中国美丽休闲乡村、内蒙古自治区休闲农牧业与乡村牧区旅游示范点。

近年来,神水台依托得天独厚的自然条件,把乡村旅游作为主导产业,大力发展农牧家乐,目前已经近20家。全力打造"神水土鸡"这一养殖业品牌商品,通过培育宣传,神水土鸡、杀猪烩菜远近闻名,带动村民年销售土鸡1.5万只,实现利润180多万元。依托团结水库丰富的水资源,建成占地180亩的生态水稻种植基地,年产有机稻米10万斤。结合团结水库、海流图庙、神水敖包、厂矿观光、示范点、美食街等一线旅游资源,投资100多万元,建成神水台村稻田生态景观园,建设了一批观景台、观景栈道、水车、稻草小品等景观,年接待游客2万多人次。

在神水台村,蒙元文化、农耕文化实现了交融。借着美丽乡村建设政策的东风,神水台村将进一步完善基础设施的建设,深入挖掘文化旅游资源,加快乡村旅游业培育,着重打造节点景观,统筹城镇景观、草原风情、农家体验,拓展乡村旅游内容,提高乡村旅游品质。

(七)全国乡村旅游重点村——巴图湾村

2019年,文化和旅游部,会同国家发展改革委,联合开展了全国乡村旅游重点村名录遴选工作,乌审旗无定河镇巴图湾村成功入选全国乡村旅游重点村首批名录。

巴图湾村位于乌审旗无定河镇,交通方便、通讯便利,水资源、农牧资源、渔业资源丰富,现有下游支流人工养殖水面近300亩。萨拉乌苏河从西北蜿蜒而来,在这里轻轻一拐,形成了两个连接的湖湾。由于长年累月的河水切割下蚀,萨拉乌苏河槽深邃、宽广,萨拉乌苏河流域人口密集,阡陌相连,人们养鱼、栽果树、种稻,使这里成为鄂尔多斯的"鱼米之乡""花果之乡"。

当前,巴图湾村依托"山奇、水幽、沙美"等自然景观和源远流长的历史文化底蕴,借助萨拉乌苏国家湿地公园、无定河镇中国·乡村旅游最佳目的地、无定河镇休闲农业旅游示范镇、无定河镇特色景观旅游名镇、巴图湾国家级水利风景区、萨拉乌苏国家AAAA级旅游区及"巴图湾鱼"和无定河有机大米等知名品牌,以地绿天蓝、金沙碧水、天然渔猎、渔家乐、窑洞体验、溪流飞瀑、设施农业和现代游乐等旅游资源为载体,大力发展休闲、养生、度假、研学、徒步游等旅游产品和无公害农产品、绿色食品、有机农产品加工业,同时积极开发塑造具有地方特色与文化内涵的乡村旅游品牌,力争把巴图湾村建设成为"布局合理、宜居宜业、功能完善、村容整洁、环境优美、特色鲜明"的新时代村落。

乡村是具有自然、社会、经济特征的地域综合体,兼有生产、生活、生态、文化教育等多重功能。乡村与城镇互促互进、共生共存,共同构成人类活动的主要空间。乡村兴则国家兴,乡村衰则国家衰。我国人民日益增长的美好生活需要和不平衡不充分发展之间的矛盾,在乡村最为突出,我国仍处于,并将长期处于社会主义初级阶段的特征,很大程度上表现在乡村。全面建成小康社会和全面建设社会主义现代化强国,最艰巨、最繁重的任务在农村,最广泛、最深厚的基础在农村,最大的潜力和后劲也在农村。实施乡村振兴战略,是解决新时代我国社会主要矛盾、实现"两个一百年"奋斗目标和中华民族伟大复兴中国梦的必然要求,具有重大现实意义和深远历史意义。

五、成功典范

70年风雨兼程,70年春华秋实,经过乌审旗人民70年艰苦卓绝、坚持不懈的努力和拼搏,乌审旗获得了众多的荣誉和称号,如今已是硕果累累。

(一)全国休闲农业与乡村旅游示范县

实施乡村振兴战略,是党的十九大作出的重大决策部署,乡村旅游是旅游业的重要组成部分,是实施乡村振兴战略的重要途径之一。乌审旗近年来高度重视乡村旅游,明确提出将乡村旅游作为富民惠民产业来抓,充分发挥乡村旅游在统筹城乡发展、拓宽农牧民增收渠道和提升乡风文明中的重要作用,因地制宜发展乡村旅游,延长旅游产业链条,实现农牧民增收致富。通过培育发展系列乡村旅游品牌,树立各具特色的美丽乡村形象,让"望得见山,看得见水,记得住乡愁"变为现实。截至2018年8月,乌审旗拥有全国休闲农业与乡村旅游示范点1处,自治区休闲农牧业与乡村牧区旅游示范点5处,市级乡村旅游示范村5处,特色农牧(渔)家乐120家,星级农牧家乐54家。2013年,乌审旗获评全国休闲农业与乡村旅游示范县;2015年,乌审旗内蒙古萨拉乌苏生态农业示范园区获评全国休闲农业与乡村旅游示范点。

(二)国家园林县城

2012年,乌审旗是内蒙古自治区第一批被住房和城乡建设厅命名为"自治区园林县城"的县城。本旗随即扎实开展国家园林县城创建工作,2014年,正式向国家住房和城乡建设部提请申报,乌审旗以创建国家园林县城为契机,高起点规划、高标准建设、高效能管理,扎实推进园林绿化建设,不断完善基础配套功能,宜居、宜业生态型文化园林城市建设取得显著成效。截至2015年底,中心城区绿地面积达到1230公顷,其中建成区绿地面积达到877公顷,公园绿地面积达到181公顷,建成区绿化覆盖率和绿地率分别达到46.65%和43.85%,人均公园绿地面积达到28.28平方米。2016年1月15日,国家住房和城乡建设部正式命名乌审旗为"国家园林县城",实现了自治区"国家园林县城"零的突破。

(三)国家卫生县城

2014年1月,乌审旗被命名为2011~2013年度国家卫生县城和卫生镇。乌审旗在获得国家卫生城镇荣誉称号后,继续推进卫生创建工作全面深入开展,健全城市卫生长效管理机制,努力解决影响群众健康的突出问题,不断加强城镇社会卫生综合治理,巩固和发展了国家卫生城镇创建成果,发挥了典型示范作用。

(四)全国民族团结进步示范旗

乌审旗共有蒙古、汉、回、满等17个民族,总人口13.34万人,其中少数民族人口占30%,是一个典型的多民族聚居区。多年来,全旗各族人民休戚与共、携手相助,共建幸福家园。2018年12月28日,国家民委监督检查司公布《国家民委关于命名第六批全国民族团结进步创建示范区(单位)的决定》,乌审旗榜上有名,成为全国民族团结进步示范旗。这一荣誉的取得,与乌审旗多年来高度重视民族团结事业,始终将民族团结进步事业看作各族群众生命线的努力牢不可分。长期以来,乌审旗恪守各民族"共同团结奋斗、共同繁荣发展",牢固树立"汉族离不开少数民族、少数民族离不开汉族、各少数民族之间也相互离不开"思想,始终把维护和促进民族团结进步,作为重大的政治责任来坚守,不断强化组织领导,有力有序推进民族团结进步示范旗创建工作,形成了旗委领导、政府负责、有关部门协同配合、全社会合力推进的良好工作格局。"三个离不开""五个认同"的思想深入人心,"草原儿女心向党"的理念深深浸润于各族干部群众血脉之中,平等、团结、

■"全国民族团结进步创建示范旗"奖牌

互助、和谐的社会主义民族关系不断巩固发展,乌审旗的民族团结之花在绿色乌审的土地上愈加鲜艳。

(五)全国基层蒙中医药工作先进旗

近年来,乌审旗深入推行旗乡村卫生一体化综合改革,不断完善蒙中医药服务体系,有效整合蒙中医药资源,蒙中医药事业取得长足进步,先后被确定为全国蒙中医药"治未病"试点,旗蒙医医院被评为二级甲等蒙医综合医院。2017年,成功创建全国基层蒙中医药工作先进旗。

(六)中国苏力德文化之乡

乌审旗境内祭祀的第一枚察干苏勒德,俗称察哈尔察干苏勒德,现存无定河镇毛布拉格村。此外,乌审旗还有一枚察干苏力德,俗称木华黎察干苏勒德,现存乌审旗苏力德苏木塔莱乌素嘎查。在乌审旗,草原牧民家门前均有用土或者砖筑成的祭台,其上矗立着被蒙古族人视为"精神之旗"的苏勒德。当地人们世代供奉,留下了800多年不变的察干苏勒德祭祀文化。据政府统计,据乌审旗政府统计,当地门前立有苏勒德的牧户逾8000户,约占当地蒙古族牧户的93%。而个别因为居住环境没有设立苏勒德的牧户,也要按时参加察干苏勒德祭祀。

因乌审旗"苏勒德"文化保存较为完整,2006年,乌审旗被授予"中国苏勒德文化之乡"称号。这是乌审旗开发文化产业、建设民族文化大旗的又一重要成果,为更好地保护、传承、发展苏力德文化,推动全旗民族文化的繁荣昌盛搭建了平台。2014年,察干苏勒德祭祀入选中国国家级非物质文化遗产名录。

(七)中国蒙古族敖包文化之乡

敖包祭祀是民间祭祀的代表之一。敖包是蒙古族的重要祭祀载体,人们通过祭祀敖包,祈求苍天赐予风调雨顺,牲畜兴旺,消除灾难,平平安安,美好生活的愿望。乌审旗是内蒙古敖包文化传统保存最完整、敖包祭祀恢复率最高的地区,涵盖了许多形制。2006 年,乌审旗被命名为"中国·蒙古族敖包文化之乡",同时又建立起中国蒙古族敖包文化研究中心、内蒙古自治区敖包文化传承保护基地等研究基地和研究机构。

(八)中国鄂尔多斯歌舞之乡

鄂尔多斯是"歌海舞乡",而乌审旗则是"歌海中的歌海,舞乡中的舞乡"。这里的牧民自豪地说:"会走路,就会跳舞。会说话,就会唱歌。"乌审旗的蒙古长调、蒙古短调等歌曲名目众多。乌审旗的顶碗舞、筷子舞、查玛舞等舞蹈种类繁多。乌审旗乌兰牧骑自成立以来,更是创作了不可胜数的歌舞,获得众多的荣誉。2006 年,乌审旗被中国民协命名为"中国鄂尔多斯歌舞之乡"。

(九)中国马头琴文化之都

马头琴在蒙古族文化中极受推崇,是蒙古族文化中重要的表现形式,也是中国少数民族艺术的瑰宝。乌审旗通过大力打造马头琴文化,积极弘扬和传承蒙古民族的这一艺术瑰宝,推动了乌审旗文化的繁荣发展。自 2009 年以来,乌审旗围绕创建"全国人居环境示范镇"和"建设民族文化强旗"目标,制定出台了《创建中国马头琴文化之都实施方案》,先后成立了马头琴乐团和马头琴学校,建立了马头琴文化"四库一系统"数据资料库,成功引进了马头琴制作销售企业,累计培养了马头琴音乐爱好者万余人,形成了从机关干部到农牧民崇尚文明、崇尚艺术、崇尚和谐的浓厚氛围。2011 年 6 月份,乌审旗被中国民协命名为"中国马头琴文化传承保护基地"。2013 年,乌审旗成功组建中国唯一一支以马头琴为主弦乐、具有浓郁的民族特色和地方风格的专业多声部交响乐团"中国·乌审马头琴交响乐团"。2014年5月,中国·乌审马头琴交响乐团走进中国国家大剧院。2017年8月8日,内蒙古自治区成立70周年庆祝大会上,乌审旗千人齐奏马头琴的压轴节目震撼全场。马头琴文化在乌审旗传承、保护、创新和发展,不断显示着乌审旗作为"中国马头琴文化传承保护基地"的向心力和凝聚力,"中国马头琴文化之都"也成了乌审旗耀眼的文化品牌。

■ 万人马头琴

第三节
榜样的力量——模范人物

使命呼唤担当,榜样引领时代。70年来,乌审旗榜样模范辈出,先进典型不断。时代大潮奔涌向前,先进典型井喷式出现,从治沙英模到奥运冠军,从优秀人物到创业能手,这些标杆式的人物,从一个个立面真实标注着乌审旗取得"历史性成就"、发生"历史性变革"的艰辛与荣耀。

一、治沙英模

(一)宝日勒岱:乌审旗"牧区大寨"带头人

"牧区大寨"乌审召的带头人宝日勒岱,1938年出生于乌审旗乌审召一个贫苦牧民家庭。1958年起担任布日都大队副大队长、大队长、大队党支部书记、乌审召公社党委委员。1966年12月起先后任乌审旗委书记、伊克昭盟革委常委、自治区革委会副主任、中共中央委员、全国人大常委等职。1960年作为全国"三八红旗手",在北京受到毛泽东主席的接见,1964年获得全国五一劳动奖章,多次受到周恩来等党和国家领导人的接见。

宝日勒岱的名字与"牧区大寨"乌审召和生态建设总是紧紧相连。20世纪50年代,在当时的伊克昭盟乌审旗乌审召公社最早掀起了绿色革命,乌审召人民通过铲除醉马草、治沙造林、兴建草库伦等措施,逐步改变牧区落后面貌,成为当时全国农业战线上的一面旗帜,宝日勒岱等一批治沙英雄创造的"牧区大寨"精神激励了一代又一代人。

20世纪50年代,乌审召已变得地广人稀,风沙肆虐,气候干旱,牧草稀少,醉马草丛生,牲畜大批死亡,牧民流离失所。1958年,当地大牲畜的死亡率高达40%,其中大部分是吃醉马草致死的。铲除醉马草成了乌审召人最紧迫的任务。当时还是贫苦牧民、共青团员的宝日勒岱带领乌审召公社布尔都嘎查的60多名青年,把深入沙漠铲除醉马草的任务包了下来。他们带着锅碗被褥,铲到哪里就吃在哪里、住在哪里,有醉马草的地方,就能看到他们战斗的身影。经过24天的奋战,

■宝日勒岱(前排左一)

草场上、沙漠里的醉马草被全部铲光,这一战役宣告结束。1959年,醉马草中毒致死的现象基本消除;1958~1965年,全公社铲除醉马草累计86万亩。

1964年,毛主席发出了农业学大寨的号召,乌审召人民热烈响应。但是,牧区如何学大寨呢?已经是布尔都嘎查党支部书记的宝日勒岱带领群众不断总结经验,决定把治理沙漠同保护、扩大、建设草场结合起来,铲除醉马草,兴建草库伦,大搞草原建设,为牧区建设养畜开辟了一条新路。据统计,当时有10万亩流动沙丘被封固,有近6万亩寸草不生的荒漠变成了林草葱郁的草牧场。

乌审召的英雄事迹,成了时代的典型。为此,自治区党委于1965年作出决定,命名乌审召为学习大寨的典型——"牧区大寨"乌审召。

1965年12月2日,《人民日报》发表了题为《发扬乌审召人民的革命精神》的社论和《牧区大寨——记乌审召公社建设社会主义新牧区的革命道路》的文章。于是,乌审召的经验被推向了全区全国,为改善生态环境、促进畜牧业的稳定发展发挥了积极作用。

"劳动书记"是乌审召人民对宝日勒岱亲切的称呼。她任公社书记期间,也和社员们一起参加治沙造林劳动,保证完成当年的劳动任务。宝日勒岱给大家打气:能活几棵,就能活几千棵、几亿棵,只要我们坚持不懈,沙漠一定会变成绿洲。她的精神和毅力,使大家深受鼓舞,他们趁着雨季时节,大量栽种沙蒿、沙柳,在重点治理的沙丘上,既种草又种树。

为了治沙造林,宝日勒岱吃了许多苦。她生过3个孩子,却除了坐月子没有误过一天的劳动。20世纪70年代,她由公社书记提为旗委书记,可是在长达10年的时间里,她仍然把每月的工资交给大队,与社员们一起参加分红。宝日勒岱一生都在和治沙打交道。她是全国五一劳动奖章获得者、三届中央委员、中国第一代治沙英雄、绿色革命发

第二章 翻天覆地的光辉成就

起人。一代又一代的乌审人民,将"牧区大寨"的旗帜高擎在手,传承绿色接力,创造了毛乌素绿色传奇。目前,乌审森林覆盖率达到32.89%,植被覆盖率达到80%,林茂粮丰,绿富同行。

"每天晚上都做梦,梦见自己在故乡的土地上种树,那是我最开心最快乐的时候。"2003年,宝日勒岱退休后,每年都回家乡去看看她种下的一草一木。特别是家乡重大的生态建设活动,她都要回去参加,最多的时候一年回去过8次。即便曾经走上了领导岗位,宝日勒岱依旧没有忘记艰苦的农牧民,常常顶风冒雪"向下跑",为牧区争取资金、谋发展。在牧民的心中,宝日勒岱永远是他们的宝大姐、好书记,不忘她为家乡作出的贡献。现在,宝日勒岱是内蒙古防沙治沙协会副会长、沙产业草产业协会副会长,她希望这根接力棒能永不停止,将绿色事业进行到底。

对于如何理解以及传承弘扬"牧区大寨"精神这一话题,宝日勒岱

■治沙英模宝日勒岱(前排左一)

表示,当年,她们这一代人心中怀着一颗为人民服务的心,白天劳动建设家园,晚上学习武装头脑,靠党的思想政治工作和建设家园的实践,最终形成了"牧区大寨"精神。20世纪60年代,全国广泛学习"牧区大寨"精神的时候,对"牧区大寨"精神内涵已有过初步的概括:即有社会主义、共产主义远大理想和发展社会主义畜牧业经济的伟大抱负;有解放思想,敢想敢干的革命风格;有吃大苦耐大劳、苦干实干的革命干劲;有发挥集体经济的优越性,坚持走群众运动群众路线的工作方法;有虚心学习、勇于实践的科学态度。时过境迁,这一精神内涵既要保留和传承,更要与时俱进,因此新时期的"牧区大寨"精神是改革创新、团结拼搏、艰苦奋斗、百折不挠,宝日勒岱由衷地希望"牧区大寨"的精神能够代代传承,家乡建设得越来越美。

(二)殷玉珍:"宁肯治沙累死,也不能让风沙欺负死"

在奔腾不息的萨拉乌苏河南岸,在浩浩渺渺的毛乌素沙海中,有一片蓬勃希望的生命绿洲——井背塘。这就是乌审旗无定河镇萨拉乌苏村农民殷玉珍和她的丈夫白万祥,为改造家园而抛洒青春和汗水的地方。

"宁肯治沙累死,也不能让风沙欺负死",是殷玉珍自己的"名言"。30多年如一日,这个农家女,在荒无人烟的毛乌素沙海深处植树6万多亩的事迹,深深地感动了中国,感动了世界。

被先后推选为内蒙古自治区党代表,内蒙古自治区人大代表,内蒙古自治区政协委员,鄂尔多斯市人大代表,连任第二届、第三届市人大代表及常委会委员,鄂尔多斯市妇联不驻会名誉副主席;荣膺内蒙古自治区"三八"红旗手、全国绿化奖章、全国劳动模范、全国"三八"红旗手、全国防沙治沙十大标兵个人、中华环境奖、联合国2005年全球千名妇女诺贝尔和平奖提名奖……殷玉珍身上承载着许许多多的荣誉。2008年,她还曾光荣担当北京奥运会火炬手,将奥运精神和生态文明的火炬向五大洲传递。而这些,统统都与一件事有关——治沙种树,她因此而成为世界治沙的典范,成为中国农民的骄傲。

1985年,19岁的殷玉珍离开陕西省靖边县东坑乡老家,嫁到毛乌素沙地南部,原伊克昭盟乌审旗河南乡尔林川村(即今鄂尔多斯市乌审旗无定河镇萨拉乌苏村)井背塘。在这个荒无人烟的地方,一个半掩在沙漠里的"地窨子"就成了殷玉珍和丈夫白万祥的新房。方圆几十千米除了他们的家,就剩下茫茫无际的沙漠了。风一起,小屋随时有被沙漠吞没的危险;风一停,一家人就要赶快用铁锹把门口的沙一点一点挪开。

沙化的土地,连起码的生存都难,更别说是发家致富了。面对着一望无垠的荒漠,殷玉珍咬牙发誓:"这辈子宁肯治沙累死,也不能让风沙欺负死!"1986年春天,她用家里仅有的一只瘸腿羊换回了600棵树苗,把它种在房子周围。冬去春来,经历了风霜和干旱之后,栽下的600棵小树只活了不到10棵。但殷玉珍并没有失望,只要有一棵树能活,就说明有希望,看到这些在风沙中飘摇的小树,殷玉珍和丈夫开心地好像看到了一片绿洲。

一场旷日持久的人沙战斗开始了,殷玉珍和家人披星戴月,打沙障、栽苗条……没有钱买树苗,丈夫就到外面给人掏粪、盖房子、干农活。为了种树,殷玉珍一家的收入,除了勉强填饱肚子之外,全被投入到治沙上了。刚栽下的树苗被风沙吞噬了,再栽,再吞,再栽……一次,她和丈夫在离家几十里地外挖树坑,突然来了沙尘暴,两人看到赶紧往回跑,但是摸了半天也没找到家,后来竟还是听着自家的狗叫声才摸回了家。这样的日子,年复一年。曾经的新媳妇已经人到中年,孩子们也都长大了。终于,绿肥黄瘦,桀骜不驯的沙漠一点点被绿色浸染。

她克服了无水、无电、无路及病魔困扰的种种困难,将一生献给治

■殷玉珍

沙造林事业。栽植柳树、杨树、侧柏、云杉、樟子松等近200万株,种植沙柳、草不计其数;在毛乌素沙漠中修筑简易公路3条长达40千米,筑防风沙屏障5万多亩,打机井12眼,开发水浇地500多亩,在沙漠里种植樟子松2万多亩、50万株,还建了120亩樟子松育苗基地,养殖400多只羊、30多头牛……

33个冬去春来,当初用来插眼撒树种的钢钎被磨掉了一尺多,6万多亩荒凉的沙漠变成了郁郁葱葱的绿洲。30多年苦行僧般的劳动,殷玉珍和她的家人在毛乌素沙漠腹地创造了一个绿色奇迹。如今,殷玉珍在"生态园"中建起了1000平米生态餐厅和400多平方米的二层办公楼,5000平米的生态文明建设教育基地已投入使用。

2005年,殷玉珍成立了内蒙古绿洲治沙造林有限公司。这些年来,殷玉珍不断做大做强自己的企业,还为自己种植的绿色有机食品,如小米、西瓜、玉米等产品注册了"漠海"商标。

成名后的殷玉珍,在自己绿化致富的同时,并没有忘记自己是一名共产党员,在她的带动下,周边农牧民掀起了造林治沙的热潮,涌现3000亩以上的造林大户240户,全旗森林覆盖率达32.85%,周边近10万亩荒沙彻底披上了绿装。

殷玉珍的抱负还远不止于此。据殷玉珍介绍,她的绿色生态园,应该逐步建设成内蒙古自治区一张亮丽的绿色名片。她开创了一条沙漠生态绿化和低碳发展之路,开发了沙漠旅游体验、沙漠植物资源、绿色有机农产品等多种沙漠生态产业。

(三)艰难治沙的乌云斯庆十三姐妹

曾经,萨拉乌苏河畔生态在长期侵蚀中悄悄退化,"刮起黄沙不见天,种地全靠老天爷",生活在河边的人们苦不堪言;如今,"风吹草低见牛羊"的盛景已经再现,两岸人民翻开了生态建设的新篇章。生活在河边的人们笑了,在乌审旗苏力德苏木(原沙尔利格镇)昌黄嘎查,13名妇女治沙造林的故事广为流传。

乌兰温都尔,汉语意思是"红色的大沙梁",是苏力德苏木昌黄嘎查最西南的一块大沙,曾经方圆10千米鸟兽绝迹,成为嘎查牧民的心头之患。1999年12月1日,在昌黄嘎查村民代表大会上,乌兰温都尔大沙的治理问题被再次提上重要议事日程。但因为缺少资金,沙丘流动起伏、面积大、治理条件差、困难多而迟迟无人问津,就在这时候,一年前刚退休的老村长、共产党员巴音耐木扣老人主动请缨,在众人的唏嘘不解中承包了这片荒沙,开始走上艰苦的治沙之路。然而,乌兰温都尔大沙犹如一匹不可驯服的烈马,在仅仅一年的治沙造林中,耐木扣老人就花光了家里所有的积蓄,甚至把变卖牲畜的钱也全投在了治沙上。可对于漫漫荒沙,资金需求却像个无底洞,他的投入只是杯水车薪。面对如此现状,耐木扣老人并没有泄气,他认真总结每次失败的原因,不断酝酿完善新的治理方案,尝试一种新的治理模式:即联户入股治沙,聚积更多的力量和资金降服荒沙。但是2000年12月15日,长年的心力交瘁、积劳成疾,无情地夺去了老人的生命,带着对绿色事业的无限眷恋,他离开了人间。

老父亲的突然辞世,无疑给了儿子乌拉和儿媳乌云斯庆沉重的一击。但是他们心里十分清楚,只有迎难而上,才能完成父亲未竟的事业。同样是共产党员的乌云斯庆勇敢地站了出来,提出吸纳当地妇女联合承包治理大沙的方案。她的倡导得到了周边12户牧户、12名妇女的积极响应。她们向嘎查领导保证:"我们一定治理好乌兰温都尔这片大沙。"就这样,以乌云斯庆为首的13名妇女组成了联合治沙小组,老父亲的遗愿成了她们最大的"心病",这群娘子军承接父业,再次吹响了进军乌兰温都尔大沙的号角。

乌云斯庆东奔西走,四处筹借资金。13名妇女,每人投资3500元,成立了股份制的治沙站。她们在大沙中建立了治沙指挥中心兼休息室。小组成员为了省钱,当时盖房时只请了一位木匠,13户牧民起早贪黑,搭帐篷露营,有力的出力,有物的出物。大沙里没有路,没有水,建房物料只能从各家十几千米以外的家里一背一背地背过来,水也全是毛驴车一车一车拉进来的。

2001年春天,大地还没完全解冻,乌云斯庆就急切地带领12名妇女及其家人进驻到大沙深处,紧锣密鼓地投入到治沙造林的战斗中。春天的毛乌素大沙漠正是多风的季节,天气说变就变,强沙尘暴一场紧接着一场地袭来,风沙打在人们的脸上,针扎般的疼痛,眼睛也无法睁开;吹在人们身上,站立都无法站定,更不要说挖坑造林了。有时突然间狂风大作,沙浪滔天,会把她们连人带身上背的苗条一起刮到坡底,每天下来,都累得不会动弹了。面对当时的局面,乌云斯庆想起老父亲临终时的嘱托,和自己承包时的誓言,重新振作起来,信心也

第二章 翻天覆地的光辉成就

■乌云斯庆十三姐妹及家属

更加足了。每天白天上沙造林,晚上回来就给伙伴们做思想工作:要想脱贫致富,处在荒沙中,就必须从最基础的治沙造林开始,向沙漠要收入,要效益,改变生态环境。为了节省时间,她们中午很少回家,饿了,啃块干饼或在沙里结实的地方架灶煮饭吃;渴了,就在下湿地挖个坑喝口又苦又咸的浑浊泥水。经过一个多月不要命的苦干,一道道沙障树起来了,一棵棵小苗泛出了绿意。一个季度完成人工造林4500亩,并在所有造林地块全部设置了沙障。

有了良好的开端,乌云斯庆更加信心百倍。她们的造林事迹也受到了林业部门的奖励和扶持。2001年,被旗林业局确定为5000亩以上的造林大户。这对她们来说,无疑雪中送炭,更加激发了她们治沙造林的热情。2003年,SPPA中国/UNICEF贫困地区社会发展项目确定乌云斯庆为乌审旗04大组项目户,这给了组长乌云斯庆和她的12个伙伴极大的鼓励,她们将项目贷款全部投在了治沙造林上,有力地推进了造林绿化的速度。

乌云斯庆热情,能干,但她从不蛮干。她常常不厌其烦地向林业科技人员和有经验的造林大户取经,并能结合实际,运用到自己的造林实践中。天道酬勤,6年过去了,乌云斯庆她们承包的4.8万亩荒沙已全部披上绿装,成为全旗"三八绿色工程"示范基地。昔日的不毛之地,已经变成了一个清幽致远的"绿色王国",其生态效益正日益凸显出来。而乌云斯庆本人,也多次荣获旗级"治沙能手"、市级"治沙女状元""三八红旗手"等荣誉称号,在她们艰辛的治沙路上留下许多闪亮的足迹。

乌云斯庆的股份制治沙小组,采取的是以户入股、联户经营的方式。据不完全统计,6年来,她们用于治沙造林总投资额已达140多万元,其中绝大部分属个人投资。6年当中,13个牧户共卖掉绵羊500多只、生猪100多口、牛50多头,全部用于购买种苗、沙障材料及围网设施。6年来,13户牧民在治沙造林当中总共投入8000多个工日,却并没有一点的收益和分红;即便如此,她们仍然外欠着30多万元的债务,全都是项目贷款和苗条欠款。

为了治沙,这些妇女搭上了全部的财产、热情甚至健康和幸福,付出了常人无法想象的艰辛和劳作。67岁的申仲英老人,虽体弱多病,但也仍然坚持着尽量多出工,给年轻人带头和鼓劲。31岁的米莉,是从陕西羊米涧嫁过来的,在她心目中,内蒙古草原一直是个水草丰美、牛肥马壮的地方。没想到,从她过门的那天起,就与贫穷和荒沙结下了不解之缘。为了圆上草原牧场那个久远的梦,在儿子还不满周岁时,她就背上孩子,加入了治沙的队伍,风沙伴着艳阳,儿子的感冒、中暑不知让她熬了多少个担惊受怕的不眠之夜。40岁的苏依拉花在入股时,将家里仅有的11只羊和2口猪全卖了,还卖掉了当年15亩丰收在望的玉米,因为贫穷,两个孩子小学毕业即随父亲外出打工了,这成了她对孩子永远的歉疚……在治沙小组,每个人的艰难只有她们自己知道,每个人的背后,都有许多感人的故事。

都说每个成功男人的后面,都有一个坚强的女人,可在这里,在这13个女人的背后,都有一个坚强的男人或一个坚实的家庭后盾。回望她们艰辛的治沙历程,不能不对她们身后的男人和家庭肃然起敬。她们的丈夫或兄弟不仅挑起了家庭的重负,而且全力支持她们的事业,给她们出钱出力,因她们背负债务,甚至自愿组织了护林队,轮流义务为她们看护林子。乌云斯庆告诉我们,尽管她们负债累累,每家的生活都在贫困线下徘徊,可一路走来,男人们给了她们最大的精神鼓励和生活支撑,让她们任何时候都充满希望地奋战在那片大沙上。

为了实现当初治沙致富的目标,小组13名妇女都在苦苦思索。终于悟出了一个道理:必须向荒沙要收入,要效益,走以林养林、建设养畜之路。观念一变天地宽,她们积极行动起来,开发土地300亩,架电打井配套,发展种植业。一方面继续加强治沙造林,另一方面大力发展多种经营,水地种草,发展养羊、养牛业,为造林提供充足的苗木。采收成熟林地的羊柴种子以增加收入,利用平茬灌木枝叶,为舍饲养殖提供大量优质的饲草料,同时修通造林点与嘎查的路,打通她们今后运送苗木和变卖优质饲料的通道。

穿行在乌兰温都尔大沙里,最显眼、最茂密的莫过于那一丛丛垂着绿荫的柠条了,这是沙里生命力最顽强最耐旱的植物。是啊!这不正是乌云斯庆等13名妇女的真实写照吗?她们是那么的朴实平凡,却又是那样的顽强可爱。是什么让她们终年栉风沐雨、鏖战沙海?是什么让她们历尽艰辛、不言放弃?绿色的梦做了一年又一年,这群妇女用热情和执着改变了红色大沙梁的颓废,给这片大沙梁带来了勃勃生机;并将继续在这片大沙里相伴着苦乐年华,演绎着绿色传奇。

二、奥运冠军

(一)奥运冠军哈斯劳

哈斯劳,蒙古族,1971年出生在乌审召牧民家庭,是鄂尔多斯草原成长起来的优秀运动员,被家乡人民亲切的誉为"草原雄鹰"。1994年,哈斯劳在北京举行的亚太地区"远南"田径运动选拔运动会上,夺得标枪银牌、铁饼和铅球两项铜牌的好成绩。1996年8月,他参加亚特兰大残奥会,经过顽强拼搏,一举夺得男子标枪金牌,并打破世界纪录。2005年,哈斯劳发起、创建了内蒙古残疾人训练基地,完成了从运动员向教练员的转型,培养出多名全国冠军、奥运冠军。这位蒙古族汉子身上,承载了一串残疾人体育事业的惊人数字:获得奥运会等国内外重大比赛奖牌60多块,其中金牌40枚、银牌12枚、铜牌10枚。他是内蒙古获得残奥会金牌第一人,在国际残疾人运动史上写下了精彩的一页。

1994年,他被国家体委和中残联授予"优秀运动员"称号;被内蒙古自治区团委授予"五四青年奖章"。2000年11月,被自治区人民政府评为自治区劳动模范。2008年,被奥组委选为北京奥运会火炬手,也被鄂尔多斯市评为残疾人自强模范。2012年被内蒙古自治区评为残疾人自强模范,被鄂尔多斯市评为"天骄英才"。

(二)奥运冠军孟根吉米素

孟根吉米素,女,蒙古族,1991年4月出生于苏力德苏木陶利嘎查一个普通牧民家庭。2007年8月,入选国家体育队。2008年6月,孟根吉米素在英国举行的田径锦标赛获得铅球、铁饼两项冠军。在北京2008年残奥会女子铁饼F40级决赛中,孟根吉米素以28米04的成绩夺冠,打破世界纪录。2008年9月,中共中央国务院授予其"北京奥运会残奥会先进个人"荣誉。2009年参加英国残奥世界杯,获得1金、1银。同年,参加日本青年残疾人运动会,再获2金,并打破1项世界纪录。

三、国家级荣誉获得者

(一)绵羊改良能手、全国三八红旗手、蒙古族妇女巴达玛日格

巴达玛日格,女,蒙古族,原嘎鲁图苏木席尼喇嘛嘎查牧民,乌审旗培养的第一个牧民配种技术员和第一个放牧改良羊的先进牧民。她积极响应上级政策,勤学苦练、依靠科学、勤恳执着地走出了一条致富路。她爱社如家、爱羊如子,用自己的智慧和辛勤劳动,为接冬羔摸索和积累了一些可供借鉴的饲养管理办法。即使在全旗绵羊改良暂时受到挫折时,她仍然毫不动摇地坚持工作。她是乌审旗绵羊改良事业的带头人和优秀的牧民。

(二)全国劳模、全国三八红旗手、全国工会第九次代表大会代表、供销系统萨仁花

萨仁花,女,蒙古族,出生于嘎鲁图镇巴音温都尔嘎查。中共党员,大专学历。1963~1995年间,曾先后担任教师、售货员、收购员、副主任、供销社党支部副书记、工会副主席、理事会副主任、监事会副主任、乌审旗盐务管理局局长、主任等职务,她始终保持着饱满的工作热情,以踏实的工作作风和高度的政治责任感,在工作岗位上吃苦肯干、尽职尽责,赢得了广泛好评,先后获得多次个人嘉奖。1978年,萨仁花被国务院财办授予"劳动模范"称号;1979年,被国务院授予"全国劳动模范"称号;又被授予"全国三八红旗手"称号;1980年,被全国供销合

作社授予"全国供销系统劳动模范"称号;1982年,被自治区人民政府授予"全区农牧林业战线劳动模范"称号;1983年,全国妇联再次授予其"全国三八红旗手"称号。

(三)中国妇女代表大会第五次会议代表、全国三八红旗手、乌兰牧骑女演员巴德玛其其格

巴德玛其其格,女,蒙古族,1955年出生,乌审召巴彦陶勒盖人,国家一级演员、国家一级舞蹈编导。曾先后在乌审旗乌兰牧骑、鄂尔多斯歌舞剧团工作。巴德玛其其格的舞蹈创作具有鲜明的民族风格和浓郁的生活气息,她将流传在鄂尔多斯的民间民族舞蹈经过整理、加工和再创作后,创作出不可多得的民族艺术珍品。1978年,她自编自演了第一部作品《欢跳吧,小羊羔》,并在全盟文艺汇演中获得了创作奖和优秀表演奖,该作品在1979年全区文艺调演中,再获创作奖和优秀表演奖,1980年,又被选拔,参加了全国少数民族文艺汇演,并获优秀节目奖。80年代,巴德玛其其格博采众长,对《筷子舞》进行再度加工,1984年获得全区舞蹈比赛编舞、作曲、表演第一名,后在全国舞蹈比赛中获得编舞、表演三等奖,1987年匈牙利国际狂欢节上获特别奖。她带着该舞蹈赴亚洲、欧洲、非洲的多个国家表演,受到世界各国人民的喜爱,《筷子舞》将巴德玛其其格的表演事业推向了一个高峰,因此被人们誉为"筷子巴德玛"。其作品《欢跳吧,小羊羔》《筷子舞》《献马奶》《围猎》《祝愿》《腾云》《筷子情》《族魂》《鄂尔多斯情愫》《鄂尔多斯畅想》等多个剧目,分别获得全国和自治区文艺调演创作奖、优秀表演奖、"萨日纳奖"、优秀创作奖、编导创作奖、"五个一"工程奖、国家舞台艺术精品工程初选剧目奖等多个国家级及自治区级奖励。先后创作的艺术作品多达200多部,参加不同形式演出3000多场,在舞蹈、乐器演奏、歌剧、舞剧和电视剧中均担任过主演。

1985年，在共青团中央举办的"为边陲儿女挂勋章"活动中，巴德玛其其格被授予铜质奖章。1986年及1989年，先后两度获得内蒙古自治区劳动模范。2006年，被文化部授予全国文化系统"文化部优秀专家"。

（四）全国优秀教师、陶利小学女教师额尔德尼花

额尔德尼花，女，蒙古族，中共党员。1945年出生于嘎鲁图苏木呼和陶勒盖嘎查。1960年，在乌审旗一中蒙文师范班毕业后，踏入了教育工作这片热土。她扎根乌审旗教育事业，曾先后在乌审旗一完小、嘎鲁图小学、陶利学校、旗教研中心工作。她潜心钻研教学方法，业务精湛，有极强的事业心和责任心，认真做学生成长发展的陪伴者，深受学生喜爱，得到家长和社会的一致好评。她坚持教学相长，撰写的论文《如何当好班主任》发表在《内蒙古教育》期刊，《为民族教育事业付出一切》收编在《自治区民族教育先进集体与先进个人论文集》中。

1979年以来，额尔德尼花连续八年被评为校级先进教师，三次被乌审旗妇联评为"三八红旗手"，八次受到盟、旗表彰和奖励。1982年荣获自治区模范班主任。1985年被评为自治区优秀教师。1989年荣获全国优秀教师及奖章。1987年评为小学特高（相当于中学高级教师）。1988年，荣获自治区特级教师，享有政府津贴。1992年，评为全国民族教育先进个人。曾任乌审旗政协第五、六、七、八届委员，伊盟九届政协委员。

（五）第一届全国孝老爱亲道德模范乌兰其其格

乌兰其其格，女，1969年11月出生，是嘎鲁图镇巴音温都嘎查的一位纯朴善良的蒙古族妇女，她的事迹在嘎鲁图镇传为佳话，感动着左邻右舍的乡亲，众人都称赞她是个孝敬老人的好榜样。乌兰其其格生活在一个由9口人组成的大家庭中，有5位老人和2个孩子，需要时刻有人照顾。她承担起悉心照料、服侍5位老人的重任，为了照顾好这五位老人的饮食起居,勤劳朴实的乌兰其其格每天凌晨四点多钟就要起床为老人们准备早点,照顾老人吃完早点,便抓紧时间下地干活,中午继续回去做饭。吃完午饭,她来不及休息,就得忙着喂羊喂牛。晚上,左邻右舍的灯都熄了,她还在灯下为老人和孩子洗衣、缝补。多年如一日,她没有丝毫怨言,真情奉献,把家务事处理得井井有条,为5位老人营造了颐养天年的温馨家庭,幸福的生活让老人们的心情更加舒畅,这一切,映射出乌兰其其格美好的心灵。

2004年,乌兰其其格一家被鄂尔多斯市妇联评为全市五好文明家庭标兵户;2005年,乌兰其其格被自治区民政厅评为全区孝亲敬老之星;2006年,她家被市妇联评为全市和谐家庭,先后被评为全旗五好文明家庭、家庭生活方式文明化户,她个人也获得了"好媳妇"荣誉称号;2007年,被中央文明办、全国总工会、共青团中央、全国妇联授予"全国孝老爱亲模范"称号。

(六)全国"五四青年奖章"获得者阿腾都西

阿腾都西,男,蒙古族,1982年7月生,乌审旗阿腾莎民族金银器具加工厂厂长。他自幼双腿残疾,童年直到现在,他一直在轮椅上度过,但他凭借着自己坚强挺拔的强大内心,刻苦钻研求学,虚心向蒙古族民间艺人学习,终于成长为远近闻名的手工艺制作大师。2008年,他在乌审旗政府的支持下,成立了阿腾莎民族金银器具加工厂,成功注册"阿腾莎"品牌。经过几年的奋斗,他把民族金银器具加工生意做火了,工厂年营业额达到近千万元。成功创业后的他还积极致力青年就业,帮助残疾人致富。企业招收员工均是当地牧民,其中60%以上的员工还有不同程度的残疾。他以传承和弘扬民族文化为己任,将自己倾注大量心血制作的精美手工艺作品带到世界各地参展,向世人展示蒙古民族手工艺品的精湛和绚丽。

2015年，阿腾都西从全国亿万青年中脱颖而出，荣获第19届"中国青年五四奖章"，该奖章是团中央、全国青联授予青年的最高荣誉。

（七）全国农业技术推广先进工作者乌敦

乌敦，女，蒙古族，是乌审旗的优秀科技工作者。她倾注半生心血把自己的职业当成一项伟大的事业，一家几代人都一心扑在了细毛羊改良事业当中，她对待科技工作一丝不苟，被畜牧战线上的老搭档及农牧民朋友称为"铁娘子"，为鄂尔多斯细毛羊事业做出了重要贡献。

20世纪80年代初，在乌审旗人民政府的大力支持下，旗农牧业局开始致力于细毛羊品种改良科技攻关，先后从澳大利亚引进60多只优质澳美公羊，建起了鄂尔多斯细毛羊种羊场。乌敦作为主要技术骨干，与其他工程技术人员一起承担了澳美型种羊的选种培育工作，经过几年的精心选育和饲养管理，培育出了由原来的毛用型羊到毛、肉双项高产的细毛羊新品种——澳美型细毛羊。经区内外专家评审鉴定，本地培育出的澳美型细毛羊，在羊毛品质和毛、肉生产质量等方面均达到国内先进水平，基本接近或达到澳洲美利奴细毛羊标准。为实施好"牲畜种子"工程，使细毛羊三期科技攻关取得新突破，乌敦与其他技术人员长期深入农村牧区，进行种畜普查鉴定及选种选配工作，在他们的努力下，全旗建起"四有"标准绵羊中心配种站253处，输精点1050处，有效地控制了混交、自交、混血现象，促进了全旗畜种培育工作的进一步发展。

目前，乌审旗细毛羊存栏达120万只，85%以上的基础母羊全部上站实施人工授精，每年人工授精母羊数达70余万只，全旗绵羊良种率达98%。同时，乌敦长期深入农村牧区，大力推广普及绵羊人工授精及胚胎移植技术，并亲自指导农牧民进行科学饲养。经过几年选种、选育，乌审旗细羊毛打出了"乌审羊毛"品牌，列国内羊毛品种之首,达到了澳毛水平。

乌审旗是鄂尔多斯细毛羊的主产区,年产5000吨以上细羊毛,但羊毛销售市场不规范,致使农牧民羊毛收益受损,乌敦想尽一切办法,通过各种渠道为养殖户寻找羊毛销售出路,细化细羊毛流通体制改革,积极争取细羊毛补贴政策,促进细羊毛产业健康发展和牧民稳步增收。2008年,鄂尔多斯细毛羊被农业部农产品质量安全中心认证为中国首批地理标志产品。鄂尔多斯细毛羊产业已经成为乌审旗农牧业产业的三大主导产业之一,牧区牧民60%的收入来自于细毛羊产业。

1987年,乌敦被旗人民政府授予农牧业技术推广先进个人;2005年被农业部授予全国农业技术推广先进工作者;2006年被旗委政府评为全旗"10杰女性";2008年被授予"全区道德模范"荣誉称号;2009年被全国老区促进会评为"全国老区妇女创业创新标兵"荣誉称号;2011年当选为鄂尔多斯市第四届党代表;2012年获农牧业丰收一等奖;2016年取得农业技术推广研究员职称(正高级);2017年12月获自治区农牧业丰收一等奖。

(八)全国优秀科技辅导员吉仁太

吉仁太,乌审旗蒙古族实验小学校长。他从教34年间,长期耕耘于民族教育事业的沃土上,将科学教育理念融入教学工作,几十年如一日,不断将科技创新的种子和希望播撒在莘莘学子的心中,以务实的作风、出色的业绩,带领陶利中心小学获得"现代教育技术优秀学校""青少年科技教育示范学校""自治区文明学校"等荣誉。《人民日报》《光明日报》也曾对他和学校的科技教育工作进行了专题报道。在担任乌审旗蒙古族实验小学校长期间,通过开展"情景、主题、有效"的课堂教学模式,极大地带动了学校各项工作的改革创新,其中尤以科技创新教育的实践,成功打造出一张亮丽的教学名片。历年来,在他的理念指导下,学生科技作品获国家级奖项15人次、自治区级奖项26人次,有4名同学的作品被收入了《中国青少年年鉴》。

根据多年对于科技教育的经验和实践,他倾注大量心血整理,先后出版教育教学手册和论文多篇,主编23本教材,被全旗民族学校广泛使用,撰写的《怎样开展牧区少先队活动》《对校外科技活动中素质教育的探索》《浅谈学校校长工作》等13篇论文在国家、自治区、市级报刊杂志上发表,为乌审旗科技教育工作的创新和开展,提供了宝贵的经验。由他担任主编的《乌审旗青少年科技创新大赛获奖作品集》也即将由内蒙古教育出版社出版。在吉仁太的教育模式带领下,乌审旗蒙古族实验小学成为乌审旗教育领域一个特色学校,也为民族地区科技教育的发展起到了良好的示范和带头作用。

吉仁太曾先后获得"全国优秀科技辅导员""全国优秀教师""鄂尔多市专业技术拔尖人才""鄂尔多斯市十大杰出青年""乌审教育功臣"等70多项殊荣。

(九)"国家农业劳动模范"苏雅拉达来

苏雅拉达来,乌审旗文海农牧业开发有限公司的总经理。1996年,苏雅拉达来承包了1640亩基本沙化的草场,准备发展种养殖业,但是由于条件艰苦、技术落后,再加上底子薄、实力弱,当时的种养殖业举步维艰。面对困难,他没有选择退缩,而是稳扎稳打,用勤劳的双手和善于思考的大脑,积极改变着落后的生产方式,努力学习科学技术,狠抓畜种改良和种植方式,使养殖水平和规模逐渐提高,为后来的规模化养殖打下了基础。

2000年开始,苏雅拉达来夫妇逐渐提高养殖规模,首先在政府的帮助下种植了300多亩柠条,800亩优质牧草,10000多株树苗,之后大力增加牲畜头数,提高年出栏量。2003年,牲畜数目已达到200只,

2006年,更是达到500只,规模化养殖初见成效。苏雅拉达来从2009年初开始,通过设想并尝试,经过2年的努力,2011年,发明了轨道喂料机和全自动牲畜饮水机,并大获成功,解决了冬天牲畜喝温水的问题,该设备还具备节约水资源、环保、防冻等功能。同年,他的产品获得了国家专利,并录入自治区农机补贴目录,并于2012年开始生产推广,目前已惠及自治区各地牧民1200余户,已销售推广4000多台。轨道喂料机和全自动牲畜饮水机上市后,苏雅拉达来又设计制造了饲料调配机、羊羔喂奶机等系列农牧业机械配套设施。

作为一名科技创新型农牧民,苏雅拉达来积极响应农牧业产业政策,不断钻研科技,多次获得国家专利认证。同时,他把"互联网+"融入到农牧业生产中,运用手机控制大型喷灌,为羊群安装卫星定位系统,带动了科技创新高效增收。他不但自己创业,还带动周边贫困牧民共同发展,给他们送去了技术、思路、资金等方面帮助,为他们免费提供农业机械。在他的帮助下,他家周边的四户贫困户早已脱下贫困的帽子。

如今,苏雅拉达来家已成为规模养殖与种植基地为一体的现代化种养殖大户,他通过自己的聪明才智和过人的胆识,探索出了一条特色的现代化养殖之路,为推进新农村、新牧区建设引领了方向,是名副其实的科技兴牧带头人。2014年,苏雅拉达来获得"鄂尔多斯市劳动模范"荣誉称号,2015年,获得"内蒙古自治区劳动模范"荣誉称号,2018年,获得"国家农业劳动模范"荣誉称号。

(十)中国电影音乐一线作曲家查干

查干,蒙古族,国家一级作曲家、原内蒙古民族歌舞剧院艺术总监、内蒙古音乐家协会副主席,"中国·乌审马头琴交响乐团"特邀指挥、艺术总监。查干是草原执著的歌者,他从鄂尔多斯乌审草原一路走来，为着民族艺术，为着事业追求，孜孜以求，连续五年考了九次艺术团体，最终被鄂尔多斯歌舞团录取。这位性格倔强的草原之子，凭着超人的天赋和惊人毅力，师从著名指挥家魏家稔、作曲家杜兆植、钢琴教育家色福勒玛，在民族音乐的艺术王国里迸发灵感、魅力四射。他完成了电影《暖春》《天边情歌王洛宾》等20多部电影的音乐作曲。电影《赛音马吉克的儿子》配乐获第25届中国电影金鸡奖最佳音乐提名奖。担任电影《剃头匠》的音乐作曲，该片荣获2006年第37届印度国际电影节金奖。他是荣获2006年第23届中国电视金鹰奖、2007年全国电视剧飞天一等奖、全国五个一工程奖的电视连续剧《走进石锁沟》的作曲，本剧主题歌《石锁沟》已被列为中央电视台电视剧频道经典歌曲。他的影视音乐作品，目前已达150多部，他已进入中国电影音乐一线作曲家的行列。

他的作曲，具有民族的风格、时代的特色、奔放的节奏和高超的技艺，这也是他的舞蹈音乐，在全国各种舞蹈专业比赛中六次荣获创作大奖的原因，他也是内蒙古唯一一名在全国多项舞蹈大赛中获奖的作曲家。蒙古族经典风情歌舞剧《蒙古利亚婚礼》已演出200余场，他是该剧的总策划、作曲、作词和指挥。2007年12月，他在内蒙古呼和浩特举办"查干《阿瓦图腾》作品音乐会"，演出他创作的《石锁沟》《草原人家》《想回家》《草原情》等影视音乐作品、舞蹈作品、器乐作品和声乐作品22首，引起轰动。

2010年，乌审旗成为马头琴保护、传承基地，查干毅然辞去北京及国内、国外音乐创作交流组织的盛邀，一次次从北京返回乌审旗，纵横在马头琴故乡丰厚的艺术天地间。中国·乌审马头琴乐团于2010年3月成立后，2013年5月又转建为"中国·乌审马头琴交响乐团"，这是中国唯一的以蒙古族传统乐器马头琴为主弦乐、且有浓郁的民族特色和地方风格的专业多声部交响乐团。该团历练精华演出曲目50余首，

■ 查干指挥马头琴管弦乐曲《吉祥乌审》演奏

形成了演绎诠释不同风格经典音乐作品的艺术表现力。查干和"中国·乌审马头琴交响乐团"带着马头琴,将鄂尔多斯的民族音乐介绍向全国和全世界,受到了热烈的欢迎。2012年,查干获得"内蒙古草原英才"称号。

(十一)"中国好人榜"敬业奉献好人朱广宇

朱广宇,男,蒙古族,1953年3月生,中共党员,初中学历,乌审旗嘎鲁图镇神水台村党支部书记。2005年撤乡并镇之初,神水台村还是一个出了名的贫困村。2009年村"两委"班子换届中,朱广宇高票当选为神水台村党支部书记。56岁的他,毫不犹豫地接过了这个担子,全身心地投入到神水台村事业发展中。2010年正月,朱广宇被诊断出胃癌。手术后,他的胃只留下了三分之一,面对病痛的折磨,他仍然每天坚守工作岗位,为乡亲们能早日过上好日子奔波劳碌。

2015年,神水台村被确定为乌审旗美丽乡村建设示范点后,朱广宇更是将全部的精力都放在乡村建设上,截至2017年,全村先后完成危房改造135户,实施322户、1570人的安全饮水工程,完成街巷硬化15千米、乡村道路14.4千米、发展数字电视用户256户,共拆除危旧房115处,清理垃圾270户3800吨,整修围栏38000米,绘制了文化墙,配备了公共厕所和垃圾桶等公共设施,修建了一批休闲步道和景观凉亭,绘就了一幅美丽神水新画卷。

在朱广宇的带领下,截至2017年,全村8户贫困户全部实现脱贫。朱广宇还出谋划策,带领乡亲奔小康,在他的坚强带领下,神水台村的面貌发生了翻天覆地的变化,成为了蒙陕边境上小有名气的明星村。如今的神水台村,不仅是乌审旗环境最美的乡村,也是经济发展、乡风文明、群众和谐的新农村新牧区示范村,先后被授予"中国美丽休闲乡村"、自治区卫生村、全市"十美"庭院示范嘎查村、内蒙古自治区休闲农牧业与乡村牧区旅游示范点,成为自治区美丽乡村示范点和新农村建设示范村。

朱广宇曾获评第五届自治区道德模范提名奖、第五届鄂尔多斯市敬业奉献道德模范。2016年获评"中国好人榜"敬业奉献好人。

(十二)"中国好人榜·敬业奉献好人"草原"阿腾奶奶"

阿腾苏都,女,乌审旗人,在乌审旗基层医疗岗位工作60多年,耄耋之年仍为患者诊疗治病。1956年她16岁时,被乌审旗选送,赴自治区首府呼和浩特市学习助产及妇科技能,踏上了基层医疗之路。当年,她几乎走遍了乌审旗72个大队,经常是几天几夜骑马颠簸在漠间河谷。过年过节,冰天雪地,半夜三更,她都曾出诊过。阿腾苏都总说自己文化不高,只上了小学,但她的医术却是远近闻名,她曾一晚上骑马奔波于乌审草原,为7名产妇接生。

阿腾苏都曾在当时的伊盟医院进修三年,见识了各种妇科疑难杂症。之后接任乌审旗妇幼保健所所长,这一干就是 18 年,直到 1995 年退休。这 18 年里,阿腾苏都及她带领的一班人起早贪黑、废寝忘食地工作,乌审旗妇幼保健所,由过去的一无所有,变成了后来的全国文明单位。但几十年的过度劳累,让她各种疾病缠身,糖尿病、胆囊切除、神经衰弱、高血压、风湿病折磨着她,但从未看到她因此而耽误过一点工作。

退休后的"阿腾奶奶"也没闲着,很多妇科医院请她坐诊,找她看病的人也络绎不绝,"从医这么多年,我从来没和患者产生过纠纷,我尊重我的职业。"

2016 年 10 月,阿腾苏都乳腺出现问题,医生建议她去大医院确诊治疗,但因为当时有几位患者慕名前来住院看病,其中一名叫阿拉腾花的贫血病人还是从伊旗来的,她不忍心扔下病人,又耽搁了下来,心急的儿子忍不住埋怨:"你一天到晚给人看病,自己的命不要了?"当她跟随儿子到天津一家医院检查时,被查出乳腺癌。阿腾苏都在这家医院做了乳腺切除手术,现已完全康复。

2018 年 1 月 10 日,中央文明办在广东惠州举办全国道德模范与身边好人现场交流活动,发布 2017 年 12 月"中国好人榜",乌审旗"白衣天使"阿腾苏都入选"中国好人榜·敬业奉献好人"。

(十三)"中国好人榜"孝老爱亲好人卓娜

卓娜,女,蒙古族,1970 年 3 月出生,中共党员,1996 年参加工作,是乌审旗公安局一名普通干警。她用柔弱的双肩承担了生活的重压,为久病的家人撑起了生存的希望,在家人的心里,她就是依靠,是不离不弃、相扶相持的好女儿、好姊妹。她细致入微,照顾瘫痪母亲 10 年、为母亲和癌症父亲养老送终之后,又义不容辞地照顾因先天性遗传患病、生活不能自理的妹妹,直到妹妹2013年离世。

卓娜把半生时间都花在照顾亲人上,用柔弱的双肩承担了一家人全部的生活重压,为久病的家人驱散生命的阴霾。更让人肃然起敬的是,为了全心全意照顾好家人,条件本来很好的卓娜选择放弃结婚,对于她来说,婚姻已经是无法兼顾的。二十几度春秋更替,一个如花的姑娘如今已渐入中年,可她对亲人的孝心、爱心、责任心却从未改变。

2010年,卓娜被评为全市公安机关"十佳"监管民警和全市第三届孝老爱亲道德模范;2014年9月,卓娜荣获全区第四届孝老爱亲道德模范;2014年12月,卓娜获评"中国好人榜"孝老爱亲好人。

四、创业能手

(一)返乡创业的农民梁小平

梁小平,乌审旗无定河镇无定河村蘑菇台六社农民,中共党员,现任乌审旗无定河社会化综合服务协会会长。他是乌审旗公认的"头号职业农民",是一个"不安分"的庄稼汉,他耕作的每一寸土地,都渗透着"商业经营"的气息。2012年,在外面摸爬滚打多年的梁小平,返回家乡开始创业。他承包了村里1000多亩荒地,建立了有机水稻、瓜果种植基地。第二年,在无定河镇政府的支持下,成立了公司,建起稻米加工厂,购置了"一条龙"加工设备,彻底改变了当地农民得把水稻运到300多千米之外的宁夏加工的窘况。

2013年,一次偶然的机会,梁小平从电视里看到东北有人在稻田里养殖螃蟹的成功案例,便只身一人前往东北考察学习,并成功引进了稻田养殖螃蟹技术,实现了一地两用、立体生态种养。稻香蟹肥、增产增收的"钱"景吸引着越来越多的农民参与其中。他的公司一方面搞种植、加工,另一方面与农民签订协议,并提供种子和有机肥,农民只管种田,产品公司回收,全村水稻种植面积达到 2300 亩,亩产按 550 斤算,农民一亩净挣 2000 多元。2017 年,他又跨村发展,在几十里外的巴图湾村通过土地流转,承包种植水稻 500 亩。

鉴于水稻产业在稳粮增收、致富农民上的潜力,乌审旗、无定河镇两级党委、政府大力支持,积极帮助加以推动,为无定河有机水稻种植投入了全旗首家农产品质量安全"全程可追溯系统",真正实现了产品从田间到餐桌的安全。2015 年 2 月,无定河大米通过有机产品认证,2016 年和 2017 年,连续两届获得中国食品博览会金奖,一斤米卖到了 30 元。梁小平在东胜、呼市、榆林都设了专卖店,"无定河"大米一路畅销,供不应求。

5 年来,梁小平在无定河村和巴图湾村的水稻种植面积累计达到了 2800 亩,年产有机水稻 150 多万斤,加工大米 70 多万斤,实现产值收入 3000 多万元,纯收入达 500 万元。并带动周边 60 多户农户走上致富之路,年人均纯收入达到 2 万多元。梁小平吃透中央和各级惠农政策,利用无定河流域得天独厚的优势,瞄准乡村休闲养生、观光旅游产业,带动乡亲们通过绿色农副土特产品实现增收致富。梁小平先后获得鄂尔多斯市"青年创业先锋""五一劳动奖章"等荣誉称号。

(二)渔业致富的领头人郝成洋

郝成洋,男,乌审旗人,水产专业毕业,乌审旗淡水渔业养殖协会会长、淡水渔业工程师,同时也是鱼场长。2010 年,郝成洋被聘为萨拉乌苏旅游文化发展有限公司渔业公司总经理,2010 年以来,他坚持以水为家、以渔为业,狠抓渔业生态治理,使渔政工作逐步步入正规化,巴图湾水库渔业资源得到了有效保护。

郝成洋深知品牌的重要性,在他的带领下,2008 年,渔场的 8 种鱼类均被国家有机食品认证中心认定为有机食品。2013年,"巴图湾渔业"获得市级知名商标。2014年,"巴图湾渔业"获得自治区级著名商标。2014年,基地被农业部评为水产健康养殖示范场。2015年,内蒙古巴图湾渔业有限责任公司被认定为市级农牧业产业化重点龙头企业。同年,被评为内蒙古"名优特"农畜产品,2016年6月,"巴图湾鲤鱼""巴图湾甲鱼"被认证为中国地理标志产品。同时,为提升巴图湾野生水产品的知名度和美誉度,几年来郝成洋还组织、参加了数十场产品展销、博览会,通过一系列合理的价格调控,大大提高了野生鱼的经济价值。

郝成洋编写的《水产养殖知识》《健康养殖新理念对传统养殖的思考》《稻田培育蟹种生态种养技术探讨》《巴图湾水库生态渔业综合开发技术探讨》等论文和书籍已成为乌审旗乃至全鄂尔多斯水产养殖发展必不可少的专业科技书籍。巴图湾鱼场在他的带领下,现有养殖户690户,带动参与周边养殖户1380户3556人,基地水域养殖面积达到了13800亩,年产量100吨以上。

(三)蒙古小伙斯庆毕力格的电商之路

斯庆毕力格,2009年考入蒙古国际大学外语教育学院;2010年转入蒙古国际大学商务管理系,学习管理学专业;2011年,交换到美国得克萨斯州立大学尔灵顿分校国际商务管理系学习。在学习期间,他先后担任该校中国留学生学生会主席,2012年起,负责管理留学生宿舍,后来又担任学校国际学生联合会副主席。他勤工俭学,充分利用课余时间外出打工,曾担任过美国伊士曼柯达公司的摄影师,在蒙古ARJ Capital路桥建设企业做过中蒙英3语翻译,在美国金德木(Kingdom Coal Re-source)煤炭交易公司做过主管助理(驻蒙古)。2013年,他通过多方沟通协调,与韩国、美国的合作伙伴,合资创办嘎拉阿音国际旅游公司,把自己的多年学习成果真正带入了"战场"。

2015年,斯庆毕力格从蒙古国际大学毕业,并返回了自己的故乡,在鄂尔多斯市乌审旗,凭着大学期间学习的多国语言和社会实践经验,利用旗委、政府对大学生创业的就业政策,顺应了习总书记"互联网+"的创业理念,他联合了自己的伙伴,创建了乌审旗腾元电子商务有限公司,真正踏上了自己的创业之路。

鄂尔多斯腾元电子商务有限公司,由斯庆毕力格亲自运营,吸引了不少创业大学生的加入。为了弘扬"爱我鄂尔多斯"的热情,回报家乡的父老乡亲,他通过"互联网+民族特色产品",实现国家之间的产品往来和文化互通,他把家乡的产品带出了国外,把家乡的文化带出了国外,把民族的特色带出了国外。斯庆毕力格希望通过互联网,把自己家乡的更多产品推向国外,推向世界,打造出属于鄂尔多斯的又一民族品牌。

他不断进取,引领潮流,走在电子商务领域的前列,同时,他积极向旗委、政府靠拢,投入团组织的怀抱,为实现具域经济多元化发展而努力。与乌审旗大学生创业园、大学生创业孵化基地联合建立团组织,斯庆毕力格带领公司全体员工,加入选举行列,并成功担任联建团支部书记,把自身发展、磨炼,提升到了服务园区创业、就业的新高度。

(四)将乌审旗黄油卖到了美国的"牧二代"敖特根脑日布

敖特根脑日布是乌审旗图克镇图呼勒岱嘎查的一位90后小伙,他是一名"牧二代",毕业于南京航空航天大学。2015年"十一"长假结束回上海的时候,母亲在打包奶制品、牛肉干时,和他的说的一句家常话"我们老了,谁还会给你们做这些东西呢?"引起了他怎样去传承和保留传统的民族饮食文化的思考。回到上海以后,他参加了一些创业沙龙讨论会，顺便推广家乡产品，内蒙古黄油得到了很大的认可。

这次经历也增加了敖特根脑日布创业项目的信心，2016年1月，他毅然决然回到家乡，开始创业。4月，敖特根脑日布的牧名食品有限公司在乌审旗图克镇成立，首款产品"牧名"黄油也正式与消费者见面。在创业初期，敖特根脑日布遇到了一系列的问题，比如产品国际化的问题、原材料标准化的问题等，但这都难不住敖特根脑日布，只要努力，就会有希望！他为了找到达到标准的牛奶，走遍了整个鄂尔多斯大大小小的奶站、牧场、牧户，最后与创业团队达成共识，培养当地的牧户，与他们建立有机奶源产业联盟，他们的目标是与300个牧户建立长期稳定的合作关系，以此来提高牧户的经济收入和生活品质，并且提供更多的就业岗位，使更多的年轻人愿意回到自己的家乡，做自己想做的事情。与此同时，他们也遇到了一个更大的难题，那就是他们所有的创业者都没学过食品工艺这个专业，只能边做边学习。怎么样去购置设备就是其中一个大困难，敖特根脑日布希望他们的产品有一些新的创意，但是设备和传统工艺不支持，所以还得自己设计机器。其间，敖特根脑日布和他的团队设计了三款设备，黄油的提炼工艺流程和乳清的提炼工艺流程也申请了发明专利。公司生产的黄油在2019年得了自治区名优特"产品奖"，这也是整个内蒙古黄油行业里面首个得到该奖的产品，同时也被认定为（第七届）内蒙古"特色"农畜产品。通过团队三年的努力，他们生产的食品得到了认可，这也是对敖特根脑日布团队的整体认可。敖特根脑日布说："黄油是游牧民族几千年来传承下来的产品，我们做这个项目，不仅仅是产品的延续，它也是游牧民族文化的延续。团队通过近一年的努力，第一款产品黄油卖到了日本和美国，事业有了成绩以后，周边的人也慢慢开始理解，也开始支持，有一部分人已经投入到这个事业当中。"

目前，敖特根脑日布的公司生产的黄油经过日本最权威的检测中心检测认定,纯度可以达到 99.7%,而国外的黄油,大部分都是直接从牛奶中提炼出来的,纯度是 80% 到 83% 左右。牧名食品依托中国航天北斗系统提供的位置、时间和卫星通讯功能,为每头(只)牛羊佩戴智能项圈,传送牛羊的牧羊环境、定位、温度、湿度,配合实时监控、移动通讯、云技术等信息科技手段,给消费者实现可追踪有机产品总平台的纵向网络连接。目前正在建设的全程可追溯体系,将会实现每一位消费者对安全生产的知情权,此系统预计 2020 年将会和消费者见面。敖特根脑日布说:"在深入市场调查中,我们发现,咱们中国排名前十的黄油都是国外品牌,没有咱们中国的自主品牌,这也是我想做这个黄油产业的初衷。本来黄油这个东西,是几千年来从我们游牧民族延续下来的东西,现在反而是欧洲、美洲或者澳洲这些外国企业在去做,我觉得我们要延续传承这个产品,不忘初心,把它打造成世界品牌。"

第四节
安康与惬意——人民生活

中华人民共和国成立后,在中国共产党的领导下,乌审人民生活水平逐年提高。与人民群众生活密切相关的衣、食、住、行条件得到了根本性的改变。20世纪50年代时,人们所憧憬的"楼上楼下,电灯电话,""耕地不用牛,点灯不用油,"已变为现实或正在变为现实。过去人们居住的柳巴茅庵庵已经消匿,只有极少部分成为了历史遗迹。90%的人口住上了土木或砖木结构的房子,有部分人还住上了楼房和砖窑。20世纪60至70年代,人们追求的是"缝纫机、自行车、手表"等高档商品。到了80年代,"四大件"被摩托车、电视机、收录机、组合音响等高档商品所取代,甚至有汽车的个人经营亦不为罕事。进入新世纪,乌审人民的生活水平更是有了飞跃性的提升。

新中国成立70年以来,乌审旗在经济迅速发展的同时,不断加强对教育、医疗卫生等事业的投入,努力完善社会保障体系。70年间,乌审旗社会事业蓬勃发展,取得了长足进步,群众的民生福祉不断增强,人民生活欣欣向荣。

习近平总书记在十九大报告中强调:"必须多谋民生之利、多解民生之忧,在发展中补齐民生短板、促进社会公平正义,在幼有所育、学有所教、劳有所得、病有所医、老有所养、住有所居、弱有所扶上不断取得新进展。"

一、幼有所育

习近平总书记在党的十九大报告中首次提出,要在"幼有所育"上不断取得新进展,"办好学前教育",要进一步完善学前教育公共服务体系,切实办好新时代学前教育,更好实现"幼有所育"。体现了党和政府对未来一代健康成长的关心和期盼,也为新时代加强学龄前儿童的保育和教育工作,指明了前进方向,提出了明确要求。

乌审旗幼儿园起初十分落后,在1958年建立起了街道幼儿班,由达布察克镇(现称为嘎鲁图镇)创办,招收蒙、汉族儿童10余人。1959年,旗文教科接办幼儿班,并将其扩建为幼儿园,招收蒙汉族儿童75人。1968年停办。1974年,由国家拨款恢复。1976年,招收蒙古、汉族儿童120人,按年龄分班以蒙汉文授课。

改革开放后,幼儿园事业开始逐渐发展起来。1980年,达布察克镇民族幼儿园新建而成。1986年,乌兰陶勒盖苏木也建起了幼儿园。到1988年,全旗共有8所幼儿园,入园幼儿达404人,幼儿教师共43人。20世纪到80年代末,达布察克镇的幼儿园共有平房67间,建筑总面积达2000平方米。在1989年的全盟幼儿园分类定级考核中,达布察克镇幼儿园、民族幼儿园分别定为二类乙级幼儿园、二类甲级幼儿园。80年代以后,乌审旗集体和个体托幼事业迅速发展,集体办园(所)的有农机厂、邮电局、畜牧局、乌兰陶勒盖苏木等;个体办的有心心幼儿园、德吉德托儿所等。1990年,乌审旗共有12所幼儿园,包括2所公办,9所集体办及1所个体办,在园幼儿774人。达布察克镇地区学龄前儿童入园率91.43%,居全盟先进行列。

第二章 翻天覆地的光辉成就

十八大以后,乌审旗政府对幼儿园的投入不断加大,乌审旗幼儿园办学条件发生根本变化。"十二五"期间,新建蒙古族幼儿园等多个幼儿园,无定河、河南幼儿园综合教学楼竣工,到2015年,全旗共有24所幼儿园,在园幼儿6145人。注册民办幼儿园13所,共有幼儿2935人。

2016年,全旗共有27所幼儿园,在园幼儿6856人。注册民办幼儿园16所,共有幼儿3677人。2018年,第三幼儿园主体完工。2019年2月22日,内蒙古自治区教育厅公布2018年度自治区示范幼儿园认定结果,乌审旗第三幼儿园被认定为自治区示范幼儿园。

乌审旗政府对幼教事业始终给予经济、政策方面的充分支持,加大投入力度,不断改善幼儿园办学条件,促进学前儿童教育事业的发展,引导幼儿教育事业健康发展,为地区儿童提供了优质的幼儿园,推动"幼有所育"不断取得新进展。

■乌审旗第一幼儿园全景

二、学有所教

教育是提高人民综合素质、促进人的全面发展的重要途径,是民族振兴、社会进步的重要基石。

中华人民共和国成立后,乌审旗各级各类学校有计划进行发展,但1958年,由于受到"左"的指导思想影响,加上十年"文化大革命",乌审旗教育事业受到极大破坏。改革开放前,乌审旗教育事业情况主要有三部分。一是在蒙古小学方面。1953年,乌审旗在达布察克建立乌审旗蒙古族完全小学。1954年,全旗有10所蒙校。但因为牧民居住很分散,学龄儿童入学率和巩固率很低,在20世纪50到70年代,乌审旗巡回教学,分散教学及强调蒙汉合校,还是不能解决大部分牧区学龄儿童的入学问题。二是在汉族小学方面,1950年,全旗建立11所汉族区乡小学,招收学生448人,任用老师18人。1956年,达布察克镇新建汉族小学一所(二完小)。1965年,有28所农区学校,在校学生1880人,教职工102人。1976年,达布察克镇又建立汉族小学1所(三完小),后与二完小合并。70年代,很多大队都建立起了民校,但条件简陋。三是在中学方面,乌审旗于1958年创办了乌审旗第一中学,在1969年被定为完全中学。同年,河南农中改为初级中学。在1970年又成立了纳林河初级中学。

党的十一届三中全会后,经过拨乱反正,乌审旗教育事业重新走上了健康发展的轨道,采取了一系列措施,教育事业取得了显著的成绩。到1990年,在蒙古族小学教育方面,6个纯牧区苏木,已有90%以上的学龄儿童住宿就学。全旗有35所蒙古族小学,其中民办学校24所,有教师402人,其中民办教师228人,学生3104人。学龄儿童入学率98.2%,现固率98.5%,毕业率99.5%,普及率98.4%。在汉族小学教育方面,全旗共有 5 所汉族小学,其中民办 43 所,教学班 316 个,其中民办 183 个,学生 7781 人,其中民办 3782 人,教职工 556 人,其中民办 259 人。此外,还有其他部门办小学 5 所,教学班 22 个,教职工 27 人。入学率 98.7%,巩固率 99.4%,毕业率 97.8%,普及率 99.2%。并于 1987 年提前 3 年普及了初等教育。在中学教育方面,全旗有 6 所普通中学,包括 3 所蒙古族中学,其中完全中学 2 所,初等中学 4 所,另有 5 个苏木、乡、场中心小学附设 1~3 年级初中班。教职工有 438 人,初中学生 3949 人,高中生 894 人,分别比 1980 年增长 5.03%、23.3%。

进入 21 世纪,乌审旗按照办好人民满意教育的要求,在教育工作方面开展了各项卓有成效的工作,教育事业飞速发展。2001 年,乌审旗教育工作继续加强"两基"巩固提高工作,加大教育布局调整力度,深化教育体制改革,全旗教育教学质量稳步提高,高考录取率达 64%,列全市第三。2004 年~2007 年,乌审旗四年累计投入资金 8300 多万元,新建和改造校舍 5.3 万平方米,启动实施现代远程教育网络工程,教学点由 47 所撤并为 17 所,被评为自治区"两基"巩固提高先进旗县,民族教育教学质量稳居全市第一。

"十一五"期间,乌审旗优化教育布局,撤并 13 所中、小学,新建乌审旗第一中学、职业中学等 9 所中小学和幼儿园,在全市率先完成校舍加固工程,实现 15 年免费民族教育。到 2010 年,乌审旗共有 21 所学校,在校生达 14451 人。其中,小学 6 所,在校生 6212 人;中学 3 所,初中在校生 3251 人,高中在校生 1769 人,职中在校生 201 人;幼儿园 9 所,在园幼儿 3219 人。小学适龄儿童入学率达 100%。

"十二五"期间,乌审旗校舍安全改造工程、农村牧区义务教育薄弱学校改造计划等教育重点项目顺利实施,乌审旗一中、职业中学、蒙古族幼儿园等 9 所新建学校(幼儿园)顺利迁入新址,鄂尔多斯市蒙二中、高级中学、沙尔利格小学、第一幼儿园等12所学校（幼儿园）改扩建工程竣工投入使用，义务教育均衡发展，各类教育协调推进，城乡学校布局调整趋于合理，各类教育资源配置得到进一步优化。到2015年，全旗有各类学校、幼儿园39所，其中，完全中学1所，高级中学1所，职业中学1所，九年一贯制学校2所，初级中学1所，小学8所，幼儿园24所，民办特殊教育学校1所。在校中小学生12259人，在园幼儿6145人。小学适龄儿童入学率达100％。教职工1949人，其中专任教师1261人。民办特殊学校1所，在校学生19人；注册民办幼儿园13所，共有幼儿2935人。

进入"十三五"，乌审旗各类教育协调发展，教育改革全面深化，教育质量稳步提高，民族教育保持全市领先水平。2017年，图克幼儿园、蒙古族实验小学综合楼投用，招聘引进教师125名。2018年，全旗教育事业蓬勃发展，教育布局更趋合理，有各类学校、幼儿园46所，其中，完全中学1所，高级中学1所，职业中学1所，九年一贯制学校2所，初级中学1所，小学8所，幼儿园32所。在校中小学生幼儿22973人。小学适龄儿童入学率达100％。教职工2228人，其中专任教师1702人。注册民办幼儿园22所，共有幼儿4556人。同年，引进教育部直属师范院校及"双一流"大学教育人才14人，考聘教师212名；第三幼儿园主体完工，河南学校教师周转宿舍投用。

"学有所教"就是要优先发展教育，促进教育公平，全面贯彻党的教育方针，办好人民满意的教育。乌审旗坚持教育的公益性和普惠性相结合，明确提供教育公共服务的职责，不断完善现代国民教育体系和终身教育体系，保障人民享有接受良好教育的机会。促进义务教育均衡发展，健全学生资助制度，保障经济困难家庭、进城务工人员子女平等接受义务教育。

三、劳有所得

对百姓来说,"钱袋子"越鼓,生活越有保障。"劳有所得"4个字在新中国成立的70年中,含金量越来越高。70年里,从更加多样的就业渠道,到更高的可支配收入,乌审旗的劳动者有了更多的获得感。

1955年,乌审旗由以物代资制改行货币工资制,全旗党政干部281人,总工资55245分,平均每人196.6分。在实行货币工资制后,总工资为15424.3元,平均每人54.89元。

改革开放后,乌审旗在扩大就业的同时,逐步调整了工资和改革工资制度,提高了劳动福利待遇,在充分体现按劳分配原则的前提下,使分配支付逐步趋于完善,居民收入水平大幅提高,人民生活质量显著改善。农牧民人均纯收入和城镇居民人均可支配收入分别由1998年的2316元和3917元增加到2003年的3439元和6453元,年均增加225元和507元。

"十五"期间,城镇居民人均可支配收入较2000年增加4222元,年均增加844元;农牧民人均纯收入较2000年增加2142元,年均增加428元。

2010年城镇居民人均可支配收入和农牧民人均纯收入分别达到21116元和8754.6元,分别是2005年的2.3倍和1.8倍,年均增加2412.2元和794.3元。职工工资有较大增长。在岗职工年平均工资达到54244元,与2009年相比人均纯增10046元,增长22.7%。其中:企业在岗职工年均工资37992元,事业单位职工年均工资60745元,国家机关公务员年均工资53313元,分别比上年增长1.0%、32.3%和19.8%。

"十二五"期间,城镇常住居民人均可支配收入和农村牧区常住居民人均可支配收入由 2010 年的 21116 元和 8755 元分别增加到 35717 元和 14418 元,分别较"十一五"末增长 69.14% 和 64.68%。

2016 年,抽样调查资料显示,城镇常住居民人均可支配收入达到 38431 元,同比增长 7.6%;农村牧区常住居民人均可支配收入达到 15471 元,同比增长 7.3%。

2017 年,乌审旗城镇常住居民可支配收入人均达 41582 元,同比增加 3151 元,增长 8.2%。2017 年,城镇常住居民人均工资性收入为 23887 元,同比增加 1720 元,增长 7.8%。

2018 年,城乡常住居民人均可支配收入分别达到 44784 元、18263 元,同比增长 7.7% 和 9.3%。

劳动是创造财富的源泉,对百姓来说,"钱袋子"越鼓,生活越有保障。让全体人民共享改革发展成果,是加快转变经济发展方式的内在要求,也是维护社会公平正义、促进社会和谐稳定的迫切需要。70 年来,乌审旗就业渠道更加多样,居民可支配收入不断增加,一项项改革的红利正在惠及每一位劳动者。

四、病有所医

从最初的有病看病,到治病防病,再到现在病有所医,乌审旗卫生事业历经 70 年的发展,发生了翻天覆地的变化。遍布城乡的医疗机构、标准化的村卫生室、精干的医疗服务团队、逐步发展壮大的中蒙医药事业等等,这些看得见摸得着感受到的变化,为乌审旗卫生事业的发展变化留下了印记,不断增进着人民的健康福祉。

中华人民共和国成立前,乌审旗没有医政机构,也没有专职人员和业务活动。中华人民共和国成立后,卫生事业进入创业阶段。1950 年后,乌审旗卫生工作一直实行旗、苏木乡、嘎查村三级预防、保健医疗制度。1952年,乌审旗人民政府组建乌审旗卫生院,建立初期未设病床。到1955年设立病床6张。1960年,改建为卫生防疫保健综合医院,病床增至30张。1963年,改名为乌审旗人民医院。

中华人民共和国成立后到改革开放前,乌审旗建有乌审旗人民医院、乌审旗妇幼保健所、乌审旗卫生防疫站、乌审旗蒙医医院、图克中心卫生院及巴图湾中心卫生院。建有沙尔利格苏木卫生院(这是乌审旗第一个群众兴办的基层医疗机构)、陶利苏木卫生院等12所苏木乡卫生院。

改革开放后,乌审旗卫生事业迅速发展起来,农村牧区卫生医疗条件得到了很大的改善。1978年,乌审旗嘎查村的医疗站改制,实行乡村个体行医制度。1990年,恢复了嘎查村级卫生机构,又开始实行农村牧区三级预防、保健医疗制度,并初步组建了全旗58个嘎查(村)级卫生室。

2001年,乌审旗认真组织实施区域卫生规划,深化医药卫生体制改革,加强三级医疗、预防、保健网络建设,城乡医疗卫生条件进一步改善。2004年,卫生工作依托项目建设,改善基础条件,相继建成疾控中心大楼和妇幼保健大楼,蒙医院门诊楼开工建设,对苏木乡镇卫生院全面实施"旗办旗管",新型合作医疗工作进展顺利。2005年,稳步推进医疗卫生体制改革,全面完成基层卫生院"旗办旗管"。

"十一五"期间,乌审旗深化医药卫生体制改革全面展开,城乡卫生一体化发展框架初具规模。覆盖城乡的医药卫生服务体系逐步完善,疾病防治能力不断增强,基本医疗保障制度稳步发展。卫生事业投入由2006年1654万元增加到2010年8926万元,增加了4.4倍。累计投入2700多万元,用于改善卫生基础设施建设,旗人民医院新建项目土建完工,建成6所标准化中心卫生院,改造76所卫生室,公立医疗机构实现药品零差品率销售。建立5.4万多份城乡居民健康档案。

先后累计引进卫生专业技术人员130多名,均充实到旗、苏木镇两级医疗卫生机构临床第一线。卫生专业技术人员由2006年245人增加到344人,其中高级专业技术人员由2006年11人增加到41人。到2010年,全旗共有公立医疗卫生单位18个,5个旗级医疗卫生单位分别为旗人民医院、蒙医院、妇幼保健所、疾病预防控制中心、卫生监督所,12个苏木镇卫生院(6个中心卫生院,6个普通卫生院),1个社区卫生服务中心;有76个嘎查村卫生室;有私立医院3家,分别为广济、博仁、永康中西医院、门诊部1个(惠康门诊部)、诊所32个(其中嘎鲁图镇区25个,苏木镇区7个)。公立医疗机构有公职人员381人,其中卫生专业技术人员344人,占90.3%;有执业资格(执业医师、执业助理医师、执业护师)249人,占技术人员的72.4%;嘎查村卫生室共有从业人员87人;私立医疗机构有卫生技术人员90名;全旗医疗机构病床总数为333张。

■乌审旗人民医院新院址启用

"十二五"期间,旗人民医院迁建项目投用,4所卫生院、53所标准化卫生室建成,医疗卫生服务网络不断健全。2015年,全旗共有公立医疗卫生单位14个。5个旗级医疗卫生单位,分别为旗人民医院、蒙医医院、妇幼保健所、疾病预防控制中心、卫生监督所,8个苏木镇卫生院(6个中心卫生院,2个普通卫生院),1个社区卫生服务中心;有65个嘎查村卫生室;有私立医院4个,分别为广济、博仁、康元、永康中西医院、诊所27个(西医9个、中医7个、蒙医11个)。公立医疗机构现有公职人员543人,其中卫生专业技术人员496人,占91.34%;有执业资格422人,占技术人员的85.08%;嘎查村卫生室共有从业人员91人;全旗公立医疗机构病床总数为437张。

2017年,蒙医医院迁址新建完工,成功创建"全国基层蒙中医药工作先进旗",招聘医务人员34名。2018年,医疗卫生支出24209万元,同比增加31.3%。启动全国健康促进旗建设,成功创建自治区慢性病综合防控示范区,蒙医综合医院投用,疾控中心传染病应急实验楼封顶,邀请清华大学第一附院、国际蒙医医院等知名专家开展集中义诊活动9次;为65周岁以上老年人免费接种肺炎与流感疫苗,惠及4900多人。截至年末,全旗公立医疗卫生单位16个,7个旗级医疗卫生单位,分别为旗人民医院、旗蒙医医院、旗妇幼保健计划生育服务中心、旗疾病预防控制中心、旗卫生计生综合监督执法大队、爱卫办、健康卫生所。8个苏木镇卫生院(6个中心卫生院,2个普通卫生院), 1个社区卫生服务中心;有61个嘎查村卫生室;6个社区卫生服务站。有民营医院4家(广济、博仁、永康中西医院、新康中医院)、诊所39个(门诊部1个、卫生所1个、医务室8个、西医8个、蒙中医21个)。全旗医疗机构现有职员1091人,其中卫生专业技术人员870人;持有执业资格人员:执业助理医师326人(执业医师279人)、注册护士299人,药师53人,技师54人(检验师35人);嘎查村卫生室共有从业人员 74 人;全旗医疗机构编制床位数为 661 张,实有床位数为 772 张。全旗公立医疗机构现有职员 541 人,其中卫生专业技术人员 459 人;持有执业资格人员:执业助理医师 148 人(执业医师 135 人)、注册护士 187 人,药师 36 人,技师 32 人(检验师 17 人);全旗公立医疗机构编制床位数为 496 张,实有床位数为 590 张。

健康是人类的永恒追求。"没有全民健康,就没有全面小康。"改革开放以来,乌审旗卫生与健康事业加快发展,医疗卫生服务体系不断完善,基本公共卫生服务均等化水平稳步提高,公共卫生整体实力登上新台阶,居民健康水平持续改善。

五、老有所养

党的十八大以来,习近平总书记曾在不同场合多次强调,要积极应对人口老龄化,大力发展老龄服务事业和产业。"要完善制度、改进工作,推动养老事业多元化、多样化发展,让所有老年人都能老有所养、老有所依、老有所乐、老有所安。"乌审旗切实推动多元化养老事业服务,养老事业蓬勃发展。"十一五"期间,乌审旗城镇居民养老金标准达到每月 450 元以上,农牧民养老金标准达到每月 260 元。"十二五"期间,城乡居民养老金分别由每人每月 450 元、200 元提高至 575 元、335 元;连续五年上调企业退休人员养老金,人均养老金每月达到 3012 元;累计为全旗 75 周岁以上老年人发放高龄津贴 2670 万元,老年养护院、乐龄日间照料中心等一批养老基础设施投用。

近年来,为贯彻落实《内蒙古自治区人民政府关于加快发展养老服务业的实施意见》,乌审旗进一步加大养老服务基础设施建设,初步形成了以"居家为基础、互助为依托、机构为支撑、社会为补充、医养结合"的养老服务模式。全旗共有机构养老床位数 300 张,社会养老床位数 220 张,农村互助养老床位数 490 多张,达到每千名老年人拥有养老床位 70 张。

乌审旗社会化养老服务水平不断提升,养老服务综合环境全面改善:一是截至 2018 年 7 月,乌审旗累计投入资金 3500 多万元,全面提升机构养老水平。建设了图克敬老院、嘎鲁图镇综合社会福利中心和无定河敬老院 3 所综合性养老服务机构,设置床位 300 张。二是不断加强社会养老服务设施建设,建成了集医疗、护理、颐养关怀、康复健身为一体,面向全旗不能自理和半自理老人提供服务的乌审旗老年养护院,设置床位 140 张。目前,乌审旗老年养护院 A 座投入运营,已收住失能、半失能老年人 50 多人,2018 年启动 B 座建设。三是有序推进农村牧区互助养老项目。累计投入资金 1500 万元,新建和改扩建 12 所农村牧区互助养老幸福院,共有可居住房间 245 间,可覆盖互助养老幸福院周边 1849 名老年人。目前,无定河镇堵嘎尔湾村、巴图湾村,乌兰陶勒盖镇胜利村,图克镇大牛地村,苏力德苏木陶尔庙嘎查、陶利嘎查、沙尔利格社区 7 所互助养老幸福院投入运营,其余 5 所互助养老幸福院全部具备入住条件。四是积极探索居家养老服务模式。建立"12349"便民为老服务平台,开通"12349"便民为老服务热线,联合社区、社会组织、企业、商家、通讯公司及社会各界力量共同为全旗 65 周岁以上老年人提供生活问询、紧急生活救助查询和社会救助服务等,对 65 周岁以下的居民实行低偿的便民服务。五是全面实施医疗卫生与养老服务相结合。乌审旗老年养护院和嘎鲁图中心敬老院被确定为全旗医养结合试点,引进先进地区的人性化管理理念,集养老、护理为一体,与乌审旗蒙医院签订长期合作协议,建立了医疗器械及常用药品配备齐全的专用药房,旗蒙医院安排专门医护人员长期坐诊,为老人提供专业的医疗、康复、护理等全方位的服务。推进养老机构护理型床位建设,2017 年,投资 40 万元,为各敬老院新采购护理床 100

张,护理型床位与供养服务机构床位总数的占比达到30%。此外,与旗卫计局协调,为全旗各敬老院、互助养老幸福院建立新农合、大病保险、医疗救助"一站式"直报系统,极大地方便了老年人医疗费用结算报销。

六、住有所居

一直以来,住房问题是民生重大问题之一,关系着千家万户的基本生活保障,正因为如此,党的十九大明确提出:"房子是用来住的,不是用来炒的"。近年来,乌审旗把"住有所居"到"住有宜居"作为一个渐进的民生目标,精心计划、稳步推进,着力改善人居品质,惠及全旗群众。

2004年,乌审旗旧城改造启动中心区建设工程,拆建迎街商业房3500平方米,住宅小区动工建设。2008年,乌审旗人均住房面积达到26.62平方米,达到全市领先水平。2009年,乌审旗建成保障性住房8.7万平方米,嘎鲁图镇和图克镇精品移民小区具备入住条件,整体搬迁乌审召布日都农牧民177户、614人。"十一五"期间,共建成16.5万平方米经济适用房、7450平方米廉租房。

2014年,乌审旗城镇居民人均住房建筑面积28.8平方米,农牧民人均住房面积31.7平方米。2015年,城镇居民人均住房建筑面积29.1平方米,农牧民人均住房面积33.7平方米。"十二五"时期,乌审旗共建成各类保障性住房2191套。2017年,乌审旗完成棚户区改造704户。

如今,人们已逐渐从低矮平房,搬入了宽敞明亮的高楼大厦,从简陋棚户,住进了配套完善的住宅小区,乌审旗广大群众从"住有所居"迈向了"住有宜居"。

七、弱有所扶

发展是摆脱贫困的唯一途径。70年以来,特别是改革开放以后,乌审旗大力推进扶贫工作,随着《国家八七扶贫攻坚计划(1994~2000年)》《中国农村扶贫开发纲要(2001~2010年)》《中国农村扶贫开发纲要(2011~2020年)》的实施,扶贫工作取得很大的成绩。

从1983年~1987年4月底,乌审旗共使用扶贫资金61.3万元,对全旗2815户4847人进行扶持。全旗的贫困户由1983年占全旗农牧区总户数的27.58%下降到1986年的16.29%,贫困人口由1983年占全旗农牧区总人口的27.7%下降到1986年的17.33%(农区人均年纯收入120元以下,牧区人均年纯收入150元以下者为贫困户)。1989年,全旗审定落实扶贫项目21项,总投资557万元,共扶持贫困户2572户11034人,已解决温饱问题2070户9160人,脱贫309户1361人。1986年,国家成立了专门的扶贫工作机构,在全国范围内开始实施有组织、有计划、大规模的农村扶贫开发,确定了划分贫困线的标准,乌审旗是国家级贫困(旗)县。

1999年~2003年,乌审旗五年累计投入扶贫资金1867万元,实施了生态移民、移民扩镇、千村扶贫开发等工程,共移民431户、1716人,解决了2万多人的生活困难问题,使2300多户贫困户达到巩固温饱的目标。

2011年12月,乌审旗正式退出国家级贫困县。"十二五"期间,落实扶贫开发项目121项,实现12260人稳定脱贫。

2017年,乌审旗39户104名国贫人口稳定脱贫,854户2351名市级低收入人口人均增收20%以上,全面落实"六个精准、五个一批"扶贫措施,投入各类扶贫资金1亿元。

2018年,乌审旗全力推进精准脱贫。落实各类扶贫资金4893万元,新识别的12户40名贫困人口稳定脱贫、2户5人纳入兜底保障范围,438户1116名巩固扶持人口持续增收。贫困人口看病就医报销比例达到90%以上。通过开发公益性岗位、聘用护林员和草原管护员等方式实现91名贫困人员就业。8户兜底建房贫困户喜迁新居。

习近平同志在十九大报告中指出,坚决打赢脱贫攻坚战。要动员全党全国全社会力量,坚持精准扶贫、精准脱贫,强化党政一把手负总责的责任制,坚持大扶贫格局,注重扶贫同扶志、扶智相结合,深入实施东西部扶贫协作,重点攻克深度贫困地区脱贫任务。乌审旗坚决贯彻党中央部署,确保到2020年农村贫困人口实现脱贫,解决区域性整体贫困,做到脱真贫、真脱贫。

八、其他便民服务

(一)全民健身文体馆

乌审旗全民健身文体馆位于全民健身活动中心北侧,是乌审旗建立的第一个多功能综合性体育馆,内设篮球场、羽毛球、乒乓球等活动场地。场馆运营单位为乌审旗体育事业发展中心,上级主管单位乌审旗人民政府。2016年底竣工投入使用,项目总投资7000万元,用地面积为16亩,体育馆建筑面积10278平方米,局部四层,室内场地面积2500平方米,可容纳31100名观众。

(二)城镇绿地生态建设

"绿水青山就是金山银山",是习总书记新时代生态文明建设思想的核心价值观。生态兴则文明兴,乌审旗一直充分认识到这个城市发展规律,助力生态系统建设。

2005年,乌审旗正式提出"建设生态型文化城市"的发展目标,经过多年的建设,现在的乌审旗已经从"沙漠小镇"成为"园林县城"。2004年~2007年,乌审旗人均绿地面积由7.3平方米增加到19.1平方米。2007年,乌审旗着力打造城市生态景观,城市森林、环城林带、"四小园区"和主要街道绿化改造加快推进,新增绿地12.6万平方米,人均绿地面积近20平方米。2008年,乌审旗人均绿地面积达到22.8平方米,居于全市领先水平。2009年乌审旗荣膺"中国绿色名县"。"十一五"末,乌审旗府所在地嘎鲁图镇人均绿地和城区绿化覆盖率和绿地率分别达到35平方米,达40.7%和37.8%

"十二五"期间,乌审旗城镇绿化总量不断扩大,公园广场服务功能更加健全,园艺化水平显著提升,人居环境明显改善,园林绿化事业取得了极大突破,截至2015年底,中心城区绿地面积达到1230公顷,其中建成区绿地面积达到877公顷,公园绿地面积达到181公顷,建成区绿化覆盖率和绿地率分别达到46.65%和43.85%,人均公园绿地面积达到28.28平方米。

2016年1月15日,国家住房和城乡建设部正式命名乌审旗为"国家园林县城",实现了自治区"国家园林县城"零的突破。2018年底,中心城区绿地面积达到1195公顷,建成鸿沁湖公园、达布察克公园、独贵龙广场、苏里格广场等公园广场16个181公顷,旗府嘎鲁图镇区人均公园绿地面积达30.57平方米,建成区绿化覆盖率达到47.45%,绿地率达到44.29%。道路绿地达到240.6万平方米,完成裸露地块绿化14.8万平方米,实施城镇外围绿色生态屏障32.2万平方米,单位庭院和住宅小区绿地总量达到105.1万平方米,道路绿化普及率达到95.5%,林荫路推广率达65.6%,林荫停车场推广率达62.5%。

■嘎鲁图镇丛林长廊

(三)大学生创业园

2015年以来,乌审旗重点打造建立起"一区三园一基地+市场"的创新创业平台,包括一个大学生创业实践区,三个创业园,分别为农牧业科技创业园、大学生创新创业园和乌审旗创新创业园,一个大学生创业孵化基地及一个现代化市场,为广大富有创新精神和创业激情的大学生提供一个综合的发展平台,充分展示他们的创新创业才干。2015年12月,作为"一区三园一基地+市场"创新创业平台核心园区的大学生创新创业园开始运营,可以同时容纳46个创业团队入驻,涉及有机械制造安装、产品及版面设计、摄影、电子商务等领域。大学生创业实践区则是为鼓励大学生创业就业而搭建的一个新平台,目的是通过向有创业意向的未就业大学生提供"微型创业"场地及各项服务,帮助初创业的大学生经营微型实体店铺,为今后发展壮大筹集创业资金、积累创业经验,从而带动更多的人实现就业。乌审旗为创业青年们精心打造的创业平台和环境,成为无数青年人倾注青春之地,留下了众多的青春奋斗故事。

(四)农牧民返乡创业园

近年来,乌审旗审时度势、因地制宜,在无定河镇无定河村开展田园综合体试点示范改革,返乡创业园即其构建的"一区三带八园"之一。

依托无定河村现有的产业发展基础,和热火朝天的创业氛围,以无定河村龙头企业为示范和引领,以无定河村集联合性、专业性、综合服务性为一体的社会化综合服务协会为支撑,本旗通过"一区三带八园"建设和联动发展,打造建设了返乡创业园,创造了更多的就业岗位,吸引本地大中专毕业生、外出务工人员、本地农牧民返乡创业,持续带动小农户与大产业、小生产与大市场有效互动连接,实现小企业大就业,大就业促进大增收。目前,已吸引梁小平等23人返乡创业,累计为当地农牧民创造了2000余个就业岗位。

第五节
绿色的赞歌——生态巨变

乌审旗地处毛乌素沙漠腹地,由于自然和人为因素,沙漠化问题曾日趋严重。20世纪60年代,全旗沙化面积为465万亩,70年代中期,达到540万亩,到80年代初,扩展到705万亩,占总土地面积的40%,成为中国沙尘暴来源地之一。土地沙化的日益加剧,不仅给广大群众的生产生活带来了极大的困难,同时也制约着乌审旗经济全面、协调、可持续发展。乌审旗委、政府与时俱进,主动适应经济体制的变革,积极发动群众这支生态建设主力军,创造性地发展了林业生产,成功打造了"绿色乌审"。

回顾乌审旗70年的生态建设保护历程,因绿而美、因绿而富、因绿而兴,因"牧区大寨"精神、乌审精神而崛起。一个个时间节点,一场场"头脑风暴",一代代人持续接力,始终把沙漠、沙地治理作为求生存、图发展、谋富裕的根本大计来抓,让绿色植入基因,流淌于血脉。

一、峥嵘岁月——艰难的沙漠生态和治理现实

历史上的乌审旗曾经是水草丰美、森林繁茂的富饶之地,也是蒙

古文明的发祥地之一。然而受自然灾害影响,和滥伐、滥垦、过度放牧等因素影响,导致地处毛乌素沙地腹部的乌审旗生态持续恶化。

"黄沙滚滚半天来,白天屋里点灯台。行人出门不见路,一半草场沙里埋。"50多年前的乌审旗乌审召镇,风沙肆虐,气候干旱,醉马草丛生,牲畜大批死亡,牧民流离失所。

在恶劣的自然环境面前,以布日都大队党支部书记宝日勒岱等为代表的乌审召各族干部群众,在条件严酷的毛乌素沙海里掀起了一场绿色革命。

经过铲除醉马草,"前挡后拉""穿靴戴帽"、兴建草库伦等方法治沙造林,乌审人创造和发展了"治理沙漠、建设草原"的独特经验,为牧区建设养畜开辟了一条新路。据统计,当时10万亩流动沙丘被封固,近6万亩寸草不生的荒漠变成了林草葱郁的草牧场。向沙漠要草、要畜、要粮、要钱——乌审召人民在我国沙区首先提出"治沙"是为了"用

■毛乌素沙地

沙"的观点。

1965年11月25日,《内蒙古日报》发表时任中共中央政治局候补委员、国务院副总理、内蒙古自治区党委第一书记乌兰夫同志,为伊克昭盟(今鄂尔多斯市)乌审旗乌审召公社的题词:"学习乌审召人愚公移山,改造沙漠,建设草原,改天换地的革命精神",号召全区人民向乌审召学习。同年,内蒙古自治区党委作出决定,命名乌审召为学习大寨的典型——"牧区大寨"。

1965年12月2日,《人民日报》发表诗人、记者郭小川等采写的长篇通讯《牧区"大寨"——记乌审召公社建设社会主义新牧区的革命道路》和《发扬乌审召人民的革命精神》的社论文章。

1966年6月12日,时任国务院副总理兼外交部长的陈毅元帅,在陪同马里苏丹联盟党政治局委员、司法部部长马马杜·马戴拉·凯塔

■1966年6月12日,陈毅副总理陪同马里苏丹联盟党政治局常委司法部长马马杜·马戴拉·凯塔率领的代表团访问乌审召

为首的马里代表团参观了乌审召后,欣然题词:"治沙种草获胜利,牧业农业大向前;马里贵宾来参观,乌审召美名天下传"。

此后,"牧区大寨"的故事声名远播。作为全国牧业战线上的一面旗帜,乌审旗乌审召的经验被推向了全区、全国乃至世界,为沙漠地区改善生态环境、促进畜牧业的稳定发展发挥了积极的示范作用。

二、生生不息——乌审人民为改善生态奋起抗争

谷起祥、宝日勒岱、殷玉珍、盛万忠、乌云斯庆……一个又一个治沙英雄出现在乌审大地。一代又一代乌审人,始终将"牧区大寨"这面旗帜高擎在天,让绿色的履历不断丰满,用执着和汗水创造了变茫茫沙海为大美草原的绿色奇迹。

治理荒漠带来的生态红利和生态理念,在乌审大地裂变出强大正能量。今天的毛乌素更是以绿为生、因绿而兴,走出了一条生态与产业并举、美丽与发展"双赢"之路。在绿水青山中受益的老百姓由最初"要我造"变为"我要造",迸发出更大的生态自觉。

"这就是我承包的7000亩沙地。"在乌审召镇查汗庙嘎查毛乌素沙地深处,牧民乌云达赖指着远处的大片沙柳,自豪地说,"沙柳既能防风固沙,又能当牛羊的饲料,枝条还可以卖给毛乌素生物质电厂当燃料增加收入。"

据公司负责人陈玉川介绍,作为全国首家开发利用沙生灌木平茬技术进行生物质发电的热电厂,目前已累计治理沙漠36万亩,年可形成碳汇10万多吨,为当地农牧民提供绿色就业岗位7000多个,户均增收1万元~2万元。公司还捕集二氧化碳生产螺旋藻,初步形成了"治沙、富民、绿电、碳减排捕集"的低碳循环经济模式。

据统计,在毛乌素大漠上,承包造林面积在3000亩以上的造林大

户有240多户,累计承包荒沙面积150万亩。全旗植被覆盖度从20世纪70年代的28%,提高到现在的80%,并且已经实现从单纯的"防沙治沙"守护生存防线到"管沙用沙",绿富同兴的历史性跨越。

1990年,乌审召苏木"前挡后拉"治沙造林技术获国家成果奖。1991年3月12日,在全国植树造林表彰动员大会上,乌审旗被授予"全国造林绿化先进集体"。1991年,乌审旗列为自治区科技示范旗。1992年,乌审旗被列为全国防治荒漠化重点县,同年被内蒙古自治区确立为全区治沙工程试验示范旗。1994年被评为自治区防沙治沙造林绿化先进旗。1995年受到国家林业部、自治区政府的表彰,被评为"三北"防护林体系二期建设先进单位。1996年"三北"防护林飞播技术推广方面获国家林业部该项目一等奖。1997年,全旗林业生产建设获自治区优胜奖。2000年,国家全面启动了退耕还林工程,乌审旗被列为全国沙区唯一试点旗。2003年,乌审旗荣获"天然林保护工程建设县级先进单位"。

乌审旗于2003年成功引进了生物质发电项目,在我国属首例,也是全世界第一家,在沙区通过营造能源林基地,抚育可再生林木资源,进行能源产业化发展的示范企业。通过探索与实践,毛乌素生物质电厂找到了一条"企业+基地+农牧民"合作发展的道路。2012年3月26日,以"沙漠治理和中国内蒙古可持续发展"为主题的联合国可持续发展大会第三次会议在纽约联合国总

■ 乌审旗获得"三北防护林"建设荣誉

部举行。会上,联合国可持续发展大会秘书长沙祖康先生指出:"中国内蒙古毛乌素生物质热电项目是一个令人鼓舞的成功实例……其经验值得其他国家借鉴。"到 2017 年,毛乌素生物质发电厂累计发电 10.46 亿度,累计完成治沙造林 38 万亩,每年可形成碳汇 75 万吨。毛乌素生物质发电厂实现了生态建设产业化,产业发展生态化。一笔资金办了绿色能源建设、生态建设、沙区扶贫致富、循环经济、环境保护、新农村建设、西部大开发、节能减排、经济社会发展等多件大事,综合效益显著。

2008 年 3 月,中材地质工程勘察研究院对风积沙认真分析研究

■ 内蒙古毛乌素生物质热电厂

后,利用多种方法、多项工艺提交了《沙漠风积沙选矿试验报告》,首次向世界揭示了沙漠风积沙选矿和提纯后的发展前景。2009年6月19日,华原风积沙开发有限责任公司成立,暨20万吨风积沙工业选矿生产线、10万吨玻璃制品生产线项目,在毛乌素沙漠腹地的苏里格经济开发区破土动工。这是世界第一家直接以风积沙为原料,进行工业化生产的企业。这条生产线的选矿能力达每年100万吨,削平100万吨风积沙,就等于平整了750亩土地。践行科学发展观,通过合理创新,沙漠风积沙选矿中试生产线的顺利投产,为人类首次大规模工业化利用风积沙,奠定了可靠的技术支撑和崭新的创新点,使人类梦寐以求的"沙子变成金子"的愿望得以实现,对于沙漠治理的意义是深远的。

2008年9月,乌审旗被列为全国首家"创建中国人居环境示范城镇"。2009年3月29日,中国生态文明建设与区域绿色发展及成果发布会在北京人民大会堂召开,乌审旗凭借生态文明建设魅力获得自治区首批命名的"中国绿色名县"称号。2009年6月26日,在"2009年第二届中国生态小康论坛"上,乌审旗荣膺"2009年中国全面小康生态文明县"称号。

从"三北防护林建设先进单位"到"全国林业科技示范县";从"全区防沙治沙先进集体"到"全国绿化模范县";从国内最大的陆上整装天然气田到世界规模最大的煤化工项目;从全国首家"创建中国人居环境示范城镇"到"中国全面小康生态文明县市";从"中国绿色名旗(县)"到"国家园林县城";从"全国生态文明标杆旗"到"全国生态保护与建设示范区"……乌审人秉持绿色发展理念,一次次走在了时代的前面,引领了当下生态文明的新潮流。

绿色工业,不仅是生态文明的重要标志,而且是生态文明向更高层次发展。乌审旗珍惜来之不易的绿色,坚持和提升"绿色乌审"发展理念,坚决守住发展、生态、民生底线,不断转变经济发展方式,提高经济发展质量和水平,促进社会和谐稳定。在全区率先通过ISO14001环境质量体系国际国内双认证,跻身自治区工业经济10强,2018年分别位列中国西部百强县第7位、中国工业百强县(市)第51位,成为内蒙古自治区重要的清洁能源生产输出基地、最具活力和潜力的地区之一。

"改革创新的精神,团结拼搏的精神,艰苦奋斗的精神,百折不挠的精神。"在乌审旗召开的"牧区大寨"精神座谈会上,宝日勒岱老人深

■中国绿色名旗及其他荣誉

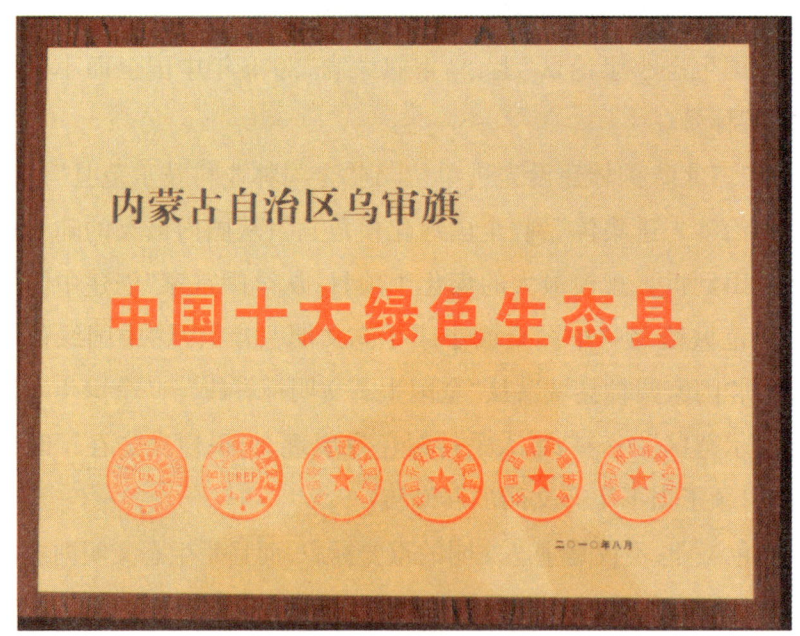

■中国十大绿色生态县

情地对这种精神内涵作了概括。乌审人民正是用坚持不懈的绿色追求和绿色发展远见,诠释了永续传承、生生不息的"牧区大寨"精神。

三、绿色崛起——思想解放后经济、社会、生态建设的全面发展

党的十八大以来,以习近平同志为核心的党中央站在永续发展的高度,强调绿色发展理念,绘就了建设美丽中国的宏伟蓝图。绿色发展实践中,乌审旗坚决落实中央、内蒙古自治区和鄂尔多斯市的决策部署,久久为功,践行对"生态"和"绿色"的理解。

2019年3月5日下午,习近平总书记参加十三届全国人大二次会议内蒙古代表团审议时强调:保持加强生态文明建设的战略定力,探索以生态优先、绿色发展为导向的高质量发展新路子。

素有内蒙古自治区"南大门"之称、地处毛乌素沙地腹部的乌审旗,时刻牢记战略定位,坚决扛起重大责任。以讲政治、讲大局、讲安全、讲担当的高度,坚守绿色信念、传承"绿色接力",奋力开创"推动高质量发展、实现绿色崛起"新局面。

壮丽70年,奋斗新时代。站在新的发展起点上,乌审人延展绿意,以"生态优先、绿色发展"为导向,沿着高质量发展下的绿色崛起之路快马加鞭,昂首走进生态文明新时代,努力打造毛乌素沙地腹部的草原名城,贡献祖国北疆重要生态安全屏障建设的乌审力量。

作为"全国生态保护与建设示范区"的乌审旗,深入学习贯彻习近平生态文明思想,深刻践行"绿水青山就是金山银山"重要发展理念,围绕生态建设这一实现高质量发展的题中要义,和最普惠的民生福祉,乌审旗更加突出生态建设保护的战略地位,画好全民植绿护绿最大"同心圆",努力建设更加美丽、更具魅力、更为富饶的绿色乌审。

春和景明,万物萌动。一批批植绿者的身影活跃在乌审大地的沿

路沿线、重点生态建设区域,种下绿色希望,"民兵林""三八林""代表林""委员林""青年林""亲子林"等等,各义务植树造林基地灿若繁星,扮靓乌审大地,让绿的底色在这片沃土更加浓重。近年来,乌审旗将乌审召嘎查作为全旗乡村振兴9个示范嘎查村之一,奋力打造全区乃至全国畜牧业地区乡村振兴新典范,让老典型再焕新光彩。沧海桑田,精神不变。接过"牧区大寨"精神接力棒,乌审人民续写新的绿色传奇,让生态文明理念在全旗各族干部群众心中生根发芽、接力传承,为守好祖国北疆这道亮丽风景线贡献新的智慧和力量。

作为资源型地区和生态脆弱区,乌审旗深谙"保护生态环境就是保护生产力、改善生态环境就是发展生产力"的道理,持续将绿色理念贯穿于经济社会发展全过程,建立健全《生态文明建设目标评价考核办法》和资源开发环境保护监管问责机制,严格执行领导干部环境保

■乌审旗生态环境巨变

护责任和离任审计,用制度红线守住绿色底线,坚决打好打赢污染防治攻坚战。

"人民群众对美好生活的向往,就是我们的奋斗目标。"可以说,"牧区大寨"精神已经深深融入乌审人民的血脉,如今,这种精神正在新的发展中不断升华,发扬光大。在"推动高质量发展、实现绿色崛起"的征程中,乌审旗牢记总书记的嘱托,树立正确的发展观、政绩观,始终坚持人与自然和谐共生,围绕经济、政治、文化、社会、生态文明和党的建设的全面崛起,加快转变发展方式,努力走出一条以生态优先、绿色发展为导向的高质量发展新路子。

"既要金山银山,也要绿水青山。"回望70年,毛乌素沙地腹部绝地求生的绿色之旅,是一代又一代乌审人民久久为功的持续接力。走进新时代,乌审旗承接绿水青山的美好实践,让"生态优先、绿色发展"

成为全旗各族干部群众内化于心、外化于行的自觉行动,用蓝天净土培育绿色品质,用生态文明引领全域发展,构建山水林田湖草生命共同体。让"乌审绿"助力祖国北方亮丽风景线,和重要生态安全屏障建设,浸染美丽"地球村",助力"一带一路"沿线资源型国家和生态脆弱地区实现绿色发展、共创美好生活。互学互鉴,为世界防治荒漠化增添更多希望和诗意的色彩。

70年来,乌审旗改变了靠天吃饭的传统生产模式,现代农牧业开始蓬勃发展,农牧民生产生活条件得到极大改善;工业成为国民经济发展的重要支柱产业,为经济持续快速发展做出了重要贡献,在实现

■山清水秀

跨越式发展的同时,转型升级也成为乌审旗工业可持续发展的重要任务;服务业从无到有,现已成为拉动经济发展的新的增长点,所占经济总量的比重持续提高,为农牧业、工业实现现代化提供重要保障,成为今后政府重点发展和扶持的产业。

70年来,乌审旗经济规模从小到大,经济实力从弱到强,实现了蝶变新生。从总量上看,地区生产总值总量实现了历史性跨越,70年增长了1523倍。从增长速度来看,地区生产总值增速连续翻倍,年均增速接近两位数,达到了9.8%,创造了我国及世界经济发展史上罕见的奇迹。从经济实力的排名来看,经济总量在全市的位次实现了新的突破和跨越,到2018年,地区综合实力稳步提升,跃居中国西部百强旗县第7位,中国工业百强县(市)第51位。乌审旗在实现经济规模迅速扩大的同时,经济结构也在不断向形态更高级、分工更复杂、结构更合理的方向演进。三次产业结构由"一三二"的落后状态过渡到了"二三一"的工业化时代,工业经济引领全区经济发展。

第三章
奋发图强的经验启示

70年来,在中国共产党的领导下,乌审旗各族人民团结奋斗、艰苦创业,经历了苦难与辉煌、曲折与胜利,经济社会发生了翻天覆地的变化。只有科学地总结历史,才能更好地开辟未来。就像习近平总书记所说,历史是从昨天走到今天再走向明天,历史的联系是不可能割断的,人们总是在继承前人的基础上向前发展的。重视历史、研究历史、借鉴历史,可以给人类带来很多了解昨天、把握今天、开创明天的智慧。系统总结乌审旗70年来经济、社会建设的经验和启示,对于推动全面建成小康社会总目标的顺利实现,构建长治久安、幸福和谐的绿色乌审具有重要意义。

第一节
催人奋进的共性经验

一、坚持中国共产党的领导

中华人民共和国成立后,以毛泽东同志为代表的中国共产党人,尊重中国革命的规律,带领亿万人民群众,使中华民族实现了站起来的伟大飞跃;以邓小平同志为代表的中国共产党人,尊重中国建设发展的规律,继续带领亿万人民群众,开创了中国特色社会主义,使中华民族实现了富起来的伟大飞跃;如今,以习近平同志为代表的中国共产党人,尊重中国特色社会主义市场经济的规律,正带领中国人民决胜全面小康社会建设,进而全力推进社会主义现代化建设步伐。

改革开放40年,以党的十八大为分水岭,前后分为两个阶段。第一阶段的改革开放,强调解放思想,用"摸着石头过河"的方法,在摆脱传统计划经济体制的束缚后,闯出一条有中国特色社会主义市场经济的康庄大道。党的十八大以来,改革开放坚持继续解放思想,用"顶层设计"与"点面试点"相结合的新方法,充分利用国内外"两个市场、两种资源",推动建设市场在资源配置中发挥决定性作用,更好地发挥政府作用的"有效市场、有为政府"的中国智慧的社会主义市场经济。

乌审旗历届党委、政府始终坚持党的领导,勇于破旧、善于立新,在改革开放的第一阶段,政府采取一系列措施,破除了传统计划经济体制的束缚,建立了社会主义市场经济体制,取得了金山银山与绿水青山共赢的丰硕成果。党的十八大以来,乌审旗委、政府坚持"五位一体"总体布局、"四个全面"战略布局,强化"四个意识"、坚定"四个自信",带领全旗各族人民投身于"建设亮丽内蒙古、共圆伟大中国梦"的乌审旗实践之中。坚持经济又好又快发展,民生与文化繁荣共兴,民族团结社会和谐,各项改革开放举措在实践中相互配合、在实施中相互促进、在实际上相得益彰。

由此可见,中国共产党的领导,是中国特色社会主义的本质特征,只有在中国共产党的领导下,各族人民群众才能充分发挥建设家园、追求美好生活的主动性、积极性和创造性。

二、坚持以马克思主义政治经济学为指导

经济、社会发展的实践离不开理论上的指导。马克思主义政治经济学是马克思主义的重要组成部分,是我们进行社会主义经济建设和改革开放的理论指导。中国共产党成立以来,我们党始终坚持把马克思主义政治经济学基本原理,同中国实践相结合,特别是改革开放以来,我们党不断丰富和发展马克思主义政治经济学,开拓了马克思主义政治经济学新境界,在指导我国经济发展实践上发挥了重要作用,成为照耀中国经济前行的指路明灯。习近平总书记强调:"要立足我国国情和我国发展实际,揭示新特点、新规律,提炼和总结我国经济发展实践的规律性成果,把实践经验上升为系统化的经济学说,不断开

拓当代中国马克思主义政治经济学新境界。"

乌审旗70年的经济建设,特别是40年的改革开放,造就了乌审旗经济总量增长的奇迹,让乌审草原成为祖国北疆一道亮丽的绿色风景线,也为民族地区树立了经济转型发展的最好榜样,其中的关键就是乌审旗委、政府在经济社会发展过程中,始终坚持以当代中国马克思主义政治经济学这一理论武器为指导,分析经济、把握规律、指导实践。

在马克思主义政治经济学和中国特色社会主义政治经济学的指导下,乌审旗委、政府紧紧围绕人民主体地位,以人民利益为中心;坚持公有制主体地位不动摇,国有经济主导作用不动摇;努力解放和发展生产力,持续增加城乡居民收入,不断缩小收入差距,逐步实现共同富裕;坚持改革的社会主义方向不动摇,更好实现了社会主义基本制度与市场经济的有机统一;努力用好区内、国内市场,实现互利共赢,努力打造人类命运共同体。

当前,乌审旗经济已进入新常态,如何应对乌审旗经济增速回落中面临的问题与挑战,是需要处理的重大问题。乌审旗按照党中央、国务院对内蒙古经济发展形势的判断,认真贯彻创新、协调、绿色、开放、共享的发展理念,形成了一整套适应乌审旗经济发展的新思路。

总之,在马克思主义政治经济学和中国特色社会主义政治经济学的指导下,乌审旗委、政府始终坚持以人民为中心,把增进人民福祉、促进人的全面发展、努力实现共同富裕作为经济建设的基本目标,充分体现了马克思主义政治经济学和中国特色社会主义政治经济学的强大生命力。历史证明,只有学习马克思主义政治经济学的基本原理和方法论,创新中国特色社会主义政治经济学理论体系,才能更好地认识经济建设过程,把握社会经济发展规律,才能更好地回答乌审旗经济建设及发展的理论和实践问题。

三、树立全新的辩证资源观

随着科学技术的进步发展,人们对资源的认识不断升华,人们的经济活动也从更多地关注物质资源逐步向既关注物质资源更关注非物质资源转变。特别是"科学技术是第一生产力"和"文化是综合实力重要组成部分"的理念,使人们的资源观发生了质变,认识到人口与资

■绿树成荫

源和环境之间有着相互依存、利用、制约的关系,是不以人的主观意志转移的客观规律。我们不仅拥有丰富的物质资源,还有用之不竭的非物质资源。同时认识到:一方面物质资源的不可再生性,已成为限制资源型经济发展的重要因素;另一方面,物质资源的大量开发利用又污染了环境,制约了经济发展。因此必须正确认识和处理人口、资源和环境问题。总结乌审旗经济发展的基本经验,就要看到乌审旗人资源观的转变对经济发展所起到的重要作用。

一直以来,防治水土流失和沙漠化进程都是摆在乌审旗面前的重大课题。几十年来,人们对沙漠化的认识和防治实践走过了一个艰难曲折的历程,实践是检验真理的唯一标准,也是培育和树立正确资源观的老师。乌审旗人在改革发展实践中,逐步培育起全新的资源观,即辩证的资源观,既看重自然资源中的经济资源,又看重人文资源中的智力资源;既综合有效开发、持续合理利用自然资源,又高度重视充分发挥智力资源和文化资源的能动作用。这种全新的资源观,其实质就是要妥善处理资源、环境与人口之间的关系,实现经济、政治、文化、生态和社会之间的全面协调可持续发展。从20世纪80~90年代开始,视沙漠、阳光为宝贵资源,从争夺"荒沙"到新世纪开发利用沙漠,大力发展林沙产业,创造出更多财富,就是资源观转变的生动表现。从 90 年代末开始,工业经济发展"依托自然资源而不依赖自然资源",从低级资源要素向高级要素资源转化,从发展循环经济到发展低碳经济转变等等,都反映了乌审旗人资源观发生转变的历程,也是逐步培育和坚持全新辩证资源观的过程,更是解放思想、实事求是、贯彻落实科学发展观的必然要求,是需要认真总结、继续坚持的重要经验之一。

四、加大改革力度不动摇

  乌审旗经济发展社会进步的实践一再证明,只有坚持改革开放不动摇,才具有持续发展进步的根本动力。乌审旗各族人民群众始终是改革发展的主体和主力,这种主体和主力作用的表现是:在改革开放之初,率先推行农村牧区土地、草牧场、牲畜的所有权、使用权、经营权改革,积极推行"包产到户",短期内解决了温饱问题,为从根本上解决脱贫致富建立了体制保障。率先实行了"畜草双承包",掀起了草原建设的高潮。大胆引进全国也是全世界第一家,在沙区通过营造能源林基地,抚育可再生林木资源,进行能源产业化发展的示范企业,积极推进毛乌素生物质热电厂能源基地建设。率先实行资源配置体制改革,使政府与市场配置资源相结合,并在推行市旗经济一体化中,促进县域经济大发展;率先推行中小企业民营化改革,让个体民营经济"坐正席",促进公有制多种实现形式的探索,使非公有经济成为乌审旗经济发展的重要力量;率先提出"拉通联动、增收增效"思路,深化农村牧区经济体制改革,加快了农牧民脱贫致富步伐;率先推行"转移农牧民,减少农牧民""禁牧、休牧、划区轮牧和舍饲精养"的农牧区经营方式的变革,促进农牧区生产力的进一步解放,促进城乡一体化发展,促进经济发展与生态恢复双赢；率先改革投融资和招商引资体制机制，形成资本集聚高地。

总之，与经济体制改革相随的政治体制、文化体制、社会管理体制改革等各项改革都在不断深化、稳步推进、相得益彰。实践使人们认识到，只有以改革开放为动力，以制度创新为保障，以文化智慧为支撑，不断促进发展方式的根本性转变，乌审旗才会在科学发展、文明发展、和谐发展的道路上继续前进。

五、坚持发展是第一要务

"发展才是硬道理"。用发展的办法解决前进中的问题，是我国经济社会建设的一条基本经验。从乌审旗经济建设70年的实践来看，只有坚持以发展为主题，以经济建设为中心，用发展的眼光、发展的思路、发展的办法解决前进中的各种矛盾和问题，才能够不断推进乌审旗经济社会持续健康发展。

中华人民共和国成立初期，乌审旗社会生产力水平低下，经济发展基础相当薄弱，社会贫困程度不断加深。在这种情况下，乌审旗加快经济建设和恢复，发展以互助合作为中心的农牧业生产，国民经济得到了迅速恢复和发展，为运输、邮电、商业、教育、卫生、文化等其他事业发展创造了条件，为巩固祖国统一和各民族团结奠定了基础。偏离了经济建设这个中心，发展便成了无源之水、无本之木，很可能就会沦为空谈。

1958年～1978年间，乌审旗先后历经了"大跃进"和人民公社化运动、"文化大革命"，经济建设受到了严重破坏，尤其是"文化大革命"时期，乌审旗经济建设遇到了沉重的打击，一些产业部门生产停滞、徘徊甚至倒退，国民经济发展脱离了既有的发展轨道，社会秩序遭到破坏,人民生活基本没有得到改善,社会主义建设事业的正常进程被打断。只有将经济建设回归到发展的本位,才能引领和带动全面发展。

党的十一届三中全会以来,党和国家把工作重点转移到了经济建设这个中心上来,乌审旗也重新回到正确的发展轨道上,加快改革开放的步伐,从农村牧区启动改革到城市经济体制改革,乌审旗经济建设步步发展向前,为经济、社会建设的全面展开奠定了基础。"八五"和"九五"时期,乌审旗加快产业结构升级,着重发展重工业和区域特色产业。21世纪第一个10年,乌审旗抓住西部大开发的机遇,依托资源优势,以国家经济建设需求为导向,大力发展特色优势产业,形成了能源、化工、农畜产品加工等特色优势产业,直接带动人均生产总值和经济增速迈入全市前列,城乡居民人均可支配收入显著增长。

党的十八大以来,乌审旗经济继续保持了中高速增长,为全面建设小康社会奠定了坚实的基础。尽管我国经济发展,面临着诸多矛盾叠加、风险隐患增多的严峻挑战,但经济长期向好的基本面没有改变,尤其是"五大发展理念"深入贯彻,经济结构不断优化,发展动力持续转换,改革开放释放出新的发展活力,为我们实现新的更大发展创造了良好条件。乌审旗面临多重叠加的发展机遇,后发优势凸显,发展潜力巨大。

推进发展是乌审旗必须坚守的底线。发展是解决所有问题的关键,必须牢牢守住发展的底线,坚持以经济建设为中心不动摇,主动适应经济发展新常态,保持经济中高速增长,绝不能让经济增长滑出底线。

坚持发展是第一要务,就是从"为什么要发展、要什么样的发展、怎样实现科学发展"的实际出发,围绕经济建设这个中心,统筹考虑和解决发展中面临的一系列问题,进而提高发展的质量和效益,这既是过去70年乌审旗经济建设的经验,也是未来乌审旗经济建设取得更

第三章 奋发图强的经验启示

■大杭输气管线

大成就的重要遵循。

十八大以来,我国社会进入新常态,此时我们必须坚持新发展理念。理念犹如旗帜,根植于大地,飘扬于蓝天,昭示着方向。发展理念是发展行动的先导,五大发展理念是一个整体。创新是引领发展的第一动力,协调是持续健康发展的内在要求,绿色是永续发展的必要条件,开放是国家繁荣发展的必由之路,共享是中国特色社会主义的本质要求。从新发展理念内容看,五大发展理念相互依存、相辅相成、相得益彰;从逻辑看,五大发展理念紧密联系、层层递进、相互呼应;从理论看,增强发展的整体性、协调性、平衡性、包容性、可持续性,既对传统发展进行革新升级,又对现代发展内涵进行全面提升、对现代发展外延予以全方位拓展;从实践看,必须将相互呼应统一贯彻、统一落实,一体推进、一起发力,不能顾此失彼,也不能相互代替,从而取得全面建成小康社会的胜利。

六、坚持一切从实际出发

推动一个国家或地区的经济科学发展,经济发展道路的选择及方针、政策、措施的制定必须坚持从实际出发。乌审旗经济建设70年取得的辉煌成就,充分证明了坚持从实际出发,有正确的指导思想和发展措施就会推动经济的发展,而一切脱离实际、不从实际条件出发的观点都是错误的,会阻碍经济的发展。

70年间,乌审旗的经济发展虽历经了不同时期,但比较好地贯彻了一切从实际出发的客观要求,制定了经济建设的指导思想,推动了经济的发展。在民主改革和社会主义改造中,牧区实行"不斗、不分、不划阶级""牧工、牧主两利"和"牧场公有、放牧自由"的民主改革政策,以及实行"步子稳、政策宽、时间长"的社会主义改造方针。农业区的土地改革和社会主义改造中充分结合了民族特点、地区特点、经济特点和阶级关系的特点,这些指导思想对于顺利完成恢复时期的经济建设是正确的。

党的十一届三中全会后,乌审旗在农村牧区实行了"家庭联产承包"和"草畜双承包"责任制,扭转了农牧业生产一度徘徊不前的局面,全区农牧业生产步入了良性循环的轨道。同时,根据乌审旗地域和资源优势特点,提出优先发展能源、化工工业的发展思路和战略。进入21世纪以来,乌审旗委、政府进一步深化对旗情的认识和把握,与时俱进地丰富和完善经济社会发展思路,实现了从加快发展到又快又好发展,再到又好又快发展,再到创新、协调、绿色、开放、共享发展的转变。

回顾乌审旗70年的经济发展历程,很重要的一个经验,就是始终坚持一切从实际出发,依托乌审旗独特的比较优势,走出了一条符合本土特点的新型工业化道路。首先,充分发挥资源优势,积极发展特色经济,形成了能源、煤化工、天然气等特色优势产业。在国家工业化进程的大背景下,乌审旗凭借自身所具有的能源资源优势,获得了难得的发展机遇,能源工业已成为乌审旗经济发展的重要支柱,对乌审旗经济增长具有较大的直接贡献。乌审旗纯天然绿色农畜产品和工业污染较少的生态环境,为发展绿色产业、开发绿色产品、实施绿色品牌创造了有利条件,因此,乌审旗具有开发绿色产品、实施绿色品牌的资源优势。畜牧业优势不仅为乌审旗带来了经济利益,也使乌审旗成为我国重要的畜产品生产基地。国内外的经验表明,一个地区的经济水平是可以抓住若干次机遇,从而实现跨越式发展的。机遇不可多得,稍纵即逝,但抓住机遇意味着不能坐等,必须要有所作为。

改革开放以来,特别是"十五"以来,乌审旗坚持把抢抓机遇作为加快发展的重要突破口,主动融入国家经济发展的重大战略规划中,赢得了先机、争取了主动,有力地促进了经济持续快速发展。乌审旗在实践中着重把握了以下几个关键的战略机遇期,实现了经济跨越式发展:一是抓住了国家推进西部大开发的战略机遇。二是抓住了国家重化工阶段对能源的"井喷"需求的市场机遇,乌审旗的能源资源优势迅速转变为明显的经济优势,推动了优势特色产业的优化升级和做大做强,已经建立起了能源、化工、农畜产品加工等优势特色产业。特色优势产业已经成为乌审旗产业的精华和快速增长的支撑。

我国经济进入新常态后,国家加强和改善宏观调控,大力实施节能减排,淘汰落后生产能力。乌审旗依然要坚持一切从实际出发,发展经济,深入贯彻落实党和国家的战略部署,深入贯彻落实自治区、鄂尔多斯市相关精神和政策,制定适宜乌审旗的经济发展决策,以有效的经济建设措施解决实际问题;要更加自觉地把乌审旗的发展置于全市、全区、全国发展大局之中,增强机遇意识,提高抓住机遇的主动性,不断开创决胜全面建成小康社会的新局面。

七、坚持以人民为中心的发展思想

人民立场是中国共产党的根本政治立场,为人民谋幸福、为民族谋复兴是中国共产党人的初心和使命,人民对美好生活的向往就是共产党人的奋斗目标。中国共产党人发动人民、依靠人民、发挥人民群众中蕴藏的磅礴之力,取得了新民主主义革命的伟大胜利。而今,人民群众对现代化和民族复兴的期盼又成为中国共产党人的头等大事、当务之急、重中之重。

党的十八大以来,以习近平同志为核心的党中央牢固树立人民群众的主体地位,依靠人民群众创造伟业,最大限度地激发人们的创造热情,朝着实现各族人民共同富裕的方向不断前进。习近平总书记多次号召,实干兴邦,幸福是奋斗出来的;总书记明确提出,时代是出卷人,共产党是答卷人,人民群众是阅卷人。

回顾乌审旗经济、社会发展70年的历史,始终贯穿着一条主线,就是坚持人民主体地位,坚持人民利益至上,坚持发展为了人民,发展依靠人民,发展成果由人民共享,这是乌审旗经济持续快速发展的一条重要经验。坚持把人民利益作为经济建设的出发点和落脚点、以人民为中心的发展思想,反映了坚持人民主体地位的内在要求,彰显了人民至上的价值取向。坚持发展是第一要务,并不意味着将经济发展视为唯一硬道理。经济的高速发展并不一定带动社会事业的高速发展,相反如果处理不好,还会迟滞社会发展,强化甚至激化社会矛盾,因此要辩证地看待经济发展与社会发展的关系。经济发展是社会发展的前提,社会发展又为经济发展提供保障,两者相辅相成、互相促进。

全心全意为人民服务是党的根本宗旨,立党为公、执政为民是党的执政理念。乌审旗委、政府坚持发展为了人民,积极顺应人民群众对

第三章 奋发图强的经验启示

■文化惠民

美好生活的向往,积极回应人民群众关心的问题,不断实现好、维护好、发展好最广大人民群众的根本利益,做出更有效的制度安排,使全体人民在共建共享发展中有更多获得感,增强发展动力,增进人民团结,朝着共同富裕方向稳步前进。乌审旗委、政府始终把民生问题作为经济发展的首要关切问题,站在最广大人民群众的立场上,把握和处理好涉及改革发展的重大问题,以实现最大多数人的利益为目标,切实保障人民群众的经济、政治、文化权益。为人的自由而全面发展创造了良好的条件,让人民群众得到实实在在的利益。

人民群众是历史活动的主体,是推动历史发展的决定力量。人民群众不仅是物质财富的创造者,也是精神财富的创造者,还是社会变革的决定力量。可以说,人民始终是发展的根本力量,是发展最深厚的力量源泉。坚持发展依靠人民,就要尊重人民群众主体地位,发挥人民群众首创精神,推动经济社会发展。一是充分发挥人民首创精神。二是从人民群众中汲取发展的智慧和力量。三是让人民衡量、评判发展成效。

共享是中国特色社会主义的本质要求。坚持发展成果由人民共享重要的体现就是促进共同富裕、维护公平正义。近年来,乌审旗坚持富民优先导向,优先保障重点民生支出。通过民生工程的实施,极大地改变了农村牧区社会事业发展滞后、公共需求得不到满足的状况,基本公共服务均等化程度不断提高,基本公共服务体系初步建立、基本公共服务基本普及、社会公共服务供给丰富,推进了共同富裕。乌审旗要完成全面建成小康社会的目标,必须以共享发展理念为指导,始终坚持经济社会建设要以人民为中心。

八、弘扬和践行"蒙古马"精神

2014年春节前夕,习近平总书记在考察内蒙古时说:"马年春节就要到了,我想到了蒙古马,蒙古马虽然没有国外名马那样的高大个头,但生命力强、耐力强、体魄健壮。我们干事创业就要像蒙古马那样,有一种吃苦耐劳、一往无前的精神。"习近平总书记的这一概述不仅丰富了蒙古马的精神内涵,而且揭示了马背民族古老而神奇的文化底蕴和丰富内涵,让"蒙古马精神"在辽阔的内蒙古大草原上深入人心。

蒙古马起源于蒙古野马,广泛分布于蒙古高原,是以主要原产地命名的世界古老马种之一。蒙古马体格不大,平均肩高120厘米~135

厘米，体重 267~370 千克。它兴起于人类由畜牧狩猎经济到游牧经济的过渡阶段，发展于游牧经济的发育成熟阶段，在游牧社会中扮演着重要的角色。它为人们提供了肉、乳、血、骨、皮、鬃、尾毛等生活资料，还承担了役力、通讯、征战等重要任务，其有别于其他牲畜的速度等生理特点使它可以成为冷兵器时代作战的重要"武器"，它的空前地位和影响力持续了 2000 多年。

蒙古马在蒙古高原特有的自然环境的孕育下，作为独立起源发展壮大。早在上古时代，蒙古马就凭借着它的力量、速度等生理优势成为游牧民族生存、生产、生活的重要组成部分，加之它具有其他马匹所不具备的抗严寒、耐粗饲、抗病力强、持久力好以及适应性强等优良特性，使原始的草原先民产生了崇拜心理和特殊感情，成为草原民族的图腾和文化象征。

乌审马是蒙古马的优良品种之一，体格较小、外貌清秀、性情温驯，与其他马种相比，因超强的综合耐力而卓群，能够在极粗放的饲养和艰苦环境下生存。一匹上等的乌审马，可日行 100 千米以上。乌审马是乌审蒙古人的忠实伙伴和战友，他们彼此依靠相互信任，基于这样的特殊情感，人与马之间就形成了在原始宗教、民俗习惯、文学艺术、思维审美等方面的诸多文化现象。

蒙古马既是蒙古民族的图腾，又是草原文化的象征。作为"马背上的民族"，蒙古族在其发展的漫长历史过程中，在其日常生产和生活中，已经与蒙古马紧密联系在一起。蒙古马的特征，塑造了"蒙古马精神"，吃苦耐劳、一往无前的丰富内涵也成为内蒙古各族人民守望相助、团结奋进的真实写照。

吃苦耐劳是"蒙古马精神"的核心内涵之一，蒙古马与其他马相比，最大的优势在于其惊人的耐力，条件越艰苦越能够展示出它的优势；千百年来，它不畏严寒与风雪，始终保持吃苦耐劳的精神品质，同内蒙古各族人民一道书写着不朽的英雄赞歌。

一往无前是"蒙古马精神"的又一核心内涵，蒙古马的勇猛、坚毅、无前的精神始终伴随影响并融合于蒙古民族，成为其民族精神的本质所在，它不单单是其民族精神的象征，更是其民族精神的体现；一往无前的"蒙古马精神"贯穿内蒙古的发展史，在各个时期都得以充分体现。

蒙古马忠于职守，钟爱家乡和主人，当危难来临，它用自己短小而精悍的身躯托起一个民族，始终与主人和家乡并立而行、并肩奋战，为自己的主人流血流汗，尽心竭力，鞠躬尽瘁，穿梭在风霜雨雪里；内蒙古各族人民也一直秉承着忠于职守的精神，在各自的岗位上兢兢业业，为内蒙古的进步发展默默奉献。蒙古马甘于奉献，作为蒙古族人民的亲密伙伴无论面对怎样的艰苦条件、遥远路途等危难情况，它都是默默承受、无怨无悔，并且不求回报，无私奉献；蒙古马这种甘于奉献的精神也激励着一代代内蒙古各族儿女，为内蒙古和祖国的发展贡献力量。

"蒙古马精神"所具有的丰富历史内涵和时代价值，使其成为内蒙古自治区各族人民团结奋斗、开拓进取的重要精神源泉。内蒙古自治区成立的70多年来，尤其是改革开放以来的40多年，乌审旗的各族人民在革命、建设、改革的生动实践中始终坚持吃苦耐劳、一往无前的"蒙古马精神"，演绎了一段段动人故事。榜样展现力量，模范蕴含精神，在伟大实践中涌现出的楷模都是"蒙古马精神"最好的时代体现。

习近平总书记指出，"精神是一个民族赖以长久生存的灵魂""只有坚持从历史走向未来，从延续民族文化中开拓前进，我们才能做好今天的事业"。新时代，乌审旗要继续大力弘扬"蒙古马精神"，把"蒙古马精神"作为实现守望相助、开创美好未来的精神源泉，作为鼓舞各族人民开拓进取的强大精神动力。"蒙古马精神"的丰富内涵和时代价值，时刻激励着我们要守护传续好"蒙古马精神"，做"蒙古马精神"的

第三章 奋发图强的经验启示

■蒙古马精神

模范践行者。

新时代,乌审旗各领域要继续大力弘扬"蒙古马精神",坚定理想信念,进一步激发干事创业的斗志,统筹推进五位一体总体布局,在经济发展、民族团结、文化繁荣、生态文明建设等方面全面发展,把各族人民幸福生活的风景线建设得更加亮丽。

生态文明建设,事关中华民族永续发展和"两个一百年"奋斗目标的实现,保护生态环境就是保护生产力,改善生态环境就是发展生产力。乌审旗必须以习近平生态文明思想为指引,坚决贯落实习近平总书记对内蒙古系列重要讲话重要指示精神,和自治区党委十届九次全会精神,保持加强生态文明建设的战略定力,坚定不移走以生态优先、绿色发展为导向的高质量发展新路子,推动乌审旗生态文明建设再上新台阶。

"内蒙古的生态状况如何,不仅关系内蒙古各族群众生存和发展,也关系华北、东北、西北乃至全国生态安全,要努力把内蒙古建成我国北方重要的生态安全屏障",要"加强生态环境保护,在祖国北疆构筑起万里绿色长城",要"保持加强生态文明建设的战略定力,探索以生态优先、绿色发展为导向的高质量发展新路子,加大生态系统保护力度,打好污染防治攻坚战,守护好祖国北疆这道亮丽风景线",这些论述都深刻地阐述了内蒙古生态文明建设在我国生态文明建设大局中的战略地位。乌审旗委、政府必须牢记习近平总书记谆谆嘱托,切实筑牢我国北方重要生态安全屏障和祖国北疆安全稳定屏障。

"两个屏障"建设也取得了明显成效。"要像保护眼睛一样保护生态环境,像对待生命一样对待生态环境""环境就是民生,青山就是美丽,蓝天也是幸福。""我们要建设的现代化,是人与自然和谐共生的现代化,必须坚持节约优先、保护优先、自然恢复为主的方针,形成节约资源和保护环境的空间格局、产业结构、生产方式、生活方式,还自然以宁静、和谐、美丽"。尊重自然、顺应自然、保护自然。这对于乌审旗而言,战略意义非同一般。

绿水青山就是金山银山,乌审旗瞄准"祖国北方重要生态安全屏障"的目标,以生态文明理念为指引,生态建设和环境保护双轮驱动,守望着绿水青山,守望着绿洲草原。习近平总书记的讲话为乌审旗的建设发展指明了方向,绿色是乌审旗的底色和价值,生态是乌审旗的责任和潜力,乌审旗各族人民以"蒙古马精神"为精神定力,始终保持守望相助、团结奋斗、一往无前的精神状态,苦干实干、担当负责、忠诚奉献,以最有效的举措,用最稳健的行动,深入践行习近平生态文明思想,以构筑万里绿色长城为主线,深化改革创新,转变发展方式,提升治理能力,生态保护与建设取得了新的成绩。

内蒙古自治区第十三届人民代表大会第二次会议上的政府工作报告指出,绿色是我们最大的财富,美丽内蒙古是我们共同的梦想,美丽内蒙古,必定是天蓝水清地绿、人与自然和谐共生的内蒙古。因而,新时代乌审旗要继续推进建设祖国北疆这道重要生态安全屏障,不断增强各族群众获得感、幸福感、安全感,必须有"蒙古马精神"作为前进的精神定力,以吃苦耐劳的决心、一往无前的勇气激发全旗各族人民勇于担当的精神。大力弘扬"蒙古马精神",助力新时代乌审旗生态文明建设,助力梦圆绿色乌审。

放眼全国,全体中华儿女共同努力的目标,就是为实现中华民族伟大复兴的"中国梦"而奋斗,而就乌审旗而言,全旗各族儿女的共同目标,就是守望相助,建设北疆亮丽风景线上的绿色屏障。"中国梦"是每个中华儿女的梦,而建设绿色乌审也是每一个乌审儿女的希冀,"不积跬步无以至千里,不积小流无以成江海",仰望星空更要脚踏实地。在脚踏实地逐步落实改革发展的各项举措时,作为实现目标的强大精神动力——"蒙古马精神",要融入经济社会发展的各个领域,以"蒙古马精神"为全旗各族人民提供强大的精神定力,更加坚定乌审旗各族人民建设北疆亮丽风景线的信心与信念。推动亮丽风景线目标的实现,践行吃苦耐劳、一往无前的"蒙古马精神",推进全旗各项事业迈向新的台阶。"蒙古马精神"是推动乌审旗高质量发展的精神力量,它所包含的吃苦耐劳、一往无前、忠于职守、甘于奉献精神,在新时代背景下被注入新的内涵、得到新的阐释。新征程上,乌审旗蒙汉各族人民要汲取"蒙古马精神"的力量,做"蒙古马精神"的弘扬者和践行者,以永不懈怠的精神状态和一往无前的奋斗姿态,在新时代引路人的引领下,谱写乌审旗新的华章,铸就乌审旗新的辉煌!展望未来,新时代的"蒙古马精神"正在全力以赴,为铸牢中华民族共同体意识,实现中华民族伟大复兴的"中国梦"注入奔腾不息的蓬勃动力和磅礴力量。

第二节
独具魅力的地区经验

辩证唯物主义认为,经验是在社会实践中产生的,它是客观事物在人们头脑中的反映,也是认识的开端。经验有待于深化,有待上升到理论,理论源于实践,实践又检验理论,循环往复,不断演化。乌审旗70年来的实践向我们展现了乌审草原从一穷二白到富裕安康的巨变,而这些重大成果都得益于乌审旗70年来所具备的独特经验和努力奋斗,得益于乌审人吃苦耐劳和坚忍不拔的精神。

一、红色革命的先锋阵地

乌审旗是一片红色基因丰富的土地,也是一个革命气氛浓郁的地区。乌审旗是鄂尔多斯高原最早接受革命思想、最早接受中国共产党领导的地区。这里产生过鄂尔多斯第一批中共党员,产生过鄂尔多斯第一位蒙古族共产党员,产生过鄂尔多斯最早的党支部,产生过鄂尔多斯第一个旗县级党组织,产生过鄂尔多斯最早的乡级党政军组织。

70年来,乌审人民忠于党、忠于国家,坚决贯彻党中央的决策部署,从而创造了"牧区大寨"的典范。乌审人民不畏艰难、艰苦奋斗,涌

■鄂尔多斯最早一批共产党员（前排左起谷奇峰、郝登鸿、郭超凡，后排左起段振江、谷自珍、石作琦、谷思贤）

现了宝日勒岱、殷玉珍等大批治沙英雄和模范。这些都得益于乌审旗良好的革命氛围和乌审人民鲜红的革命基因。

二、民族团结的传统经验

乌审旗是个历史悠久的地方，在距今 7 万年～14 万年前，已经有鄂尔多斯高原最早的古人类——河套人生活在萨拉乌苏河畔。乌审旗自古以来，就是农耕经济与游牧经济交错的地方，中原农耕民族与北方游牧部族在这里生存、繁衍、碰撞、交融。乌审旗也是个多民族交汇的地方，历代以来，匈奴、突厥、党项、蒙古等多个民族都占据过这里，是我国古代游牧民族的根据地和大本营，铁弗匈奴、党项都是从这里发展起来，走向强大，建立了政权。明代隆庆封贡以后，乌审旗至明长城沿线地带的封贡互市和茶马贸易繁盛。清代以后，由于走西口、垦荒、放垦的兴盛，大批汉人来到乌审旗，蒙汉人民在这里交往、融合，谱写了一曲民族融合和团结的交响曲。20世纪初，乌审旗蒙古族、汉族的仁人志士在中国共产党领导下，开始了鄂尔多斯高原最早的革命抗争，成为中国共产党民族政策最早的试验田。

1949年以后，乌审旗成为我国民族团结政策和实践的典范。生活在乌审旗的人民，无论是蒙古族，还是汉族或其他民族，都为了乌审旗的经济发展、生态治理、社会进步做出了巨大的贡献。

2014年，习近平总书记明确提出了"守望相助"的殷切希望，嘱托内蒙古各族干部群众守望相助、团结奋斗。习近平总书记指出："守，就是守好家门，守好祖国边疆，守好内蒙古少数民族美好的精神家园；望，就是登高望远，规划事业、谋求发展要跳出当地、跳出自然条件限制、跳出内蒙古，有宽广的世界眼光，有大局意识；相助，就是各族干部群众要牢固树立平等团结互助和谐的思想，各族人民拧成一股绳，共同守卫祖国边疆，共同创造美好生活。"这一殷切希望，体现了以习近平同志为核心的党中央对民族问题的深刻把握和对民族工作成功经验的科学总结，是我们做好边疆民族地区工作必须始终遵循的基本方针。

近年来，乌审旗委、政府始终高举民族团结旗帜，认真贯彻执行党和国家的各项民族政策，紧紧围绕各民族"共同团结奋斗、共同繁荣发展"的主题，大力宣传党的民族方针政策，着力扶持少数民族发展经济和社会各项事业，"三个离不开""五个认同"思想深深扎根全旗各族人民心中，各民族手足相亲、守望相助、团结奋斗。研究制定了《关于进一步加强和改进新形势下民族工作的实施意见》《乌审旗创建民族团结进步示范旗工作实施方案》《乌审旗命名民族团结进步创建活动示范单位的实施意见》等一系列实施方案和意见，将民族团结工作纳入旗委、政府年度重点任务和工作目标。在全旗范围内分层次、分领域、分阶段广泛开展马克思主义民族观、党的民族理论政策法规以及民族基本知识宣传教育。深入开展"爱我乌审"主题实践活动、"弘扬民族精神、凝聚民族力量、促进民族团结、推动社会和谐"民族团结进步主题宣传教育系列活动,和全旗民族宗教蒙古语政策法规知识竞赛等,成立旗委讲师团蒙语宣讲组,用通俗易懂的语言,将党和国家民族政策传递到各族干部群众中,打牢民族团结进步的思想基础。大力加强中小学民族团结教育工作,让各民族同呼吸、共命运、心连心优良传统代代相传。深入贯彻民族区域自治制度,全面落实党和国家的民族政策。民族教育优先发展,配齐配足民族教育教学设备。建立健全民族团结进步激励机制,注重发挥先进典型的示范引领作用,每3年召开一次全旗民族团结进步暨学习使用蒙古语模范集体和个人表彰大会,充分利用"一报一台两微两网"平台,对先进典型进行宣传报道。民族团结已经成为乌审旗经济、社会得以快速发展的传统经验、基本理念和巨大推动力。

三、艰苦卓绝的生态战役

乌审旗历史上由于大规模开垦,大片土地沙化,良性循环的自然生态环境受到了挑战。第一次大规模开垦农田是在秦汉时期。第二次大规模开垦是在唐代后期。唐朝史籍记载,流动的沙丘已将夏州城包围。到了宋代,沈括亲自考察夏州遗址所留下的记述,生动地说明了11世纪时,毛乌素沙地的状况和沙化严重的程度。第三次大规模放垦是在19世纪末,在乌审旗与陕北交界地带,大肆放垦。这一时期虽然时间短,但规模空前,时间集中,不仅大大加快了毛乌素沙地的继续蔓延和扩大,而且也加剧了整个鄂尔多斯沙漠化的进程。20世纪30~40

年代，国民政府鄂尔多斯守备军总司令陈长捷为解决驻军用粮问题，开荒一万顷，其中不仅有庙地、马场地、会盟地，甚至还有祭祀的"禁地"，因而引起鄂尔多斯蒙古族的强烈反对，终于爆发了"三·二六"事变。但开荒种地演变沙漠化的进程并没有被遏制，反而愈治愈烈。

中华人民共和国成立初期，人民政府虽然发布过"禁止开荒，保护牧场"的政令，但并未认真贯彻执行。许多地区无节制地毁林（灌木）毁草开垦。随后，乌审旗各地在草原腹地曾发生几度开垦草原的浪潮，进行粗放的耕作经营。至20世纪80年代，一度"向草原要粮"，个别地区扩大草原耕地。半干旱草原的土壤水分和养分资源有限，虽然短期内可能获得一定收益，但不过几年，耕作土壤就会明显衰退，继而发生严重的土地沙化。由于人口的急剧增加，导致对食物、薪柴等需求的快速增长，从而对毛乌素脆弱的生态环境造成巨大的冲击和压力。盲目开垦使植被减少，草原面积不断缩小，而同期牲畜数量却持续增长，过牧超载现象严重。20世纪60至80年代，乌审草原牲畜超载率为50%～120%，个别地区甚至高达300%，使草原植被大面积退化，并引起草原荒漠化。历史上曾经美丽富饶的鄂尔多斯，有96%的土地变成了贫瘠、干旱、荒凉的沙区。

面对困难，乌审旗各族人民坚持不懈地探索如何改善恶劣的生态环境，走过了一条艰难而曲折的道路。改革开放以来，被称为西部地区科学发展典型的"鄂尔多斯模式"，一条成功经验，就是在发展经济的同时高度重视生态建设，取得了突破性进展，"实现了由生态恶化地区向绿色大市的历史性跨越"。中国的七大沙漠鄂尔多斯境内就有两个。通过全面综合治理，毛乌素沙地基本上已得到有效控制，鄂尔多斯境内两大沙漠的治理速度超过了扩张速度。

走过了40年改革开放的乌审人民，在加速工业化过程中对生态环境的变化不断"深究其原因"，逐步醒悟到，人类不应当急功近利地对自然资源采取掠夺式索取,不应当在加快经济发展,特别是加速工业化过程中以牺牲生态环境为代价,而应当尊重自然、适应自然、与自然和谐相处,依照自然规律和经济规律协调发展。

进入新世纪后,随着认识水平的提高和经济实力的增强,乌审旗选择了发展"循环经济"迈向生态文明的工业化道路,果断采取"禁牧、休牧、轮牧"政策措施,大力推行舍饲精养的科学技术,收到了生产发展、生态恢复、生活改善的显著效果。按照著名科学家钱学森关于发展沙产业草产业的思想,乌审旗涌现了一批发展沙草产业的典型。鄂尔多斯生态建设从长期坚持植树造林、防沙治沙到多元投资,产业化治沙,又到发展沙产业草产业的实践,取得了生态植被恢复、沙生植物加工增值、农牧民收入增长、生活改善的明显效果。这一演进轨迹和宝贵经验,充分反映了乌审旗人民在不断探求人与自然和谐相处、良性循环途径上,创新性、科学性的认识和行动。乌审旗作为中国西部一个生态环境脆弱而矿产资源富集地区,认真吸取了生态环境恶化和艰苦重建实践正反两方面的经验教训,终于在科学发展观指引下,找到了一条工业经济加速发展,与生态环境保护重建,并举双赢的生态文明发展道路。从文化的角度诠释,这是生态文明观念的体现,是以人为本发展理念的实践,这是一笔极其可贵的文化资源。开发利用这笔资源,是乌审旗文化建设富有特色和优势的主要内容。

党的十七大报告,首次提出建设生态文明,强调要"共同呵护人类赖以生存的地球家园"。把生态建设上升到文明建设的高度,这对于正确认识和处理人与自然的关系,大力改善生态环境,遏止生态恶化的趋势,起到了极重要的作用。正是在这样的背景下,乌审旗的生态演进进入了一个新的历史阶段。

乌审旗的今天,面对资源约束趋紧、环境污染严重、节能减排压力增大、生态环境仍很脆弱的严峻形势,必须要把生态文明建设放在突

■ 生态巨变

出地位,必须大力促进经济建设与生态环境和谐发展,努力建设美丽中国,将乌审旗打造成我国北疆一道亮丽的绿色风景线。绿色是乌审旗的底色和价值,生态是乌审旗的责任和潜力。乌审旗需要大力培育发展生态文化,传承民族文化崇尚自然的优秀基因,倡导勤俭节约、绿色低碳、文明健康的生活方式和消费模式。习近平总书记曾说过:"绿

第三章 奋发图强的经验启示

水青山就是金山银山",生态文明风景线是经济社会整体事业风景的底色,经济社会发展中绝不能为了"金山银山"丢掉"绿水青山",而是既要"金山银山",更要"绿水青山"。乌审人民必须大力促进经济建设与生态环境和谐发展,走好绿色发展之路,使乌审旗的草原、沙漠、湖泊、湿地成为聚宝盆,让乌审草原的天更蓝、山更绿、水更清、空气更清

新、人民更开心。

四、深入骨髓的文化积淀

鄂尔多斯地区历史悠久,约在 7 万年前的旧石器时代,"河套人"就生活于今乌审旗萨拉乌苏河畔。公元 5 世纪,匈奴族的一支铁弗部,在鄂尔多斯南部建立了"十六国"之一的大夏国。大夏国都统万城遗址,至今仍然屹立在鄂尔多斯南部乌审旗与陕西省靖边县交界处。

隋唐时期,在鄂尔多斯地区,除北魏及西魏时留居的汉族、柔然、敕勒外,又有突厥、党项羌、契丹等民族来到这里。公元 1038 年,党项首领李元昊称帝,建立了西夏。西夏最盛时辖 22 个州,其中夏州辖有鄂尔多斯南部,包括今乌审旗的广大地区。

元代鄂尔多斯部分地区为甘肃行省辖区,大部分地区为蒙古军队和牧民驻守的皇家封地和官办牧场。明初,元朝势力被驱往漠北,鄂尔多斯西部地区属北元统治。到 15 世纪中叶的明天顺年间,一部分蒙古部落驻牧河套。随之,在漠北高原上祭祀及守护成吉思汗"八白宫"的四大"鄂尔多"(宫帐)也迁入河套地区。

16 世纪中后期,藏传佛教格鲁派传入鄂尔多斯,16 世纪至 17 世纪,乌审旗产生了许多历史著作,有库图克台彻辰洪台吉校勘、续成的《十善福经白史》,以及萨冈彻辰的《蒙古源流》。乌审旗蒙古族知识分子追溯自己祖先的历史,留下了珍贵的史料记载,也取得了蒙古历史著述的丰厚成果。其中《蒙古源流》被称为蒙古史学的三大经典著作之一。在鄂尔多斯出现的史学著作中,融入了强烈的民族意识,凸现了宫廷文化的特色。16 世纪初至 17 世纪中叶,乌审旗成吉思汗黄金家族后裔一直是鄂尔多斯主流文化的组织者和传播者,库图克台彻辰洪台吉和萨冈彻辰台吉等就是其代表人物。19 世纪末 20 世纪初,乌审旗出现了贺希格巴图等诗人,他们的诗作以揭露社会黑暗为主要内容,诗句通俗却意蕴深远。

　　乌审旗民歌的主流是草原上世代相传的蒙古族民歌,内容丰富,类型多样,有历史歌曲、讽刺歌曲、抒情歌曲、诙谐歌曲、牧歌、酒歌、摇篮曲和祭奠歌曲等。曲调分长调和短调。鄂尔多斯长调民歌在行腔润色、倚音、波音、颤音等运用方面具有平稳、舒展、优雅而潇洒的个性。鄂尔多斯短调民歌具有情绪欢快、节奏明朗、旋律优美、韵味独特、结构短小、句法整齐等特点,表现了鄂尔多斯蒙古族的豪爽性格和热爱生活的情怀。

　　乌审旗保留了蒙古族独具特色的祭祀文化。乌审旗蒙古族民间普遍存在的"苏勒德"祭祀。人们把它当作和平安宁的保护神,力量和精神的象征,这是唯独鄂尔多斯蒙古族才具有的标志性祭物。这个从古代就保留下来的祭祀仪式,已深入到每个牧民家族。

■察罕苏勒德

乌审旗文化源远流长、特色鲜明,是长期繁衍生息在乌审旗的蒙汉各族人民在自身文明化过程中创造的物质财富和精神财富的综合表现,最能体现地域民族特色的部分是乌审旗蒙古族文化。蒙古鄂尔多斯部落在形成之初由于是成吉思汗的嫡系,而成为最具有蒙古族传统特征的一个群体。他们在15世纪中叶进入河套地区。鄂尔多斯地区的自然地理特征又造就了一个保护和传承蒙古传统文化的环境,这里西、北、东三面环河,南面有明长城阻隔,天然成为一个相对独立的地理单元。而清代实行的盟旗制度,又从行政上强化了原来鄂尔多斯的部落组织形式,实际上创造了一个能够继承民族传统文化的得天独厚的条件。直到现在,反映蒙古族民族特征的大量传统民俗及文化元素都在乌审旗得到了较完整的保留,乌审旗成了蒙古族传统文化的典型标本。

乌审旗蒙古方言、风俗习惯、宗教仪式、民歌舞蹈、口头文学等方面都保留着历史上蒙古宫廷及民间文化的鲜明特征,特别是乌审旗蒙古方言,保存了祖先的丰富的民族语言传统。蒙古鄂尔多斯部入驻河套以后,仍以草原游牧经济为主,从事养殖绵羊、山羊、马、牛、驼等"五畜"的草原畜牧业生产,分畜种,按自然季节和草场牧草品种不同进行禁牧、休牧、轮牧,其生产资料、生活资料和饮食来源主要是牲畜及其产品。生活用品如蒙古包、服饰、皮革、金银首饰、酒、饮食品等从生产制作到享用,都保留着蒙古族的传统特色。清代实行盟旗制度以后,乌审旗社会组织形式一直沿用旗(札萨克)、苏木(哈热亚)建制,蒙古人的部族、氏族名称在地名、人名、亲属称谓上都保留了下来。乌审旗传统蒙古婚俗,是集蒙古礼俗、民俗、服饰装束、禁忌、祭奠以及民间歌舞艺术之大成,至今仍在乌审草原上流传。

近代以来,晋、陕、蒙地区的蒙汉族之间经济往来日趋频繁,文化交流交融更趋紧密,游牧文明与农耕文明、草原文化与黄河文化共同孕育了乌审旗今天的文化。这些传统文化是历史的积淀,它为文明的传承积蓄着力量,发挥着支撑和推动作用,对当代和未来都产生着巨大的影响。

农耕文化、游牧文化、边塞文化、蒙古文化、移民文化等相互依存,相互交织,构成了乌审旗文化不可缺少的内容。无论何种文化形式,都具有强烈而浓厚的生活气息,与各族群众的生产生活、情感追求紧紧联系在一起,产生了很强的亲和力、向心力。新时期的乌审旗文化继承这一历史传统,充分发挥民族和地域的优势,积极吸收现代文化元素,使传统文化充满新的活力,创造了新时期的先进文化、和谐文化,构成了丰富多彩、具有民族凝聚力的乌审旗文化。

70年来,乌审旗各级政府重视文化建设,投入资金,增加设施,培养人才,创造易于文化流传的条件。从社会民间来说,蒙汉各族群众,无论在何种条件下,都会寻找、创造和利用各种时间、地点环境等场合,开展各种形式的文化艺术活动,使乌审旗文化不断流传发扬。

五、敢于抗争、敢于创新、包容共生的乌审精神

乌审旗多民族共生、共存、共融的历史,草原、农耕等多种文化相互渗透和深刻影响的历史背景,使生活在乌审旗的各族人民在长期的艰苦奋斗的社会实践中,勇于开拓,善于创造,共同创造了日益增长的物质生活和丰富多彩的精神文化,形成了鲜明的地域特色和民族风格。

在乌审旗多民族共生共存的历史上,生活时间最长久和居住地最稳定的是蒙古族。乌审旗蒙古族的精神文化,其内涵包括恪守信仰、敬天畏地、开放包容、坚韧不拔等。为了恪守自己神圣的使命和信仰,为了在复杂纷争的环境中保护自己部属的生存和完整性,乌审旗蒙古

族表现出了不畏艰险、坚韧不拔的精神品格。近代以来,坚持国家统一、抵制沙俄和外蒙古的分裂图谋,坚持反抗清朝统治者的放垦,开展了轰轰烈烈的"独贵龙"运动。最早接收中国共产党的领导,成为延安党中央的北部屏障。

进入新世纪,乌审旗这片古老的土地上发生了翻天覆地的变化。虽然乌审旗的资源优势起了重要作用,但从根本上说,真正推动改革和发展的内在动力,是乌审人民所传承和发扬的敢于抗争、敢于创新、包容共生的精神。

(一)敢于抗争

乌审旗历史上的各个民族,都曾经历过千辛万苦,但他们不怕艰辛,不畏压力,不甘屈辱,勇于拼搏,奋力争取自己的生存,保护自己的家园,传承自己的文化,书写着自己敢于抗争的精神历程。这种精神风范,在近代以来乌审旗历经的重大历史事件中得到了充分体现。鸦片战争后,在乌审旗掀起了多次群众性的反洋教斗争高潮,显示了乌审旗各族群众反抗外来侵略势力的勇气和力量。

乌审旗爆发的"独贵龙"运动,掀开了近代蒙古族人民反帝反封建斗争的序幕,成为中国新民主主义革命的重要组成部分。清末以来反对开垦草原、奋力保卫家园的斗争持续不断。宝日勒岱、殷玉珍等一代又一代治沙英雄,用自己勤劳的双手,将一片片沙漠变成了绿洲。敢于抗争、敢于冒险,是因为有必胜的信念。在为争取民族解放的革命年代,乌审人民抱着必胜的信念,以不怕失败、不怕牺牲、敢于胜利的精神,取得了最终的胜利。在和平建设的年代,为了摆脱贫困,为了建设美好家园,乌审人更是敢于碰硬、大胆试验,对每一个发展中的问题,都会进行"自主思考",从而给出一个自己的"答案"。对每一个发展中的难题、困难,都会以破釜沉舟、坚持到底、百折不挠的决心,——

攻破解决。

(二)敢于创新

敢于冒险。蒙古民族自古不乏敢于冒险的开拓精神。改革开放以来,为了摆脱贫困,乌审旗人民发扬了背水而战的精神,冲破各种束缚,敢于冒险,闯出了一条生存发展之路。开始了又一次创业的历程。2003年在全国乃至全世界范围内,首次成功引进了生物质发电项目;2009年,引进世界第一家直接以风积沙为原料进行工业化生产的企业;这诸多的"第一"和"率先",是乌审旗人"敢于冒险、勇于探索"精神的真实写照。

敢于创新。创新,就是解放思想,就是永不僵化、永不停滞、与时俱进、勇于变革。改革开放40年,乌审旗走出了自己的发展道路,创造了自己的发展模式,其中最为主要的经验或精神动力就是敢于创新。可以说,在改革开放以来的每个阶段,乌审人始终把握实事求是、一切从实际出发的原理,都会使出自己的"新点子""新招数",取得打破常规的新效果。乌审人坚持把中央精神与地区实际紧密结合,创造性地开展工作,不为框框所限,不去简单模仿照搬,而是坚持独立思考、批判思维,从自己的实际出发,探索富有地区特色的发展道路。正是这种可贵的创新精神,助推了鄂尔多斯不断跨越、持续发展。

(三)包容共生

乌审旗是一个多民族聚居的地区。千百年来,乌审旗以包容、宽厚的胸怀,吸收外来文化,各民族之间交流交融、互相依存、共容一地,形成了包容共生的鄂尔多斯精神。

清代以后大规模"走西口"的移民潮,使中原农耕文化大量传入乌审旗,形成蒙汉杂居、农牧兼营的局面,推动了鄂尔多斯农业经济的发展。通过不断的接触交融,农耕文化和游牧文化相互渗透补充,形成了蒙汉民族经济上互补、贸易上互通、生活上相助、习惯上相容的和谐关系。

乌审旗包容共生的精神孕育了乌审人包容、宽厚的品格。这一品格在大开放的时代进一步得到发扬光大。今天的乌审旗在市场经济条件下,以更加真诚和包容的姿态,对外合作,对内凝聚,大胆引进资金、技术、人才,接受和吸纳各种优秀文化形态,积聚力量和智慧,不断创造着新的奇迹。

精神是推动实践的不竭动力,实践是检验精神的唯一标准。乌审精神既是中华民族以爱国主义为核心的民族精神的具体体现,又是草原文化基本精神和乌审旗蒙古传统文化精神在新时代的具体体现,更包含中华民族一家亲,铸牢中华民族共同体意识,各民族紧紧抱在一起的石榴籽一样的具体体现。乌审精神是乌审旗经济、生态、文化建设的灵魂,正是这种精神,铸就了人力资本中最具决定意义的精神因素,一旦有了合适的外部条件、政策环境,就会迸发出来,成为解放生产力、武装生产力的强大智力支撑和力量源泉。

乌审旗确立的"以人为本,建设绿色乌审"发展理念,符合科学发展观,切合地区实际,奠定了跨越式发展的思想基础。乌审旗广大干部群众精神振奋,斗志旺盛,思富求变的愿望异常强烈,全旗上下聚精会神搞建设、一心一意谋发展的意志高度统一,形成了跨越式发展的良好舆论基础。乌审旗谋求跨越式发展机遇适逢、人气正旺,加快兴旗富民进程优势凸显、势头强劲。只要乌审人民万众一心、众志成城,艰苦创业、奋力拼搏,就一定能够把握发展机遇,承接大好来势,在新一轮经济竞争中赢得先机、再创辉煌。

第四章
美好未来的憧憬展望

　　70年来,乌审旗经济社会等各方面发生了翻天覆地的历史巨变,绽放出日新月异的时代风采。特别是党的十八大以来,乌审旗的经济建设、政治建设、文化建设、社会建设、生态文明建设和党的建设都开创了新局面。2016年乌审旗通过的《乌审旗国民经济和社会发展第十三个五年规划纲要》,为"十三五"时期乌审旗经济社会发展勾勒出了美好的蓝图,也为乌审旗的未来勾画出美妙的画面。吹响了决胜全面建成小康社会的新号角,开启了乌审旗基本实现现代化的新征程,描绘了乌审旗决胜全面小康、建设现代化乌审的壮丽画卷。乌审旗经济社会发展有韧性、有优势,发展前景一定会更好,到2020年之后,乌审草原这道祖国北部边疆的绿色风景线定会更加亮丽。

第一节
全面建成小康社会的条件支撑

面向未来,乌审旗发展仍将处于可以大有可为的重要战略机遇期,具备了全面建成小康社会的综合条件。21世纪第二个十年末期、第三个十年初期是全面建成小康社会的决胜时期,全面深化改革的关键时期,全面依法治国的重要时期,也是乌审旗推动转型发展,实现富民强旗的攻坚时期,必须立足发展基础,紧抓发展机遇,为乌审旗发展绘就新蓝图、开启新篇章。

一、乌审旗经济长期向好基本面没有改变,为全面建成小康社会提供了重要先决条件

乌审旗综合经济实力跨上新台阶。连续多年保持了较高的增长速度和增长质量,主要经济指标年均增速多数高于全市平均水平。全旗地区生产总值由2010年的190亿元增加到2018年的387.1亿元,年均增长16.1%;公共财政预算收入由2010年的8.5亿元增加到2018年的21亿元,年均增长27%,"十三五"期间预计累计完成公共财政预算收入近100亿元;全社会固定资产投资预计累计完成达1700亿

元;社会消费品零售总额达40.4亿元,年均增长16.7%;城镇常住居民人均可支配收入和农村牧区常住居民人均可支配收入由2010年的21116元和8755元分别增加到2018年的44784元和18263元,分别较"十一五"末增长69.14%和64.68%。

本旗经济结构调整呈现新态势。地区综合实力稳步提升,跃居中国西部百强县第7位、中国工业百强县(市)第51位。产业集聚区功能日趋完善,承载能力逐步提升,煤炭精细化工和清洁能源两大主导产业集聚优势突显,成为县域经济发展的重要增长极。农牧业基础地位更加稳固,粮食播种面积稳定在65万亩,粮食产量实现"五连增",牧业年度牲畜存栏稳定在200万头(只)左右。农牧业产业化经营程度明显提高。旅游、商贸等生活性服务业快速发展,旅游接待人次和旅游综合收入快速提升,物流、金融、信息等生产性服务业迅速崛起,休闲、养生等新业态快速发展。第三产业增量逐年提升,由2010年的42.7亿元增长到"十二五"末89.5亿元,实现第三产业总量翻番。

二、乌审旗基础设施、城乡统筹建设从量变到质变取得重大突破,为今后的发展奠定了坚实的基础

全旗基础设施建设得到新提升。综合交通体系建设全面展开,建成一批骨干性、功能性、网络化的重大基础设施项目,浩吉铁路建成通车,新陶铁路建成投运,陶鄂铁路即将完工,各园区铁路支线加快推进。公路网络进一步完善,累计建成一级公路470千米,新建乡村公路490千米,改善了61个行政村7.3万人的出行条件。建成110千伏及以上变电站12座、35千伏变电站14座,新增输电线路229千米、10千伏及以下配电线路2095千米,电网规模、输送能力和供电可靠性大幅度提升。水利建设明显加强,防洪抗灾能力稳步提高。国土资源开发

第四章 美好未来的憧憬展望

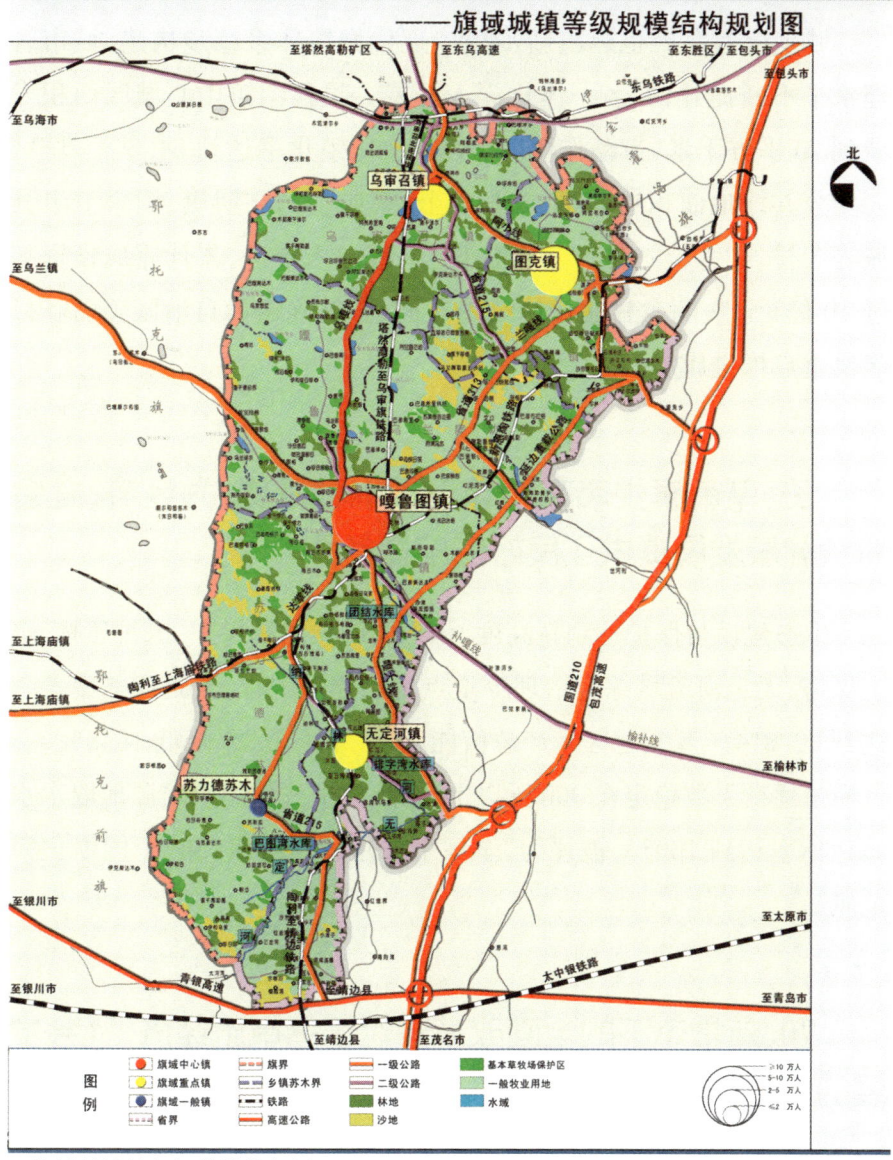

■旗域城镇等级规模结构规划图

保护得到加强,林业生态建设全面推进。农村牧区道路、安全饮水、基站通讯、广播电视等基础设施和教育、医疗卫生等公共服务设施明显改善。

城乡统筹发展也迈出新步伐。现代城镇体系稳步构建,城市管理水平不断提升,城乡一体化深入开展。嘎鲁图镇中心城区面积发展到20平方千米,带动作用明显增强。城镇化率达到54.5%。城区人均公共绿地面积达35平方米以上,荣膺全国文明旗、国家卫生县城等荣誉。"六位一体""三项建设"工程深入推进,累计完成投资超过10亿元。美丽乡村建设持续走在前列,被确定为自治区美丽乡村建设重点推进旗。

三、乌审旗生态文明建设根本性好转,为经济、社会持续健康发展提供了良好的前提条件

生态建设与保护达到新高度。深入实施天然林保护、退耕还林、水土保持、无定河流域综合治理等重点生态建设工程,全旗森林覆盖率达到32.8%。万元地区生产总值能耗比"十一五"末降低15.5%,空气质量优良天数稳定在300天以上,全旗集中式饮用水水源地取水水质达标率达到100%,被评为"全国生态建设先进旗"和"全国绿化模范旗"。

四、新常态下的全面改革激活了乌审旗经济、社会发展的内在和潜在动力

改革开放进程步入新阶段。政府职能转变和机构改革稳步推进,行政审批事项大幅度缩减,服务型政府建设取得新成效。医药卫生体

制改革深入推进,旗级公立医院综合改革全面实施。农村牧区综合改革和财税、水利、交通、科技、教育、文化、电力等领域改革取得积极进展。全旗上下紧紧抓住建设清洁能源生产输出基地的发展机遇,深入开展招商行动并取得显著成效,"十二五"期间实际利用外资8800万美元,累计引进区外资金517亿元,是"十一五"的2.5倍。

五、人民生活和社会保障水平的崭新局面为乌审旗的未来提供了精神动力和智力支撑

和谐乌审旗建设开创新局面。人民生活明显改善,城乡居民收入年均增速达到11%以上,城镇累计新增就业11742人,下岗失业工人累计实现再就业1600人。社会保障体系不断完善,城乡居民养老保险参保率稳定在97%以上,新型农村牧区合作医疗实现全覆盖,企业退休人员养老保险金标准进一步提高,城乡低保实现应保尽保,五年新建和回购保障性住房2191套。校舍安全改造工程、农村牧区义务教育薄弱学校改造计划等教育重点项目顺利实施,乌审旗一中、职业中学、蒙古族幼儿园等9所新建学校(幼儿园)顺利迁入新址,市蒙二中、高级中学、沙尔利格小学、第一幼儿园等12所学校(幼儿园)改扩建工程竣工投用,城乡学校布局调整趋于合理,各类教育资源配置得到进一步优化。旗人民医院整体搬迁,全民健身中心、游泳馆、乒羽馆投入使用,广播电视、新闻出版等社会事业全面进步,精神文明和民主法制建设全面推进,社会大局保持稳定。

第二节
未来经济、社会发展所依托的大环境优势

随着内蒙古被列入"新丝绸之路经济带",向北融入俄蒙、向南融入西安的进程加快,发展向南经济已成为自治区和鄂尔多斯的必然趋势,加之浩吉铁路、鄂尔多斯至西安高铁的建设,为乌审旗主动融入华中华南地区发展提供了有利条件。作为自治区的南大门,乌审旗必将迎来前所未有的历史机遇和发展空间。21世纪20年代以后,乌审旗将进入新型工业化、新型城镇化和农牧业现代化加快发展的新阶段,新形势与新趋势同在、新机遇与新挑战并存,总体上机遇大于挑战。

一、经济发展进入新常态,转方式调结构带来新机遇

当前,经济运行仍面临不少困难和挑战,经济下行压力较大,结构调整阵痛显现,企业生产经营困难增多,宏观经济进入到中高速增长区间、结构调整不断深化、资源环境约束突出、增长动力结构转换、要素成本优势下降等为特征的经济新常态。乌审旗"十三五"末几年的发展必须立足当前总的宏观经济形势,主动适应经济新常态,按照到2020年全面建成小康社会的基本要求,把新常态作为全旗发展的新

前提和推进经济持续健康发展的新遵循,全力深化改革,着力转型发展,加强民生保障,切实提高经济发展质量和效益,在保持全旗经济发展平衡性、协调性、可持续性明显增强的基础上实现加速发展。

二、资源环境约束加剧,绿色循环发展迎来新机遇

保护生态环境、建设生态文明,是未来发展必须深入贯彻和落实的重大国策,也是乌审旗经济社会发展的基本任务。乌审旗长期以来十分重视生态建设和环境保护,但是总体上发展比较粗放、生态环境历史欠账比较多,随着经济社会不断发展,生态环境问题越来越突出,发展环境约束不断加剧。可以预见,未来将不断加大对能耗、排放指标等的约束力度,在节能减排的约束性下,实现加快发展和优化发展将面临巨大的挑战,促进全旗经济发展必须牢固树立生态环境底线思维,顺应人民群众对良好生态环境的期待,切实走好生态优先、绿色发展为导向的高质量发展道路,推动形成绿色循环发展新模式。

三、新一轮技术革命加速发展,产业升级孕育新机遇

近年来,以信息化、智慧化、低碳化为主要特征的新一轮技术革命在全球迅速扩散,"创新发展"备受关注,云计算、大数据、"互联网+"等将不断拓展新的应用领域与模式,信息技术与制造业深度融合,推动3D打印、人工智能等加速发展。可以预测,未来,信息技术的深度应用将是创新最为活跃的领域,新兴产业将成为乌审旗未来经济发展新的增长点和重要的战略空间。

四、各族干部群众守望相助、团结奋进,成为社会发展的根本力量

习近平总书记怀着对内蒙古大好河山和内蒙古人民的深厚情感,对内蒙古各族人民特别是领导干部提出了殷切希望和要求,寓"守望相助"这一古语以丰富、深刻的政治内涵和时代涵义,高瞻远瞩,站在历史和现实的高度,对"守望相助"做了全新的阐释,阐述了重要的民族观。"守",即"守好家门,守好边疆,守好内蒙古少数民族美好的精神家园";"望",即"登高望远"谋划内蒙古的事业;"相助"阐述的是民族团结和睦的深刻寓意。

乌审旗各族人民具有"吃苦耐劳、一往无前"的蒙古马、乌审马精神,具有守望相助、团结奋斗的优良作风。众人划桨开大船,只有全旗各级党委政府尽职尽责、各族干部群众尽心尽力,乌审旗这艘发展航船才能行稳致远。自1949年以来,乌审旗始终保持着民族团结、边疆稳定、社会和谐的大好局面,奠定了经济社会发展的良好政治基础。党的十八大以来,在党中央、国务院的坚强领导下,乌审旗各族干部群众深入贯彻落实党的十八大和十九大精神,深入贯彻落实习近平总书记系列重要讲话和考察内蒙古重要讲话重要指示精神,守望相助,团结奋斗,形成了强大合力,蕴藏着改革创新的无限活力,成为乌审旗全面建成小康社会的根本力量。

第三节
祖国北部边疆亮丽风景线上的美好前景

2014年春节前夕,习近平总书记亲临内蒙古考察指导并发表重要讲话,这是内蒙古发展史上的重要里程碑。习近平总书记的重要讲话,是为内蒙古"量身定制"的行动纲领,深刻阐明了内蒙古在全国发展大局中的战略地位,明确提出了"守望相助、打造祖国北部边疆亮丽风景线"的殷切期望,深情描绘了一幅壮美的"中国美的内蒙古篇章",为内蒙古发展确立了新定位、赋予了新使命,是引领内蒙古改革开放和现代化建设的根本指针。

未来几年,是乌审旗全面建成小康社会的决胜阶段,是全面落实党中央对内蒙古发展战略定位、打造祖国北部边疆亮丽风景线的关键时期。"十四五"规划高瞻远瞩地规划部署了未来乌审旗的发展,展望了未来发展的美好前景,顺应了形势任务变化和乌审旗各族人民的共同意愿,为乌审旗在新的历史起点上加快推进现代化建设指明了前进方向。新征程,从头越,再出发,更美的风景在前面,不久的将来,乌审旗这一祖国北部边疆这道经济发展、民族团结、文化繁荣、边疆安宁、生态文明、各族人民幸福生活的绿色风景线定会更加亮丽。

一、坚持转型发展　加快构筑生态型产业体系

按照"产业发展生态化、生态建设产业化"的发展思路,发挥资源优势,调整产业结构,转变发展方式,主动对接自治区发展战略,建设"四大基地",加快发展生态型工业、绿色农牧业和现代服务业,全力构筑生态型产业体系,促进经济社会和自然生态协调可持续发展。

(一)大力发展现代农牧业

立足资源优势,坚持以市场为导向,以科技为支撑,以产业化为方向,加快转变农牧业发展方式,走产出高效、产品安全、资源节约、环境友好的农牧业现代化道路。大力推动农牧业标准化生产、规模化经营和品牌创建,突出龙头企业带动和农牧民合作组织建设,不断提升农牧业产业化发展水平,逐步形成农畜产品生产、加工、营销完整产业链,实现农牧业提质增效、转型升级,带动农牧民增收致富。"十三五"期间,第一产业增加值年均增长6.5%,到2020年达到18.5亿元。加快推进农牧业产业化,加强农牧业支撑体系建设,大力发展优势特色种植业,加快推进畜牧业规模化和效益化发展,积极开展高标准农田建设。

(二)加速推进新型工业化

依托煤气、延伸煤气、超越煤气,把优势特色产业融入国家能源安全和低碳发展大局之中谋划发展。优先发展新型煤化工、精细化工、清洁能源三大优势主导产业,培育壮大新材料、装备制造两大特色接续产业,积极发展生产性服务业作为配套支撑,共同构建新型工业产业体系。以新型工业体系构建、产业链条延伸、工业产品换代升级、传统优势产业壮大、新兴产业培育接续、主导产业集聚、重点承载平台打造

■产业升级

等为途径,着力建设煤炭精细化工基地和清洁能源生产输出基地。到2020年,力争全旗工业总产值达到1000亿元以上,实现工业增加值471亿元,年均增长6.6%以上;培育营业收入超百亿元企业2家,营业收入超10亿元以上企业5家,营业收入过亿元企业13家。着力优化新型煤化工、精细化工、清洁能源等能源产业结构,积极发展新材料、装备制造、农畜产品加工、纳林河工业园区、图克工业项目区、乌审召化工项目区、乌兰陶勒盖工业项目区等接续产业。

(三)积极发展现代服务业

推动服务业繁荣发展,将发展服务业作为扩大内需、调整产业结构、转变发展方式的战略重点,推动服务业与新型工业化、信息化、城镇化和农牧业现代化融合发展。以煤炭物流基地和文化旅游体验基地为载体,发展研发设计、融资租赁、节能环保、电子商务、服务外包、会展营销、广告创意和品牌策划等生产性服务业,提升主导产业整体质量和产品附加值。到"十三五"末,第三产业增加值力争达到165.5亿元,年均增长13.1%,占GDP的比重上升到25%以上。加快发展生产性服务业,积极发展金融业,大力发展生活性服务业,促进房地产健康发展,鼓励发展体育产业,培育壮大新兴服务业,培育发展健康养老服务业。

二、坚持创新发展　不断提高发展质量和效益

以创新发展理念为指导,坚持把创新摆在发展全局的核心位置,把发展基点放在创新上,推动科技、产业、产品、组织、管理、品牌、商业模式全面创新,破除制约创新发展的体制机制障碍,发挥创新对拉动经济增长、推进结构优化、促进动力转换的乘数效应,形成以创新为主要引领和支撑的经济体系和发展模式。

(一)构建经济发展新体制

加快形成有利于经济发展的市场环境、产权制度、投融资体制、分配制度、人才培养引进使用机制。加快转变政府职能、完善基本经济制度、深化财税体制改革。

(二)实施创新驱动战略

积极发挥科技创新的引领作用,促进经济增长由主要依靠物质资源消耗向主要依靠科技进步、劳动者素质提高、管理创新转变。加强创新能力建设,坚持以企业为主体、平台为支撑、市场为导向、政策为保障,完善产学研用相结合的区域创新体系,构建科技创新体系、加强创新平台建设。着力推动金融创新,发展银行、保险、租赁等金融业,运用多层次资金市场,提升金融对实体经济的支撑能力,加快金融创

新,优化信贷结构。优化创新发展环境,建立完善产业政策与科技政策、企业发展与科技创新投入、人才引进培养相协调的制度,强化企业技术创新的主体地位。

(三)推进人才强旗战略

坚持外部引进和自身培养相结合,稳步扩大人力资源总量,优化人才队伍结构,形成各类人才衔接有序、梯次配备的人才队伍结构,打造高水平创新人才队伍。提升人才培育能力,开展招才引智工作,优化人才发展环境。

三、坚持协调发展　着力构建城乡发展新格局

以协调发展理念为指导,统筹考虑经济发展、人口分布和资源环境承载能力,扎实推进主体功能区规划,优化空间开发格局。统筹推进城乡基础设施建设,增强城乡发展的支撑力。大力推进新型城镇化,促进城乡一体化发展。努力形成主体功能定位清晰、空间结构合理、均衡协调的城乡发展新格局。

(一)全面推进城乡一体化发展

坚持城乡一体化发展和物质文明与精神文明并重,在协调发展中扩展发展空间,在加强薄弱领域中增强发展后劲。将以人为本作为城镇化核心,以产业发展和综合承载能力作为支撑,以体制机制创新作为保障,强化嘎鲁图城镇核心区地位,将图克、无定河、乌审召、乌兰陶勒盖和苏力德打造成为各具特色、生态宜居、企地和谐发展的特色小城镇,走"以人为本、四化同步、优化布局、生态文明、文化传承"的新型城镇化道路,推进城乡一体化发展。到 2020 年,本旗户籍城镇化率

■乡村旅游

达到43%左右,城镇基础设施显著改善,城镇承载力明显提升,产城融合发展取得显著成效,对县域经济的带动力明显增强,城乡差距显著缩小,城乡协调发展水平明显提高,城乡居民的基本公共服务水平基本实现均等化。加快推进新型城镇化发展,持续推进工程建设,不断拓宽农牧民增收渠道,加快完善城乡一体化发展体制机制。

(二)推动物质文明和精神文明协调发展

坚持"两手抓、两手都要硬",坚持社会主义先进文化前进方向,坚持以人民为中心的工作导向,坚持把社会效益放在首位,社会效益和经济效益相统一,加快文化改革发展,加强社会主义精神文明建设,推进草原文化创新发展,建设民族文化强旗。推进文化产业发展,加强文化体系建设,促进精神文明建设。

(三)加强基础设施建设

按照布局合理、结构优化、适当超前的原则,以规划为龙头,统筹

推进城乡基础设施建设。完善综合交通体系,加强水利建设,推进能源设施建设,加快电力设施建设,提升城乡信息化水平,建设适应发展需要的现代基础设施网络。

加快完善交通网络体系。立足建设现代煤炭物流基地,依托蒙西至华中煤运通道,加快外通内联的交通运输体系建设,积极打造区域性铁路枢纽,形成外接蒙古国,内连陕西、山西产煤地的交通物流通道,显著增强交通基础设施对产业聚集、城镇发展的支撑和引领作用。着力完善公路网建设,大力增强铁路运输能力,加快推进通用机场建设。

加强能源基础设施建设。加快高压输电和天然气外送通道建设,构建立体、高效、安全、便捷的能源输送通道。电网建设方面,坚持电源电网协调发展,以用电需求为导向,以可靠性为目标,以效益为中心,按照"统一规划、统一标准、统一建设"的原则统筹电网发展。加快城网农网建设改造,建设以500千伏电网为支撑,220千伏电网为骨干的电力网络构架,全力满足大型项目、煤炭矿区等重要用户双回路、双电源供电需求。积极承接一批煤电一体化项目,促进全旗资源优化配置及清洁能源的开发转化和清洁利用。加快推进"气化乌审"工程,不断完善"六镇四区"城市管网和实施长输管线建设项目。

强化水利基础设施建设。坚持可持续发展的治水思路,落实最严格的水资源管理制度,实施一批对经济社会发展具有重大影响的控制性水源工程,加强防洪基础设施建设,大力推进农牧业节水,加快实施民生水利建设,推动节水型社会建设,实现水资源的可持续利用,为促进经济社会发展提供坚实的水利保障。力争到2020年,基本建成水资源合理配置和高效利用体系,城乡居民饮水安全得到全面保障,防洪抗旱减灾能力进一步增强,河流得到有效治理,生态和人居环境得到明显改善。全旗用水总量控制在2.7亿立方米以内,全面解决4.57万

■能源运输

人的饮水安全问题,新增高效节水面积 45 万亩,农牧业用水比重下降 10% 以上,灌溉水利用系数达到 0.53。加快重点水利工程建设。加强水资源保护。

全面推进信息网络建设。把推进信息化作为全旗创新驱动、转型发展的重要手段和现代化建设全局的战略举措,以创建面向未来的智慧城市为方向,把信息基础设施建设放在首位,进一步推进信息基础设施跨越式、智能化发展,提供高水平信息通信服务。加快信息基础建设。加快"智慧乌审"建设。积极推进电子政务建设。加强信息技术应用。

四、坚持绿色发展　不断增强发展的可持续性

以绿色发展理念为指导,按照"保护自然、顺应自然"的生态文明理念,科学布局生产空间、生活空间、生态空间,严格执行生态红线制度,有序推进生态修复和环境污染治理。以资源利用效率提升为核心,扎实推进节能减排和循环经济发展,探索建立科学合理的自然资源定价机制和资源有偿使用制度。

加强资源节约和环境保护。紧紧围绕人与自然和谐发展的生态文明观,按照"五位一体"总布局要求,以推动绿色发展方式和生活方式为基本途径,以探索建立可持续的生态环境保护制度为根本动力,推动生态文明建设与经济、社会、政治、文化发展深度融合,创造良好的自然生态环境和优美的人居生活环境,努力为群众提供更多优质生态产品,建设绿色乌审。到2020年,国土空间开发格局明显优化,红线保护区域切实得到有效保护,森林覆盖率和植被覆盖率分别达到33.07%和81%。生态文明制度创新取得重大突破,覆盖全社会的生态文明体系基本建立,创建成为国家级生态文明示范旗和生态环保示范旗。优化国土空间开发格局。加强生态建设与保护。推进绿色循环低碳发展。加强城乡环境综合整治。加快生态文化体系建设。完善生态文明制度体系。

五、坚持开放发展　构建开放型经济体系

以开放发展理念为指导,坚持"引进来"与"走出去"并举,扩大开放领域、优化开放结构、提高开放质量,加快向内外对接的开放型经济体系转变,加强区域合作,承接产业转移,拓展发展空间,全面提升对

外开放水平,形成对外开放新格局。

推进对外开放与区域合作。紧紧抓住"一带一路"和呼包银榆经济区建设的重大机遇,实施更加主动的对外开放战略,充分发挥地处蒙陕宁中心区位和浩吉铁路北煤南运起点的交通优势,主动适应对外开放新常态,推进基础设施互联互通,积极搭建对外开放合作平台,扎实推进招商引资工作,大力发展外向型产业,着力推动区域经济融合,加快构建开放型经济新格局。到2020年,全旗对外贸易总额达到3亿美元以上,年均增长10.1%,把乌审旗打造成为鄂尔多斯清洁能源对外输出的重要基地和区域性煤炭物流集散地。大力实施"走出去"战略。不断优化对外开放环境。加大招商引资力度。积极承接产业转移。推动区域经济融合发展。

六、坚持共享发展　不断增进人民福祉

以共享发展的理念为指导,更加注重统筹经济与社会协调发展,把改进公共服务、提高社会治理水平摆在更加突出的位置。坚持"保基本、补短板、提质量、促公平"的原则,努力推进基本公共服务均等化,着力提升公共服务水平,使发展成果更好地惠及人民。

(一)全面提高基本公共服务能力和水平

按照人人参与、人人尽力、人人享有的要求,坚守底线、突出重点、完善制度、引导预期,注重机会公平,保障基本民生,实现全旗各族人民共同迈入全面小康社会。

创新公共服务方式。全面推进扶贫攻坚工程。建立健全扶贫开发工作机制,推进扶贫工作顺利开展。加大投入,统筹兼顾、综合施策,彻底解决制约贫困嘎查村发展的突出问题,稳定增加贫困对象收入。

创新扶贫方式,立足民生改善,实施精准扶贫,聚合优势资源,突出集中连片发展,增强扶贫对象自我发展能力,提高全旗扶贫开发的质量和水平。到2020年,全旗现行农村牧区低保标准线下的贫困人口,人均收入水平比现行低保标准翻一番以上,基本公共服务保障水平达到全旗平均水平,实施分类扶贫。确保实现因户施策、因人施策,精准扶贫,创新扶贫方式。

大力发展教育事业。坚持把教育放在优先发展的战略地位,统筹城乡教育均衡发展,加快发展农村牧区基础教育,促进教育服务均等化。加大教育投入力度,全面提高各级各类学校教育质量,增强全旗人民综合素质。加快教育信息化进程,全面搭建教育信息和资源交流共享平台。到2020年,全旗教育发展水平进入全市前列,财政性教育经费支出占生产总值的比重保持在4%。均衡发展学前和义务教育,优化发展普通高中教育,加快发展现代职业教育,全面提高教师素质。

切实抓好就业创业。加大政策扶持力度,以抓政策促就业,抓创业带就业、抓培训保就业的措施,形成"大众创业、万众创新"的新格局。"十三五"期间,实现城镇累计新增就业1.25万人,转移农村牧区富余劳动力3.2万人次,开展各类技能培训1.3万人次,城镇登记失业率控制在3.2%以内,坚持就业优先战略,完善创业扶持政策,推行终身职业技能培训制度。

深入推进健康乌审建设。按照"保基本、强基层、建机制"的要求,深化医药卫生体制改革,合理配置医疗卫生资源,健全覆盖城乡居民的医疗卫生服务体系,推进基本公共卫生服务均等化,满足人民群众基本医疗卫生需求。完善城乡医疗卫生服务体系,提升公共卫生服务能力。

加快完善社会保障体系。坚持"广覆盖、保基本、多层次、可持续"原则,以社会保险、社会福利、社会救助为基础,以基本养老、基本医疗、最低生活保障为重点,全面建成覆盖城乡的社会保障体系,基本实现人人享有基本社会保障的目标。"十三五"期间,继续推行新型农村牧区社会养老保险制度,实现新农保全覆盖,不断提高保障水平;逐步提高城镇居民基本医疗保险、新型农牧区合作医疗筹资水平和政府补贴标准。扩大社会保险覆盖面,提高社会福利水平,推动社会救助体系建设。

改善城乡居民住房条件。坚持政府提供基本住房保障,市场满足多样性需求,合理确定各类住房建设规模,分层次、多渠道解决城乡居民住房问题。继续完善工程,大力推进危房改造,加快廉租房建设和棚户区改造步伐,推进公共租赁住房,抓好低收入家庭保障住房建设,改善居民住房条件,加快城镇保障性住房建设,全面推进农村牧区危房改造工程。

推进社会事业全面发展。全力推进工青妇事业发展,不断提高工青妇工作水平。加强审计监督,充分发挥审计保障经济社会健康运行职能。建成适应需求、结构完善、功能先进、集约高效、保障有力的气象现代化体系,气象综合检测网络更加完善,公共气象服务普惠程度显著提高。加强红十字救护工作,提高人民群众防灾减灾意识和应对突发事件的自救互救能力。加强档案规范化建设,构建方便人民群众的档案服务体系,提升档案资源利用的效益,突出档案部门的公共服务能力。

(二)深入推进依法治旗和平安乌审建设

以构建文明、和谐、诚信社会为总目标,大力推进社会治理体系和治理能力现代化。发挥政府主导作用,鼓励和支持社会各方面参与,从传统的社会管理转向时代发展要求的社会治理,努力实现政府治理、社会自我调节和群众自治的良性互动,大力开展法治乌审建设,深入推进平安乌审建设。

绿色乌审

■美丽乌审

第四章　美好未来的憧憬展望

习近平总书记在参加十三届全国人大二次会议内蒙古代表团审议时的重要讲话,为乌审旗做好各项工作,特别是加强生态文明建设,提供了强大思想武器和科学行动指南。作为内蒙古自治区的"南大门",地处毛乌素沙地腹部的乌审旗,特殊的区位和环境状况,要求乌审旗必须站在讲政治、讲大局、讲安全、讲担当的高度,保持加强生态文明建设的战略定力,坚守绿色信念、传承"绿色接力",奋力开创"推动高质量发展、实现绿色崛起"新局面,为筑牢我国北方重要的生态安全屏障作出新的更大贡献。

改革开放之后,我们党对我国社会主义现代化建设作出战略安排,提出"三步走"战略目标。解决人民温饱问题、人民生活总体上达到小康水平这两个目标已提前实现。在这个基础上,我们党提出,到建党一百年时建成经济更加发展、民主更加健全、科教更加进步、文化更加繁荣、社会更加和谐、人民生活更加殷实的小康社会,然后再奋斗30年,到新中国成立一百年时,基本实现现代化,把我国建成社会主义现代化国家。

从现在到2020年,是全面建成小康社会决胜期。要按照十六大、十七大、十八大提出的全面建成小康社会各项要求,紧扣我国社会主要矛盾变化,统筹推进经济建设、政治建设、文化建设、社会建设、生态文明建设,坚定实施科教兴国战略、人才强国战略、创新驱动发展战略、乡村振兴战略、区域协调发展战略、可持续发展战略、军民融合发展战略,突出抓重点、补短板、强弱项,特别是要坚决打好防范化解重大风险、精准脱贫、污染防治的攻坚战,使全面建成小康社会得到人民认可、经得起历史检验。

从十九大到二十大,是"两个一百年"奋斗目标的历史交汇期。我们既要全面建成小康社会、实现第一个百年奋斗目标,又要乘势而上开启全面建设社会主义现代化国家新征程,向第二个百年奋斗目标进军。

第一个阶段,从2020年到2035年,在全面建成小康社会的基础上,再奋斗15年,基本实现社会主义现代化。到那时,我国经济实力、科技实力将大幅跃升,跻身创新型国家前列;人民平等参与、平等发展权利得到充分保障,法治国家、法治政府、法治社会基本建成,各方面制度更加完善,国家治理体系和治理能力现代化基本实现;社会文明程度达到新的高度,国家文化软实力显著增强,中华文化影响更加广泛深入;人民生活更为宽裕,中等收入群体比例明显提高,城乡区域发展差距和居民生活水平差距显著缩小,基本公共服务均等化基本实现,全体人民共同富裕迈出坚实步伐;现代社会治理格局基本形成,社会充满活力又和谐有序;生态环境根本好转,美丽中国目标基本实现。

第二个阶段,从2035年到本世纪中叶,在基本实现现代化的基础上,再奋斗十五年,把我国建成富强民主文明和谐美丽的社会主义现代化强国。到那时,我国物质文明、政治文明、精神文明、社会文明、生态文明将全面提升,实现国家治理体系和治理能力现代化,成为综合国力和国际影响力领先的国家,全体人民共同富裕基本实现,我国人民将享有更加幸福安康的生活,中华民族将以更加昂扬的姿态屹立于世界民族之林。

从全面建成小康社会到基本实现现代化,再到全面建成社会主义现代化强国,是新时代中国特色社会主义发展的战略安排。在党和国家、各级党委政府的坚强领导下,乌审旗各族人民将坚决发扬坚韧不拔、锲而不舍的精神,奋力谱写社会主义现代化新征程的壮丽篇章!

70年春风化雨,70年跨越腾飞。站在新的历史起点上,在以习近平同志为核心的党中央坚强领导下,在上级党委和政府的带领下,乌审旗各族人民守望相助、团结奋斗、一往无前,经过不懈努力,到建党100周年时,祖国北疆这道绿色风景线一定会更加亮丽,必将创造出无愧于时代、无愧于人民、无愧于历史的优秀业绩,一个更加绿意盎然、繁荣富裕、幸福和谐的绿色乌审一定会崛起在鄂尔多斯高原上!

参考文献

一、专著

伊克昭盟文物工作站编:《鄂尔多斯文物考古文集》,1981年8月。

谭其骧:《中国历史地图集》,中国地图出版社,1982年10月第1版。

沙日勒岱、武占海、刘毅政:《成吉思汗研究文集1949~1990》,内蒙古人民出版社,1991年5月第1版。

内蒙古文物考古研究所:《内蒙古中南部原始文化研究文集》,海洋出版社,1991年9月第1版。

伊克昭盟地方志编纂委员会:《伊克昭盟志》,现代出版社,1994年8月第1版。

周清澍:《内蒙古历史地理》,内蒙古大学出版社,1994年12月第1版。

内蒙古公路交通史志编委会:《内蒙古古代道路交通史》,人民交通出版社,1997年5月第1版。

内蒙古文物考古研究所编:《内蒙古文物考古文集》(第二辑),中国大百科全书出版社,1997年7月第1版。

杨勇:《鄂尔多斯草原文化》,内蒙古人民出版社,2000年第1版。

史念海:《黄土高原历史地理研究》,黄河水利出版社,2001年第1版。

景爱:《沙漠考古通论》,紫禁城出版社,1999年10月第1版。

参考文献

乌审旗地方志编纂委员会:《乌审旗志》,内蒙古人民出版社,2001年3月第1版。

陈育宁:《鄂尔多斯史论集》,宁夏人民出版社,2002年6月第1版。

国家文物局主编:《中国文物地图集·内蒙古自治区分册》(上、下),西安地图出版社,2003年11月第1版。

王志浩主编:《鄂尔多斯文物考古文集》(第二辑),远方出版社,2004年12月第1版。

张光耀:《秦直道探索与研究》,内蒙古人民出版社,2006年7月第1版。

《鄂尔多斯史话》编委会编写:《鄂尔多斯史话》,华文出版社,2007年8月第1版。

高毅、王志浩、杨泽蒙:《鄂尔多斯史海钩沉》,文物出版社,2008年9月第1版。

苏秉琦:《中国文明起源》,辽宁出版社,2009年4月第1版。

鄂尔多斯大辞典编纂委员会:《鄂尔多斯大辞典》,内蒙古人民出版社,2009年8月第1版。

苏秉琦主编,张忠培、严文明撰:《中国远古时代》,上海人民出版社,2010年7月第1版。

张占霖主编:《鄂尔多斯文化·文物卷》,社会科学文献出版社,2011年8月第1版。

张九和:《内蒙古通史(第一卷)·远古至唐代的内蒙古地区(二)》,人民出版社,2011年12月第1版。

乌审旗文物局编著:《乌审旗文物志》,2012年9月第1版。

艾冲:《公元7~9世纪鄂尔多斯高原人类经济活动与自然环境演变研究》,中国社会科学出版社,2012年10月第1版。

乌审旗老科学技术工作者协会编著:《走进乌审》,内新图准字(2012)第 70 号。

白寿彝、高敏、安作璋:《中国通史·中古时代》,上海人民出版社、江西教育出版社,2013 年 6 月第 2 版。

杨泽蒙主编:《鄂尔多斯文化遗产 2012》,鄂尔多斯市文物考古研究院,2013 年。

王巍:《中国考古学大辞典》,上海辞书出版社,2014 年 3 月第 1 版。

鄂尔多斯博物馆:《八百年不熄的神灯——祭祀成吉思汗的鄂尔多斯蒙古族历史文化》,内蒙古大学出版社,2015 年 4 月第 1 版。

蔡常青:《内蒙古热点问题透视 2016》,内蒙古大学出版社,2016 年 12 月第 1 版。

奇海林、白瑞芳、肖毅:《鄂尔多斯生态建设历程》,内蒙古人民出版社,2017 年 3 月第 1 版。

孙杰:《"四个全面"战略布局在内蒙古》,内蒙古人民出版社,2017 年 5 月第 1 版。

王湛清、奇海林、白瑞芳、肖毅:《防治荒漠化中的绿色鄂尔多斯》,内蒙古人民出版社,2017 年 8 月第 1 版。

杭栓柱、胡益华、朱晓俊、胡伟华:《内蒙古经济建设 70 年》,内蒙古人民出版社,2017 年 12 月第 1 版。

唐雷:《历史经验的价值与现实举措的启示》,内蒙古人民出版社,2018 年 7 月第 1 版。

蔡常青、张永军:《中国改革开放全景录》,内蒙古人民出版社,2018 年 11 月第 1 版。

二、论文

史念海:《秦始皇直道遗迹的探索》,《文物》1975 年第 10 期。

祁国琴:《内蒙古萨拉乌苏河流域第四纪哺乳动物化石》,《古脊椎动物与古人类》1975年第13卷第4期。

林幹:《试论王昭君艺术形象的塑造》,《内蒙古大学学报》(人文社会科学版)1986年第3期。

严文明:《中国史前文化的统一性与多样性》,《文物》1987年第3期。

吴新智:《中国远古人类的进化》,《人类学学报》1990年第4期。

吴宏岐:《秦直道修筑的起讫时间与工程分期》,《中国历史地理论丛》(季刊)1996年第3辑(总40辑)。

田广金:《论内蒙古中南部史前考古》,《考古学报》,1997年第2期。

吴新智:《人类起源研究回顾与中国古人类学展望》,《地球科学进展》2001年第5期。

张景明:《乌审旗翁滚梁墓葬年代问题》,《内蒙古文物考古》2001年第1期。

汤开建:《党项源流新证》,《暨南史学》(第一辑)2002年11月。

王俪阎:《从西夏铸币看西夏与宋辽金关系》,《中国历史文物》,2008年第6期。

甄自明、岳够明:《鄂尔多斯汉代古城分布与研究》,《鄂尔多斯学研究》2014年增刊。

陈育宁:《地斤泽在何处》,《党项史迹与陕北历史文化学术研讨会论文集》,2016年2月。

三、政府文件及报刊

《乌审旗政府工作报告》(2002年～2018年)

《乌审旗国民经济和社会发展第十二个五年规划纲要》

《乌审旗国民经济和社会发展第十三个五年规划纲要》

《绿色乌审报》

附录一：乌审旗国民经济社会发展统计数据（1949年～2018年）

指标名称	1949年	1950年	1955年	1959年	1960年	1965年	1969年	1970年	1975年	1979年	1980年
生产总值（万元）	—	—	—	—	—	—	—	—	—	2541	3118
财政收入（万元）	4	4	17	47	55	56	33	39	97	154	155
工农业总产值(万元)	—	—	—	—	—	—	—	—	—	2051	2436
旅游收入（万元）	—	—	—	—	—	—	—	—	—	—	—
粮食产量（万吨）	0.36	0.42	0.83	1.41	1.3	0.69	1.11	1.48	1.34	1.5	1.19
猪牛羊肉产量(万吨)	0.04	0.04	0.1	0.1	0.12	0.16	0.17	0.15	0.19	0.24	0.22
家畜存栏数（万头只）	24.01	25.14	31.25	61.35	64.18	69.5	77.6	78.62	74.53	80.78	72.94
山(绒)羊毛产量（吨）	41	44	133	237	217	340	357	505	805	1347	1716
发电量（万度）	—	—	—	—	4.3	5.1	7	6.3	159.9	344	460.2
煤炭储量（万吨）	—	—	—	—	—	—	—	—	—	—	—
天然气储量（万吨）	—	—	—	—	—	—	—	—	—	—	—
户籍总人口（万人）	2.88	2.94	3.58	4.38	4.51	5.28	5.99	6.09	7.22	7.74	7.79
从业人员（万人）	1.46	1.54	1.75	2.02	2.18	2.33	2.57	2.62	2.89	3.17	3.12
城镇居民可支配收入（元）	—	—	—	—	—	—	—	—	—	320	340
农牧民可支配收入(元)	—	—	—	—	—	—	—	—	—	195	199
职工平均工资(元)	216	316	520	625	476	631	726	565	628	629	767
社会消费品零售总额(万元)	34	46	150	239	311	371	426	417	885	1138	1339
全社会固定资产投资（万元）	—	—	12	110	110	65	154	41	310	514	494
草原面积（千公顷）	—	—	—	—	—	—	—	—	—	—	—
城镇化率（%）	—	—	—	—	—	—	—	—	—	—	—

附　录

1985年	1989年	1990年	1995年	1999年	2000年	2005年	2009年	2010年	2015年	2018年
3482	11972	13575	34187	76189	92336	304557	1531300	1894900	3989100	3871000
255	923	1061	1451	4205	4681	18414	78984	87541	281236	210000
2850	9688	11320	29769	29078	48158	48314	1170800	1477500	2827800	2853600
—	—	—	—	—	—	0.33	5	5.5	21.5	36.76
1.3	2.33	2.84	5.97	10.23	9.86	11.14	11.32	11.5	17.22	16.06
0.29	0.57	0.48	0.72	1.29	1.16	3.11	3.36	3.56	3.65	3.49
54.79	63.18	60.22	61	64.19	60.55	105.12	118.25	119.74	112.18	129.44
2096	2075	2057	2305	2708	2506	3918	3952	3317	3151	3391
527	1183	1106	2495	—	—	—	104514	13733	15072	240891
—	—	—	—	—	—	—	—	—	—	3133
—	—	—	—	—	45627	374127	1302249	1870284	2900010	—
8.39	8.79	9.02	9.16	9.28	9.37	9.72	10.7	10.78	11.15	11.63
3.54	3.66	3.98	4.76	—	7.64	—	—	—	—	—
470	670	870	2210	4420	4833	9055	18430	21116	35717	44784
248	610	645	1261	2488	2641	4783	7945	8755	14418	18263
1069	1547	1606	4235	6963	7595	15991	44198	54243	59877	—
2112	3244	3389	5590	8283	9332	81320	153569	178573	380032	404000
1463	1237	1067	7664	5413	33486	289127	1684010	1900163	3805218	—
—	—	—	—	606	606	666.8	666.8	667	763.08	—
—	—	—	—	—	—	—	—	—	57.27	60.93

305

附录二:乌审旗大事记

距今 7 万~14 万年前,河套人(鄂尔多斯人)在萨拉乌苏河畔繁衍生息。

秦代,为上郡辖地,秦始皇派大将蒙恬在这里修筑秦直道。

汉代,为上郡辖地,昭君出塞走秦直道过旗境北上入匈奴属地。

十六国时期,具有匈奴、鲜卑双重血统的铁弗部首领赫连勃勃在这里建立了大夏国及其都城——统万城。

隋代,为朔方郡辖地。

唐代,为夏州、宥州等安置突厥、昭武九姓之粟特人的"六胡州"属地。

宋代,初为拓跋党项李继迁大本营地斤泽所在地,后为西夏建国后的夏州属地。

元代,旗境为陕西行省延安路绥德州所辖,今三岔河古城亦为察罕脑儿宣慰司驻地,成为元朝皇室封地。

明代,初为察罕脑儿卫所在地,后为蒙古鄂尔多斯部驻地。

公元 1566 年,鄂尔多斯部首领之一库图克台彻辰洪台吉(公元 1540~1586 年)在进兵青藏高原的过程中皈依了喇嘛教,并说服阿拉坦汗(俺答汗)皈依喇嘛教。

公元 1578 年,阿拉坦汗与索南嘉措(三世达赖喇嘛)在青海仰华寺会晤,鄂尔多斯部、土默特部的一大批蒙古贵族受戒入教。法会上宣布了一系列法令,以保证黄教在蒙古的传播。

公元 1585 年,三世达赖喇嘛向土默特进发路过鄂尔多斯,到库图克台彻辰洪台吉的驻牧地伊克锡泊尔(今乌审旗大石砭庙),坐禅三月之久,并为锡泊尔庙主持开光仪式。

清代,顺治六年(1649 年),置鄂尔多斯右翼前旗,俗称乌审旗,隶属伊克昭盟。

公元1662年,萨冈彻辰(公元1604~1669年)编著完成《汉统宝鉴》,即《蒙古源流》。

公元1713年,乌审召始建。

公元1828年,乌审旗最早爆发"独贵龙"运动。

1900年~1905年,贺希格巴图(公元1849年~1917年)著成《贺希格巴图诗歌》,包括《可贵的独贵龙》《平等》《罪恶的时代》《蔚蓝色的天空》《乌审召公颂》等共100多首诗歌,最初以手抄本的形式在乌审旗地区民间广为流传,成为著名诗人。

1922年,法国天主教神父、地质古生物学家桑志华在大沟湾拾到三件人类肢骨的石化,从而发现了"河套人"(鄂尔多斯人)。

1923年,桑志华和法国古生物学家德日进组成考察队,在小桥畔发现45个种的脊椎动物化石和一批石制品。后来,德日进研究发现了一颗石化程度很深的人类上门齿,经北京协和医院解剖科主任步达生研究,定名为"the Ordos Tooth"鄂尔多斯人牙齿。

1926年,席尼喇嘛组建内蒙古人民革命军十二团,任团长,成为乌审旗"独贵龙"运动的杰出领袖和革命先驱。

民国时期,仍名乌审旗,隶属于绥远省伊克昭盟。

1934年,国民政府将乌审旗衙门改为乌审旗政府。同年中国共产党乌审旗工作委员会建立。

1935年12月20日,毛泽东以中华苏维埃人民共和国中央政府主席的名义发表了《对内蒙古人民宣言》。

20世纪40年代,裴文中先生首先使用了"河套人"和"河套文化"两个专用名词。

1948年,中国共产党建立了乌审旗政务委员会。

1949年3月,乌审旗自治政府筹备处成立。3月19日,国民党乌审旗保安师400余名官兵起义,中共乌审旗工委进驻达布察克王府,全旗和平解放。

1949年8月10日,乌审旗人民政府成立。至此,国民党政府的政权机关消亡。9月22日,因奇玉山部叛乱,人民政府遭遇挫折。

中华人民共和国成立后,1950年8月25日,乌审旗人民政府再次成立,标志着乌审旗的解放和封建统治的结束。

1950年11月起,乌审旗开展了镇压反革命运动。

1952年2月15日～3月9日,乌审旗开展了推选普选及民主建政工作。

1952年7月22日,乌审旗开始进行土改工作。

1952年3月,首家国营工业企业——乌审旗人民碱厂建成,生产"碇子碱",主销榆林等地。

1952年10月,乌审旗开始开展三反运动。

1952年,乌审旗开始推行互助合作化。

1952年,乌审旗人民政府组建乌审旗卫生院。

1953年,在达布察克建立乌审旗蒙古族完全小学。

1954年2月11日～15日,中共乌审旗第一次(首届)党代会在达布察克镇召开。

1956年7月1日,中国人民政治协商会议乌审旗委员会成立。

1956年10月,乌审旗首条公路修通,即达布察克镇至鄂托克旗的公路,结束了不通汽车的历史。

1956年,内蒙古博物馆旺宇平赴萨拉乌苏河流域考察,发现了河套人头盖骨。

1957年7月,乌审旗开展了"整风反右"运动。

1958年1月,乌审旗开始掀起了大炼钢铁和农田水利建设高潮,同年,开始成立人民公社。

1958年10月26日,席尼喇嘛纪念塔初建。

1958年,乌审旗建立起了街道幼儿班,由达布察克镇创办。

1958年,创办了乌审旗第一中学。

1960年,乌审旗乌兰牧骑成立。

1960年冬至1961年5月,乌审旗开展了"整风整社"运动。

1963年,乌审旗卫生院改称为乌审旗人民医院。

1963年4月初,开展了"面上的社会主义教育"。

1963年8月,开始开展"四清运动"。

1964年11月~1965年1月底,开展了反右上纲运动。

1965年,自治区党委作出决定,命名乌审召为学习大寨的典型——牧区大寨乌审召。同年11月25日,时任自治区主席的乌兰夫同志为乌审召题词:"学习乌审召人民愚公移山、改造沙漠建设草原、改天换地的革命精神",号召全区人民向乌审召学习。

1965年12月2日,《人民日报》发表了题为《牧区大寨乌审召》的长篇通讯和《发扬乌审召人民的革命精神》的社论。

1966年6月12日,国务院副总理陈毅陪同马里贵宾参观时,题词"治沙种草获胜利,牧业农业大向前,马里贵宾来参观,乌审召美名天下传!"

1966年6月10日起,乌审旗开始进行"无产阶级文化大革命"。

1975年~1977年,乌审旗掀起群众性的治沙造林新高潮。

1975年5月22日,乌审旗开始拨乱反正。

1976年10月22日下午,乌审旗委组织达布察克镇地区3000多人参加的有线广播,庆祝粉碎"江青"反革命集团,有4万多人参加,会后,达布察克镇地区举行了规模空前的庆祝游行。

1978年12月25日以来,乌审旗开始实施"三北"防护林工程。

1979年冬,乌审旗开始进行基层经济体制改革。

1980年9月,乌审旗全部实行家庭联产承包责任制。

1980年,达布察克镇民族幼儿园新建而成。

1983年起,乌审旗开始大力治沙。

1983年8月29日,实施了"严厉打击刑事犯罪分子"行动。

1984年2月25日~3月2日,实施了"草牧场承包到户"。

1984年,乌审旗委、政府确定了"种树种草改良羊"的主攻方向。

1984年,乌审旗第一、第二化工原料厂相继建成,以开采原碱为主,年开采能力达到5万吨。

1984年起,乌审旗沙漠化的趋势开始逆转。

1987年,开展了"念草本经、兴畜牧业、林牧为主、多种经营"经济建设运动。

1987年,乌审旗毛纺织有限公司创建。

1989年,河南、纳林河被自治区有关部门列为商品粮基地建设区。

1989年,乌审旗鄂尔多斯细毛羊基地建设取得初步成效。

1990年,以天然碱开采、原料碱加工生产的企业达到15家,总产值可达697万元,年实现利润291万元,占当年全旗工业总产值的41%,工业经济成为乌审旗财政收入的重要收入来源。

1991年,开始实施"两翼一体"战略和"3153"工程。

1992年初,乌审旗正式开始大力发展乡镇企业。

1992年8月10日~12日,伊克昭盟第三届少数民族传统体育运动会在乌审旗举行。

1994年1月,乌审旗开始企业机制改革。

1996年,乌审旗组建羊剪绒集团公司。

1997年8月1日,首届"敖伦胡日呼"文艺集会举办。

1998年,乌审旗出台《关于进一步加快发展个体私营经济的暂行规定》。

1999年6月,乌审旗制定《乌审旗依法治旗工作规划》。

2000年2月,乌审旗出台《关于加强生态环境保护建设的决定》。

2000年3~5月,开展了"三讲"教育活动。

2000年8月26日,在乌审旗境内发现苏6井,标志着"苏里格大气田"的发现。

2000年,乌审旗"百村千户民心工程"开始实施。

2001年,撤伊克昭盟设立鄂尔多斯市,乌审旗属鄂尔多斯市管辖。

2001年6月25日,"萨拉乌苏文化遗址"由中华人民共和国国务院公布为第五批全国重点文物保护单位。

2001年8月8日至17日,乌审旗举办首届天然气节暨2001年那达慕大会。

2003年,乌审旗荣获"天然林保护工程建设县级先进单位"。

2003年3月,出台《关于加快工业园区建设的决定》。

2003年,成功引进了毛乌素生物质热电厂能源基地建设项目,在我国属首例,也是全世界第一家在沙区通过营造能源林基地抚育可再生林木资源进行能源产业化发展的示范企业。

2003年12月,"纪念'河套人'发现八十周年学术座谈会"在乌审旗召开。

2004年6月29日至7月1日,在乌审旗举办萨冈彻辰诞辰400周年大型纪念活动。

2004年7月,乌审旗提出"以人为本,建设绿色乌审"。

2005年1月,开始开展"保持共产党员先进性教育活动"。

2005年,莫·哈斯苏都的蒙古文诗集作品《童年的诗》获得全国第八届少数民族文学创作"骏马奖"。

2006年,提出"加快建设民族文化大旗"。

2006年,乌审旗人民政府开始规划建设呼吉尔特矿区。

2006年5月16日,乌审旗首家煤化工项目120万吨干馏煤、

23.9万吨甲醇项目在苏里格经济开发区开工建设。

2006年5月,开始组建"文化独贵龙"。

2006年11月22日,新建的苏里格气田第一天然气处理厂,在苏力德苏木胜利竣工。标志着苏里格气田正式投入开发进入了一个新的发展时期。

2008年9月,乌审旗被列为全国首家"创建中国人居环境示范城镇"。

2008年10月17日,神冶兰碳投产,产出乌审旗第一吨兰碳。

2008年,开始开展学习实践科学发展观活动。

2009年6月19日,华原风积沙开发有限责任公司成立暨20万吨风积沙工业选矿生产线10万吨玻璃制品生产线项目,在毛乌素沙漠腹地的苏里格经济开发区破土动工。这是世界第一家直接以风积沙为原料进行工业化生产的企业。

2009年,乌审旗人民政府开始规划建设纳林河矿区

2009年,乌审旗荣获中国全面小康生态文明县(市)、"中国绿色名旗""国家级林业科技示范县"。

2009年11月,提出"建设中国马头琴文化之都"。

2010年,乌审旗提出打造毛乌素沙地祖国北疆"绿色长城",荣获"中国十大绿色生态县"。

2010年,中国·乌审马头琴乐团于成立于乌审旗。12月,赴香港参加第十三届香港世界"金紫金花奖"文艺大赛,一举囊获"最高奖""最佳创新奖""金奖"等七项大奖。

2010年12月,乌审旗乌兰牧骑在全国"服务农牧民、服务基层"文化建设先进集体表彰会上获得全国"服务农牧民、服务基层"文化建设先进集体称号,成为内蒙古唯一获此殊荣的县级集体。

2011年12月,乌审旗正式退出国家级贫困县。

2012年,新创作的鄂尔多斯蒙古剧(短剧)系列《草原不落的歌》

被评为内蒙古自治区第十一届精神文明建设"五个一工程"奖。

2012年9月26日,世林化工投产,产出乌审旗第一吨煤制甲醇。

2012年11月,乌审旗博物馆成立。

2013年3月,中煤蒙大50万吨煤制工程塑料项目开工建设,该项目的实施对国内工程塑料企业的转型发展具有示范作用。

2013年,中国·乌审马头琴交响乐团成功组建。

2013年12月24日,博大实地投产,产出乌审旗第一吨尿素。

2014年,肖亦农撰写的《毛乌素绿色传奇》获第六届鲁迅文学奖报告文学奖。

2014年,萨拉乌苏国家考古遗址公园被列入国家第二批考古遗址公园立项名单。

2015年4月20日,蒙大工程塑料投产,产出乌审旗第一吨聚烯烃产品。

2016年,世界单体最大、设备最先进的内蒙古中煤蒙大新能源化工有限公司50万吨/年甲醇制烯烃装置投料开车,开车一次成功,产出合格产品。同年,利用聚烯烃生产编织袋产品的洁林塑料2万吨重载包装模袋项目建成投产。

2016年底,乌审旗全民健身文体馆竣工投入使用。

2017年3月3日,乌审旗苏力德苏木陶尔庙嘎查被命名为第二批中国少数民族特色村寨并挂牌。

2017年,中天合创MTO二线装置一次投料开车成功,生产出合格的高端聚烯烃产品。

2017年,乌审旗蒙医医院迁址新建完工,成功创建"全国基层蒙中医药工作先进旗"。

2018年4月28日,乌审旗文化创意产业园开园。

2018年6月,乌审旗举办了第十一届鄂尔多斯蒙古族民风民俗旅游风情节暨世界烤全牛大会。

2018年7月,建成乌审旗老年养护院。

2018年8月11日～12月底,乌审旗举办了第一届萨拉乌苏文化旅游艺术节。

2018年8月18日,乌审旗河南学校、沙尔利格中心小学、查汗淖尔学校成为首批自治区"小小乌兰牧骑"。

2018年8月,乌兰陶勒盖镇被农业农村部和财政部授予国家农业产业强镇荣誉称号。同年,乌兰陶勒盖镇获评"中国乡村振兴示范镇"。

2018年9月21日,中煤鄂尔多斯能源化工有限公司合成气制年产100万吨甲醇技术改造项目开工,将推动绿色乌审在新时代实现"绿色崛起"。

2018年12月9日～10日,河套人(鄂尔多斯人)发现95周年学术研讨会在乌审旗召开,达成了"萨拉乌苏共识"。

2018年,乌审旗地区综合实力稳步提升,跃居中国西部百强旗县第7位,中国工业百强县(市)第51位。

2019年9月6日,电影《谜境萨拉乌苏》首映式在乌审旗举办。

2019年9月28日,世界上一次性建成且运营里程最长的重载铁路——浩吉铁路煤运专列开通运营。

后记

为展现鄂尔多斯市自中华人民共和国1949年成立至2019年70年来的进步、成就和风采,鄂尔多斯学研究会决定联合鄂尔多斯市、旗两级人民政府和各相关单位,组织各级各界专家编写《鄂尔多斯风采》丛书,《绿色乌审》便是其中一本。

《绿色乌审》一书叙述、总结了自1949年中华人民共和国成立以来,在中国共产党的领导下,内蒙古自治区鄂尔多斯市乌审旗的经济、政治、文化、社会、生态"五位一体"方面70年来的发展历程和取得的辉煌成就。本书共有四章,分别为:70年岁月的发展历程、翻天覆地的光辉成就、奋发图强的经验启示、美好未来的憧憬展望。

本书通过准确生动的叙述、深入细致的分析、图文并茂的方式,客观地、深刻地描述了乌审旗蒙汉各族人民在党的领导下,在工业农业服务业等经济发展方面、文化事业发展、乡村振兴、获得的荣誉、模范榜样人物、人民生活、绿色生态治理等方面的光辉历程和取得的重大成就,分析揭示了其中的经验启示,并展望了美好的前景。乌审旗是历史悠久、美丽神奇、成就突出的地方,编写出版本书,希冀为促进乌审旗经济、政治、文化、社会、生态等方面更快更好地发展提供经验总结、智力支持并贡献力量。

  本书编写出版过程中,得到了乌审旗委、政府的大力支持和指导,在此深表感谢。本书由鄂尔多斯市委党校原副校长、鄂尔多斯学研究会会长奇海林教授拟定大纲和编写体例。由鄂尔多斯博物馆副馆长、副研究员甄自明撰写了第一章、第三章和第四章。由乌审旗融媒体中心副主任刘生梅撰写了第二章第三节、第五节。由鄂尔多斯博物馆文博馆员奥东慧撰写了第二章第二节、第四节。由南开大学马克思主义学院博士翟媛撰写了第二章第一节。鄂尔多斯学研究会副会长王春霞对全书进行了详细的校对。乌审旗国民经济社会发展统计数据由鄂尔多斯市统计局主任科员石宇忠统计并制表。全书由甄自明、刘生梅进行了统稿和初审,由奇海林进行了最后的审定。

  乌审旗民族事务委员会副主任额尔敦图、乌审旗文化和旅游局办公室主任兼文物保护中心主任杨骐瑞、乌审旗卫生健康委员会李志燚等提供了大量参考资料,在此谨表感谢!本书图片由乌审旗人民政府、乌审旗委宣传部、鄂尔多斯学研究会、鄂尔多斯博物馆、鄂尔多斯市摄影家协会、乌审旗融媒体中心、乌审旗文化和旅游局、乌审旗摄影家协会等单位提供,在此表达深切的谢意。由于时间紧、任务重,书中难免有许多不尽如人意的地方,难免出现疏漏,请领导、专家和读者们批评指正!

编 者
2020 年 6 月